夯实电动化
推进智能化
实现高质量发展

车百智库研究院 / 编

中国科学技术出版社

·北 京·

图书在版编目（CIP）数据

夯实电动化　推进智能化　实现高质量发展 / 车百智库研究院编 . -- 北京：中国科学技术出版社，2025. 7. -- ISBN 978-7-5236-1461-7

Ⅰ . F426.471

中国国家版本馆 CIP 数据核字第 2025PY1226 号

策划编辑	郝　静　王秀艳	责任编辑	杜凡如
封面设计	东合社	版式设计	愚人码字
责任校对	邓雪梅　张晓莉	责任印制	李晓霖

出　版	中国科学技术出版社
发　行	中国科学技术出版社有限公司
地　址	北京市海淀区中关村南大街 16 号
邮　编	100081
发行电话	010-62173865
传　真	010-62173081
网　址	http://www.cspbooks.com.cn

开　本	787mm×1092mm　1/16
字　数	394 千字
印　张	27
版　次	2025 年 7 月第 1 版
印　次	2025 年 7 月第 1 次印刷
印　刷	北京盛通印刷股份有限公司
书　号	ISBN 978-7-5236-1461-7
定　价	99.00 元

（凡购买本社图书，如有缺页、倒页、脱页者，本社销售中心负责调换）

编委会

主　编： 张永伟
副主编： 师建华　沈承鹏
编　委： 张　健　张莉娜
参　编： 覃立方　邹博宁

序 言

当前，全球汽车产业正处于深度变革阶段，也是产业格局重塑的关键期。在这场变革中，电动化和智能化是两大重点。

在汽车变革上半场的电动化当中，我国早有准备，换道先行，2009年就把新能源汽车上升到国家战略；在国内外一些人还在怀疑和观望的时候，2011年我国就启动了产业化。之后，经过几年的实践验证，我们选择的技术路线是可行的，时机和政策的把握是妥当的。至今我国已取得巨大成功，得到了国际社会的广泛认同。

对于汽车这个世界上规模最大的制造业，在其颠覆性变革到来的时候，我们能走到世界前列，处于领先地位，这是我国科技和制造业达到一个新水平的重要标志。

在政府补贴全面退出的情况下，2024年，我国新能源汽车年产销量已经突破千万辆。可以说，我国新能源汽车已经进入市场驱动的稳定发展期，取得这样的成绩来之不易。

接下来，我们必须戒骄戒躁，夯实和巩固这个基础。

第一，要坚定发展新能源汽车的国家战略不动摇，继续强化顶层的规划指引，稳固生产、消费各个方面的预期。

第二，进一步发挥科技创新的"核心作用"，特别要加速全固态电池的研发和产业化进程。

第三，继续完善充电设施、金融保险、维护维修、二手车交易、电池回收再利用等服务体系。

第四，加快推进新能源汽车与清洁能源的对接，发挥电动汽车的碳减排作用。

第五，要同步做好"走出去"与"引进来"的服务支撑体系。

夯实电动化　　推进智能化　　实现高质量发展

汽车变革的下半场是智能化，这是我们进一步攻坚克难的重点。

实际上，我国汽车智能化的发展速度超出了行业和人们的预期。2024年上半年，我国 L2 及以上辅助驾驶乘用车新车渗透率已超过 55%；未来几年，新售出的乘用车中基础智能化功能有望全面普及。可以说，我国汽车产品的科学技术性、智能属性已经越来越强。

进入这个发展阶段，新一代通信技术、消费电子、互联网、人工智能等跨界技术与汽车行业的耦合程度会越来越深，边界会越来越模糊。特别是以大模型为代表的前沿 AI 技术，正在迅速向新能源汽车渗透。它正以强大的动力推动汽车产品加速智能化，汽车产品、汽车企业、汽车产业都正在被 AI 重新定义。AI 驱动将成为未来车企的底层竞争力。

面对如此大跨度的高新技术群，汽车制造企业独行单干会带来很大的困难。跨界融合、协同创新是大家走向成功的捷径。

当前，全球各大车企、零部件企业、科技公司纷纷加强研发投入，布局以智能驾驶和智能座舱为代表的智能化装置。汽车产业技术创新和产业发展支点、竞争焦点，正在向智能化转移。

进一步推进智能化发展我们还需要做到以下几点：第一，加强顶层设计，特别是与更高级别智能驾驶相关的制度安排和标准法规的制定（修订）。第二，我国在网联化、智能化方面有较好的技术基础、较强的产业化实力。要打破不同行业、不同主体之间的边界，构建跨界融合的新生态。第三，推动芯片及操作系统等关键技术的研发和产业链的形成，完善数据、算力、路侧设施等新型基础设施建设。

中国电动汽车百人会理事长

陈清泰

前 言

2024年，中国经济展现出强大的韧性和活力，汽车产业的边界不断扩大，成为创新引领、数据驱动、协同高效、韧性安全和低碳可持续发展的新能源新型现代产业。中国新能源汽车年产销量接近1300万辆，占全球新能源汽车产销量60%，连续十年保持世界第一，但挑战依然存在。国内：有效需求不足，内卷式竞争日渐加剧。国际：单边主义、保护主义盛行，破坏了多边国际贸易体制的稳定，全球产业链、供应链受到冲击。

2025年是中国汽车产业夯实电动化、推进智能化、实现高质量发展的关键之年。3月28日，中国电动汽车百人会论坛（2025）在京隆重召开，论坛会聚了20+政府有关部门领导、30+院士专家、100+汽车及相关领域的企业代表5000余人，共议汽车产业高质量发展新路径。

作为中国电动汽车百人会论坛文集的第三册，本书从250位现场演讲嘉宾讲稿中精选编辑出约150篇文章，集中展示了来自众多行业和领域的精英们发表的关于汽车产业政策、全球汽车产业合作、汽车智能化关键技术、多智能产业赋能汽车、市场新物种—新消费—新价值、商用车智能化—低碳化发展路径、固态电池技术创新与产业化、中国汽车设计创新破局、新能源与新能源汽车协同发展等精彩内容与观点。

本书是政策制定者、行业领导者、经济研究者、科学技术探索者、企业管理者、市场营销者、服务提供者乃至汽车消费者共同智慧的结晶。多方专业人士集合在一起，通过本书分析了中国和世界汽车产业电动化、智能化的发展趋势、技术变革方向、新生态新格局的形成、未来汽车市场的变化，探讨了全球汽车行业发展面临的严峻挑战和历史机遇，提出了实现汽车产业高质量发展的高水平建议。

本书是关注汽车行业发展人士的必读之书。

目 录
CONTENTS

第一篇
推动汽车产业高质量发展

001 PART 1

003 — 以创新破内卷　以协同赢未来

　　第十四届全国政协常委、经济委员会副主任，工业和信息化部原部长
　　苗　圩

008 — 中国迈向高收入社会需解决的重大问题

　　财政部原部长　楼继伟

012 — 坚持和完善新能源汽车的发展路径

　　工业和信息化部原部长、中国工业经济联合会会长　李毅中

016 — 关于新能源汽车行业健康发展的几点意见

　　工业和信息化部原副部长　苏　波

020 — 欢迎社会各界参与新型城市基础设施建设

　　住房和城乡建设部党组成员、副部长　秦海翔

022 — 推动高质量充电基础设施体系建设

　　国家能源局监管总监　黄学农

025 — 从新能源汽车革命演进过程看汽车产业竞争态势与趋势

　　中国电动汽车百人会副理事长、中国科学院院士　欧阳明高

第二篇

夯实电动化　推进智能化

033 PART 2

035 — 无人驾驶的一些观点
中国工程院院士、清华大学智能产业研究院（AIR）院长　张亚勤

037 — 技术创新是发展的根本
比亚迪股份有限公司董事长兼总裁　王传福

039 — 驭势谋远　向新而行——以高质量发展开启中国汽车产业新纪元
奇瑞控股集团董事长　尹同跃

041 — 用户至上，安全第一——以全域 AI 推动新能源汽车高质量发展
吉利汽车集团 CEO　淦家阅

043 — 加速 AI 赋能　深化产业合作　推动智能网联新能源汽车高质量发展
长安汽车副总裁、深蓝汽车 CEO　邓承浩

047 — 拥抱绿色数智新时代，加速推进高质量发展
广汽集团副总经理　高　锐

050 — 技术创新一直是蔚来的底色
蔚来创始人、董事长、CEO　李　斌

051 — 开源汽车操作系统　打造全球创新共同体
理想汽车董事长兼 CEO　李　想

055 — 以创新推动高质量发展
宝马集团大中华区总裁兼 CEO　高　翔

057 — 跨越拐点，开放共赢加速智驾平权
地平线创始人兼 CEO　余　凯

059 — 打造交能融合的兆瓦充电基础设施，加速重卡电动化，实现物流行业大规模降本减碳
华为公司董事、华为数字能源总裁　侯金龙

目 录

064 — 全"芯"构建全场景智能新生态

　　黑芝麻智能科技有限公司创始人兼CEO　单记章

066 — 从本土到全球　助力汽车企业构建无界数字和AI未来

　　亚马逊全球副总裁、亚马逊云科技大中华区总裁　储瑞松

068 — 坚守服务用户初心，共建开放共赢生态

　　京东集团副总裁　缪　钦

第三篇

全球汽车电动化转型与合作共赢

073 PART 3

075 — 推动新能源汽车产业全球合作的思考

　　中国电动汽车百人会副理事长兼秘书长　张永伟

079 — 泰国电动车的发展

　　泰国电动汽车协会名誉主席　尤萨朋·劳努尔（Yossapong Laoonual）

081 — 加速迈向汽车全面电动化，为美丽中国、中国和全球气候变化目标做出积极贡献：中国行动、世界同行

　　能源基金会产业转型执行主任　龚慧明

084 — 汽车产业高质量发展与安全

　　中国汽车工程研究院股份有限公司党委书记、董事长　周玉林

087 — 系统化脱碳途径

　　传拓集团首席可持续发展官　安德烈亚斯·福莱尔（Andreas Follér）

088 — 携手共创，驭电新程赋能全球汽车电动化发展

　　博世中国总裁　徐大全

090 — 创新与协作

　　麦格纳中国区总裁　吴　珍

III

092 — 未来之路，持续推进智能汽车前沿技术

　　ADI 汽车事业部全球副总裁　贾丝明·金（Yasmine King）

095 — "在中国，为中国"——赋能中国汽车产业可持续发展

　　英飞凌科技高级副总裁、汽车业务大中华区负责人　曹彦飞

097 — 共赴出海，从中国到全球端到端的供应链韧性布局

　　奥托立夫全球中国自主品牌销售副总裁　毛莉莉

第四篇
车路云一体化落地路径

099 PART 4

101 — 以"四好"为目标，以新城建为引擎打造高水平的数字住建

　　住房和城乡建设部信息中心副主任　吴旭彦

106 — 邮政快递物流无人车试点应用成效显著，规模化应用未来可期

　　国家邮政局政策法规司原一级巡视员、副司长（司局正职）　靳　兵

108 — 车路合作的创新与发展

　　国家智能交通系统（ITS）工程技术研究中心首席科学家　王笑京

110 — 推进 C-V2X 产业发展，快速在高价值场景落地应用

　　中国信息通信科技集团有限公司副总经理、总工程师　陈山枝

116 — 城市与车企深度联动的商用场景模式与应用

　　十堰市委常委、副市长　高红民

119 — 风起车谷　智创未来

　　武汉市经济技术开发区工委委员、管委会副主任　朱晓寒

123 — 以应用需求为导向，以人工智能为驱动

　　车百智能网联科技有限公司总经理　朱　刚

126 — 构建群智协同服务新底座，加速车路云一体化新发展

　　联通智网科技车辆智能网联研究院院长、中国联通数智应用科学家
　　周光涛

129 — 5G 算网"融智"服务智能网联新能源汽车发展新篇章

　　中国移动（上海）产业研究院智慧交通产品部总经理　汪建球

131 — "通感算智"融合创新，助力车路云一体化规模建设

　　中兴通讯股份有限公司副总裁、产业数字化方案部总经理　陆　平

135 — 高价值应用场景驱动车路云一体化规模化建设

　　北京万集科技股份有限公司副总经理　高　鑫

138 — 车路云一体化技术创新与应用实践

　　蘑菇车联信息科技有限公司副总裁　欧阳华洲

第五篇

AI 汽车产业进展及趋势

141
PART 5

143 — 在 AI 智能化新时代下的探索

　　深蓝汽车软件开发总经理　苏琳珂

145 — 从拟人化到个性化：基于端到端世界模型的生成式智驾体验

　　卓驭科技 CTO　陈晓智

146 — 汽车智能"屏"定视界：探索 AI 变革下车载显示新视野

　　天马微电子中国车载业务总经理　刘金权

148 — 星火大模型驱动汽车智能化新变革

　　科大讯飞智能汽车业务高级副总裁　李展眉

150 — 打造 AI 汽车新质生产力，助力智能网联汽车跃迁

　　中兴通讯副总裁、汽车电子总经理　古永承

153 — 区域控制器：实现汽车智能化的关键基础

　　欧冶半导体 CEO、联合创始人　高　峰

156 — 开源创新，推动面向 AI 的车用操作系统发展

　　普华基础软件副总经理兼战略研究院院长　张晓先

158 — 智驾平权加速行业分工与合作

　　为旌科技创始人兼 CEO　郑　军

161 — 创新实现 SDV 高度自动化

　　格罗方德全球汽车芯片业务负责人　苏迪托·博斯（Sudipto Bose）

163 — 浅谈 AI 文明时代企业技术布局与产业生态的革新

　　长城汽车 CTO　吴会肖

167 — AI Car 对汽车智能化体系的重塑

　　蔚来首席专家、助理副总裁、通用人工智能委员会负责人　胡成臣

169 — AIOS 赋能汽车智能化变革

　　中科创达执行总裁兼智能汽车事业群总裁　常衡生

171 — 企业级 AI for Process——提质、降本、增效的利器

　　神州数码集团股份有限公司副总裁　吴　昊

173 — 端侧大模型构建汽车智能体——第一大脑

　　面壁智能 CEO　李大海

174 — 创新 AI 赋能汽车

　　奇瑞汽车股份有限公司总裁助理、开阳实验室 CTO　尚　进

176 — 云图一体助力自动驾驶落地

　　腾讯智慧出行解决方案总经理　费玉霞

178 — 中国汽车 AI 开源体系构建思考

　　上海开源信息技术协会秘书长　朱其罡

第六篇
加速推动汽车智能化

181 PART 6

183 — 攀登 L3 高峰：以系统化思维实现智驾向上突破
　　吉利控股集团首席智驾科学家、极氪科技集团副总裁　陈　奇

185 — AI 新基建下的智驾进化新范式
　　北京四维图新科技股份有限公司 CEO　程　鹏

188 — AI 汽车将如何进化？
　　元戎启行 CEO　周　光

191 — 智驾平权时代的用户价值创造
　　轻舟智航联合创始人、CEO　于　骞

193 — 智能革命：百度地图助力车企智能化成功
　　百度地图事业部副总经理　刘增刚

196 — 以"AI 算法 + 工程化"助推智驾普惠
　　知行科技总裁　蒋京芳

198 — 国产半导体进程：智驱未来，赋能全域智能电动生态
　　纳芯微电子副总裁　姚　迪

200 — 全天候时空智能体系助力智能汽车发展
　　千寻位置副总裁　辛　鑫

第七篇
推动聚合型智能产业发展

203 PART 7

205 — 打造聚合智能产业新业态
　　中国电动汽车百人会副理事长兼秘书长　张永伟

VII

夯实电动化　推进智能化　实现高质量发展

207 — 积极促进低空立体交通红绿灯技术创新，推动车机一体等应用系统高质量发展

　　北京大学教授　程承旗

209 — 具身智能：驱动产业进化新范式

　　北京航空航天大学机器人研究所名誉所长、中关村智友天使人工智能与机器人研究院院长　王田苗

212 — 从"新三大件"到端到端、高效、高质产业创新生态体系建设

　　XbotPark机器人基地发起人、深圳科创学院发起人和院长、香港科技大学教授　李泽湘

215 — 像人类一样踢足球：人形机器人的腿部具身智能

　　清华大学教授、机器人控制实验室主任　赵明国

218 — 因聚合而生，为具身而长

　　地瓜机器人CEO　王　丛

220 — 以车企优势赋能人形机器人发展

　　广汽集团机器人研发团队负责人　张爱民

第八篇

市场新物种与消费新价值

225 PART 8

227 — 对当下汽车消费的市场分析和政策预期

　　国务院发展研究中心市场经济研究所副所长　王　青

230 — 2025年中国新能源车新增32%

　　乘用车市场信息联席分会（乘联分会）秘书长　崔东树

232 — 把握智能化发展大势　推动组合驾驶辅助发展跃迁

　　岚图汽车科技有限公司CEO　卢　放

235 — 探索全生命周期体验　创造用户新价值

　　极氪科技集团副总裁　赵昱辉

237 — 用技术创新　打造令人尊敬的世界级品牌

　　比亚迪集团品牌及公关处总经理　李云飞

240 — AI 科技大爆发元年，中国汽车将以"新物种"之姿领航新时代

　　东风柳州汽车有限公司总经理　林长波

242 — Hi4 为用户创造最大化价值

　　长城汽车技术中心副总经理　王　超

245 — 深耕用户数智化服务场景，共筑汽车消费新生态

　　京东汽车副总裁　陈海峰

247 — 人本生态　智驭未来

　　支付宝数字车生活总经理　韩振威

249 — 把握打造世界领先中国汽车品牌的历史机遇

　　里斯战略咨询全球 CEO　张　云

251 — 平权时代：智驾商业落地的破局之路

　　中国平安财产保险机构代理部总经理　朱成成

第九篇

商用车可持续发展之路　**255**
PART 9

257 — 醇氢电动开创中国特色新质生产力

　　远程新能源商用车集团 CEO　范现军

260 — 探路先锋，电池寰球

　　三一集团高级副总经理、重卡事业部总经理　罗畅国

261 — 创新发展，共建智慧低碳物流新时代

　　长城新能源商用车有限公司董事长　唐海锋

265 — 新力量·新范式·新航程：智能新能源重卡的破局之道

　　安徽深向科技股份有限公司董事长、创始人兼 CEO　万　钧

267 — 发展超快充产业生态，推动商用车新质生产力

　　华为数字能源智能充电全球业务总裁　刘大伟

268 — 商用重卡自动驾驶驶入快车道

　　智加科技 CEO　容　力

270 — 超级充电网搭建商用车生态，液冷、兆瓦超充双驱动

　　湖南京能新能源科技有限公司副董事长　孙茂建

第十篇
动力电池技术创新与产业化

273 PART 10

275 — 电动交通动力电源的挑战与创新发展

　　中国科学院院士、厦门大学教授　孙世刚

277 — OMNI 全能电池

　　亿纬锂能副总裁、电池系统研究院院长　江吉兵

280 — 固态电池产业进展及技术创新

　　合肥国轩高科动力能源有限公司首席科学家　朱星宝

282 — 创新驱动新能源进步——AI 赋能动力电池产业高质量发展

　　欣旺达动力科技股份有限公司研发体系副总裁　李阳兴

286 — 高比能"问顶"硅碳方形电池研究进展

　　瑞浦兰钧能源股份有限公司副总裁　侯　敏

288 — 全固态电池产业化技术进展

　　宁波容百新能源科技股份有限公司副总裁兼中央研究院院长　李琮熙

290 — safe+ 固态电池解决方案

　　重庆太蓝新能源有限公司董事长兼 CTO　高　翔

293 — 钠离子电池的探索与实践

　　北京希倍动力科技有限公司创始人兼总经理　杨道均

目录

295 — 钠离子电池产业化进展

　　　　山东零壹肆先进材料有限公司董事长兼总经理　宋　杰

第十一篇
新能源汽车新生态

299 PART 11

301 — 线上线下协同的新能源汽车运行安全检验实践

　　　　公安部交通管理科学研究所副所长　俞春俊

305 — 对构建适应全国统一大市场建设的汽车后市场维修配件供应体系的思考

　　　　中国汽车维修行业协会会长　张延华

307 — 汽车后市场数据融合场景应用大有可为

　　　　电子政务云计算应用技术国家工程实验室主任　连樟文

309 — 汽车配件"三票制"流通促进汽车后市场提质增效

　　　　中国机电装备维修与改造技术协会副会长　高　强

312 — 高标准、连锁化服务网络发展，助力新能源汽车使用端服务升级

　　　　京东养车连锁运营总经理　徐　佳

314 — 从供需两方发力，构建新型新能源汽车后市场

　　　　途虎养车总裁　胡晓东

316 — 新能源汽车保险全流程数智化解决方案

　　　　车车科技集团副总裁　张　源

318 — 数字化赋能的电池资产管理生态

　　　　武汉蔚能电池资产有限公司CEO　赖晓明

320 — 面向全球的新能源汽车动力电池回收利用产业布局探索

　　　　浙江华友循环科技有限公司战略副总经理　武双贺

322 — 数据资产视角下新能源汽车行业生态赋能

　　　　贵州数据宝网络科技有限公司合伙人、轮值CEO　肖　斌

324 — 数据要素驱动电动汽车退役电池循环再生

　　　北京凌禾科技有限公司首席科学家　　高　强

第十二篇
绿色能源与新能源汽车融合发展

327
PART 12

329 — 新型电力系统理念、目标、路径探讨

　　　中国电力企业集团联合会首席专家　　姚　强

331 — 电动车是储能，换电是桥梁

　　　奥动新能源副总工程师　　刘　炳

332 — 绿色能源与新能源汽车融合发展新生态

　　　中国电动汽车百人会低碳融合发展研究院执行院长　　张　真

第十三篇
汽车设计破局之路

337
PART 13

339 — 破局／创新：中国设计的历史使命

　　　上海工程技术大学校长、英国皇家艺术学院荣誉博士、瑞典皇家工程科学院院士　　娄永琪

341 — 创新驱动，提升设计价值

　　　中国一汽研发总院造型首席、中国工业设计协会副会长、汽车产业分会理事长　　张　铭

343 — 设计×科技双螺旋进化，新时代下广汽的设计探索

　　　广汽研究院副院长、概念与造型设计中心主任　　张　帆

345 — 设计是什么？

上汽集团研发总院设计中心全球设计副总裁　约瑟夫·卡班（Jozef Kaban）

348 — 设计作为驱动力——如何实现全球设计领先地位

北京汽车集团有限公司全球设计 VP、首席设计官　罗伟基

350 — 非遗工艺在汽车设计中的可能性探索

中国国家画院雕塑院原执行院长、中国文化遗产研究院特聘研究员　王　艺

351 — 设计的种子在科技的土壤里发芽

小鹏汇天联合创始人、副总裁、总设计师，小鹏汽车造型中心总经理　王　谭

353 — 中国市场的独特性推动全球汽车设计

东风汽车全球造型设计中心执行总监　尼古拉斯·岳（Nicolas Huet）

355 — 一秒钟的距离　一毫米的时间

小米汽车工业设计总经理、小米集团设计委员会副主席　李田原

第十四篇

新材料、新工艺、新技术促进新能源汽车变革

359

PART 14

361 — 新能源汽车制造的破局与升维

岚图汽车科技有限公司首席运营官　蒋　焘

364 — 三新聚变，智造跃迁，新能源汽车产业底层创新与价值协同

北汽福田轻量化副总工程师　任　鹏

367 — 电动车车身轻量化全生命周期碳足迹评估

诺贝丽斯中国区董事总经理、亚洲副总裁　刘　清

夯实电动化　推进智能化　实现高质量发展

371 — 从赋能至产能，T 零量产的实践——汽车轻量化与高分子材料的影响浅析
　　　上海特格高材技术服务有限公司董事长　陈震聪

373 — 高精度过滤技术护航动力电池的安全与效能
　　　曼胡默尔乘用车业务全球总裁兼中国区总裁　徐　捷

375 — AI 驱动下的汽车模具工业革新：从柔性生产到产业变革
　　　深圳模德宝科技有限公司创始人兼 CEO　成亚飞

377 — 以材料创新　领航智能电动车新征程
　　　理想汽车材料技术总监　段吉超

379 — 拥抱单壁碳纳米管量产时代的到来
　　　北京智造未来创新技术有限公司 CTO　吉学文

382 — 一体化压铸技术的理性回归，免热处理压铸铝合金的流动性
　　　立中集团首席科学家、清华大学教授　熊守美

384 — 创新材料方案助力汽车智能化发展
　　　科思创亚太区应用开发副总裁　何照元

386 — 结合 AI 技术解析高分子材料数据库打造智能注塑成型应用平台
　　　科盛科技公司共同创始人、电脑辅助成型技术交流协会（ACMT）理事长
　　　蔡铭宏

第十五篇
增程式电动汽车展望

391
PART 15

393 — 谈谈油电之争和对今后的预判
　　　中国汽车专家咨询委员会主任　安庆衡

396 — 增程电动车增程器和电驱动总成的进展
　　　俄罗斯工程院外籍院士、哈尔滨理工大学教授　蔡　蔚

XIV

398 — 新能源动力系统的技术创新与实践

　　重庆赛力斯凤凰智创科技有限公司副总裁　段　伟

401 — 增程混合动力汽车是过渡还是未来？

　　清华大学教授、清华－壳牌清洁交通能源联合研究中心主任　帅石金

404 — 超级增程创新开发与实践

　　深蓝汽车动力平台中心总经理　杜长虹

01

第一篇
PART 1

推动汽车产业高质量发展

以创新破内卷　以协同赢未来

第十四届全国政协常委、经济委员会副主任，工业和信息化部原部长
苗　圩

2025年"两会"期间，习近平总书记在参加十四届全国人大三次会议江苏代表团审议时发表了重要讲话，明确指出科技创新和产业创新是发展新质生产力的基本路径。汽车产业作为国民经济战略性支柱产业，是激发科技创新和产业创新活力、发展新质生产力的重要引擎。

近年来，我国新能源汽车产业蓬勃发展，产销量领跑全球，但汽车产业内卷式的竞争也在持续加剧，究其根源，"内卷"的本质是产品的同质化。破除产业内卷式竞争的办法根本上还是要依靠创新，深入实施创新驱动发展战略，推动科技创新和产业创新深度融合，这既是上半场我国新能源汽车领先的关键，更是下半场智能网联汽车突破的核心。围绕创新与协同，我从四个方面分享个人的观点。

一、DeepSeek 突破的三点启示

一是走出了一条不拼算力、拼算法的特色发展道路。2024年我就讲过，在人工智能发展中，要学会"下围棋"而不要"打篮球"。当前处于人工智能发展第一方阵的是我国和美国，在原创性技术方面，美国似乎领先于我国。但在互联网技术应用方面，我国占据了人口大国、互联网大国的优势，有超过美国的地方。所以在人工智能发展上，我国既要追求面向消费者的应用，更要在垂类应用上下功夫。追大模型、大算力、堆硬件的方式，不是我们所长。美国对人工智能芯片一而再再而三断供的做法，要求我国一定要改变对大算力、大模型这种美国路径的追崇。我们要结合自身实际，

走出一条与美国不一样的路。

DeepSeek 作为人工智能领域的新生力量，没有盲目追踪 OpenAI、英伟达、特斯拉等美国企业依赖算力堆积和大力出奇迹的技术路线，而是注重技术创新与工程实践的结合，通过工程化改良，探索出一条独具特色的发展路径。从应用层面看，算力不等于竞争力，效率才是硬道理。DeepSeek 独辟蹊径，在百模大战中异军突起，通过精细化的算法优化和系统设计，在保持高效能的同时实现了对资源更高效的利用，不仅降低了研发成本，还提高了技术的可落地性和实用性。

二是开源不是让利，而是构建生态护城河。 DeepSeek 开源模式的成功推出，再次印证了开源生态在推动技术创新和可持续发展方面的重要作用，通过技术开源的大模型赋能百业，迅速构建起繁荣的生态体系。

这一成功的实践，也为汽车行业基础软件的开源提供了宝贵的借鉴和参考：开源的关键在于基础层共建，联合开发安全可控的基础开源系统；应用层竞争，基于各家的特色打造差异化的功能软件；生态层共享，建立行业的数据联盟，共享长尾场景效应。

三是自古英雄出少年，年轻人带来的创新思维、用户思维和生态思维，是汽车行业转型的关键力量。 据了解，DeepSeek 团队只有 140 人，平均年龄 28 岁。这支年轻队伍，敢于在激烈竞争的市场上选择差异化技术路线，打破思维定式和路径依赖，最终走到大模型技术前沿，推动了整个生态创新发展。面对全球汽车产业百年未有之大变局，年青一代的用户思维加技术锐度，或许是我国汽车产业转型破局的关键。

二、智能驾驶四大技术的攻坚方向

一是全域打通不是选择题而是生死线。 当前，车端控制正从分散走向集中。现阶段是分域控制，今后会进一步发展到中央集成控制。高通、英伟达等芯片厂商，相继推出了面向中央计算架构的下一代系统级芯片（SOC），一些车企也采用全栈自研方式，打通从车载向车控系统的演进。

从研发端的反馈情况看，尽管还面临着跨域安全要求不同、成本较高等挑战，但是车端跨域融合控制将成为智能网联汽车发展的必然趋势，这也是 L3 级及以上级别自动驾驶技术发展必不可少的条件。

另外，以高速自动辅助导航驾驶（NOA）和城市 NOA 为代表，L2 级组合驾驶辅助功能已在新车型上大量出现，端到端的技术也实现了突破。车端控制的全域打通，将整合车路云系统，加速智能驾驶汽车发展，推动其从局部地区的试点示范，走向广域场景下的规模化应用。可以说，2025 年是自动驾驶走向市场的元年。如果大部分车企、车型仍然停留在车载域系统上自娱自乐，那么将面临被淘汰的风险。

二是端到端技术必须跨越两道悬崖。据某行业专家反馈，在美国加利福尼亚州实际体验特斯拉 FSD v12 时，他明显感受到特斯拉在车辆控制和临时交通状况处理等方面，较之以前的版本有巨大改进。要真正实现端到端技术的落地闭环，我们还需要跨越两道鸿沟。

一方面，端到端技术的黑箱特性存在着行驶安全风险。端到端技术的学习和决策采用神经网络，神经网络具有不可解释性，车辆行驶过程中出现问题时难以被定位。这一不足给研发迭代和问题的解决带来了挑战。

另一方面，端到端技术的训练是机器学习人类司机的行为，对数据的质量、数量要求都很高。用于训练端到端技术的大模型包括上百亿的参数量，是感知系统训练模型的数 10 倍。如果数据质量不好，就易使大模型出现错觉，造成车辆行为失控。

三是数据将成为车企最重要的生产要素。数据使用正从功能支持转向价值创造，驱动汽车产业盈利结构从制造端向软件和服务等高附加值领域延伸。数据不仅是系统优化与智能决策的燃料，更是未来商业模式、服务创新与价值创造的关键驱动力。

智算中心是数据要素高效利用的重要支柱，需要综合考虑技术架构、应用场景、资源分布以及政策导向。目前，国内智算中心主要分为自建和共建两种方式，有实力的大厂有可能选择自建数据中心或算力中心，但成本高昂、能耗巨大。企业也可以考虑共建面向行业的智算中心。同时，自主可控的智算中心对产业的稳定安全发展至关重要。

近期，美国又把多家我国服务器大模型相关机构和企业列入实体清单，这进一步警醒我们，必须加快业务转型，强化自主创新，大模型的底座一定要建立在自主可控的基础之上。

四是成本控制决定商业化速度。在汽车智能驾驶和新业务探索中，成本控制不仅影响产品的研发和生产效率，更直接决定了商业化推广速度和市场接受度。我过去在汽车企业工作过，企业在开发产品时，往往会碰到产品配置在实验室中数据优异，但消费者在实际驾驶体验中未能感受到明显提升的情况。这就需要企业果断取消那些对消费者体验提升有限，却消耗大量资源的配置，降低制造成本，调整产品定价策略，使车型更具竞争力。把技术落地到场景中，创造价值才是办企业的目的。

三、汽车企业必须掌握三大主动权

一是要将技术的定义权从过去的"供应商依赖"转换到"需求定制"。汽车行业的边界逐渐扩大，跨行业融合发展成为趋势。车企对技术创新、产品创新具有天然的敏感性，能够将创新资源与市场需求有机结合，应该成为变局中的核心。

将来功能软件的好坏将更多决定汽车性能的好坏，汽车企业应当开发属于自己的个性化功能软件，车企不一定都要全栈自研，但是一定要懂软件。在燃油车时代，各种品牌都有自己的特点，比如"开宝马、坐奔驰"一说，就形象地描述了这两个品牌的特点。在智能化时代，汽车企业仍应通过掌控软硬件协同开发能力，建立起独特的竞争地位和品牌优势，从而真正掌握未来出行生态的主动权。

二是要有标准的话语权，主导智能网联汽车的标准体系。我国汽车业始终坚持标准先行，编制发布并持续更新《国家车联网产业标准体系建设指南》，累计制定和预研标准近400项，已发布智能网联车相关标准62项，正在加快进行自动驾驶等67项国家和行业标准的制定。

比如，在车控系统方面，现在急需确定的是线控转向、线控制动、线控悬架的标准。不能一个车企搞一套标准，这样供应商没办法应对。标准应统一，要在行业形成共识的情况下出台标准。

我们还要持续深化与欧盟、日本等地区和国家的汽车行业的交流合作，积极参与WP.29、ISO等国际标准法规的制定协调；在后续工作中更应基于实证，联合全球汽车产业加强标准的研究工作，推动中国标准成为智能网联汽车时代的全球"普通话"。

三是要掌握生态主导权，构建基础开源＋应用共享的产业发展新范式。近年来，我在很多场合呼吁，要重视操作系统的开发，尤其是开源的重要性，引起行业内广泛关注。大多数汽车企业并不具备独立研发基础软件的能力。同样，软件开发企业也很难理解汽车功能需求以及安全性、可靠性等要求。车企和软件开发企业如果各自为战，相互封闭，生态割裂，只会导致资源进一步分散，在激烈的竞争中陷于被动。

理想汽车不久前宣布，愿意把自己的操作系统开源，这是很好的一件事情。但也有一个现实问题，即车企又做车又做开源操作系统，别的车企敢不敢用你的产品？就如同华为的鸿蒙系统已推广到10多亿客户，但除华为手机品牌使用鸿蒙系统外，其他手机品牌无一例外都没有使用鸿蒙系统一样，尽管华为一再声明"华为不造车，华为要帮助车企造好车"。道理都是相同的，但是主张开源是一个有远见的做法。

全球汽车行业中，只有少数企业有能力采用不开源的系统。自主研发并不意味着封闭，而是要在开源理念的引领下，与行业伙伴共建共享，跨行业协同创新。将这些要素高效整合，是实现技术突破的核心，类比安卓之于智能手机的意义。汽车企业如果能在我国自主开发的基础智驾软件系统上，开发个性化功能软件模块，势必将重塑汽车行业的核心技术研发主动权。

四是要以新汽车人的精神开启下半场。内卷的本质是创新的懒惰，破局的钥匙在于差异化的创新。我们应该采用系统工程方法统一思想，加强协同。不同行业、企业应充分发挥各自优势，实现资源整合和技术融合，形成协同创新的产业发展生态，在智能网联汽车领域坚持走中国特色发展路线，贯彻创新、协调、绿色、开放、共享的新发展理念，以新汽车人的

夯实电动化　推进智能化　实现高质量发展

姿态共同推动我国汽车产业实现高质量发展，为早日建成汽车强国而努力奋斗。

中国迈向高收入社会需解决的重大问题

财政部原部长
楼继伟

2024年，中国人均国内生产总值（GDP）超过1.3万美元，世界银行最新公布的高收入国家标准是1.4005万美元，中国已经与这个标准十分接近了，我们还要加倍努力进行根本性的改革。围绕这一主题我谈5个方面的问题。

第一，保持潜在经济增长率水平。什么叫潜在经济增长率？就是在没有资源配置扭曲的情况下，经济达到的最大可能性边界，以及保持这个状态所需要的最高经济增长率。现阶段，我国的潜在经济增长率大致在5%，可能还有四到五年时间能保持这个增长率，但实现这个目标相当不容易。

2024年，我国经济发展出现了前高中低后起的情况，重要的变化发生在9月下旬。9月26日召开的中央政治局会议提出，要加大财政货币政策逆周期调节力度，保证必要的财政支出，降低存款准备金率，实施有力的降准降息，当年安排10万亿元地方债券额度，分5年安排到地方，大部分用于化解地方债务，一部分用于偿还地方政府拖欠企业的资金。这项政策提振了企业信心，2024年第四季度经济增长达到5.4%，全年达到5%。2025年《政府工作报告》设定的预期增长目标也为5%，并提出要实施更加积极的财政政策和适度宽松的货币政策。

用"更加积极和适度宽松"来表述财政货币政策,这是 20 年来的第一次,而且以往都重在扩大政府投资,改善基础设施,拉动制造业和房地产行业增长,2025 年增加的财政支出重点是用于提振消费,这抓住了关键点。但是我认为这一点非常难,因为我们的一贯思维是增加投资,比如对家电更新给予补贴的措施,还是老思维在起作用,效果不是很理想。怎么能做得更好还要进一步探讨。

第二,解决宏观消费率整体偏低问题。长期以来,我国宏观消费率一直偏低,目前约为 55%,比国际通行的比重低 15~20 个百分点。

宏观消费率长期偏低的原因是多方面的,其中最重要的是城市化水平低,我国按常住人口计算的城市化率为 66%,但按户籍计算的城镇化率仅为 48.3%,其中有相当一部分公共服务与户籍挂钩。比如九年义务教育可以由常住地提供,但不包括高中教育,进城的农民工子女读到高中就必须回户籍地上学。常住城市的农民工要取得城市户籍需满足许多条件,因此他们就不敢消费,而是将钱储蓄起来带回户籍地。世界银行有一项统计,如果中国取消户籍限制,这些进城的新市民消费率会提高 30%。

2025 年"两会"《政府工作报告》提出,科学有序推进农村转移人口市民化,全面推进常住地提供基本公共服务,强化随迁子女义务教育保障,推动将符合条件的农业转移人口纳入住房保障体系,畅通参加社会保险渠道。这条要求虽然没有涉及户籍制度改革,但是针对提高基本公共服务覆盖范围提出了实质性的解决方案,可以理解为是户籍制度改革的过渡性措施。

第三,改革户籍制度有重大正向作用。户籍制度改革赋予公民的自由迁徙权,是根本性的制度改革,会持续性提升居民消费率,提高潜在经济增长率,增加中等收入群体,改善收入分配效果。

这项改革已提出多年,但在大中城市还没有取得实质性的突破,主要原因是如果近 3 亿农民工获得城市户籍,再加上随迁子女和老人,进入城镇的人口将增加 5 亿以上,迁入地城镇需要扩大基本公共服务,大大增加当地的财政压力,因此这项改革关系到中央与地方财政关系的调整。

从这个角度看,我国中央地方与财政关系处于失衡状态,成熟市场经济国家中央财政支出的比重普遍在 50% 以上，先进国家平均为 61%，我国中央财政支出的比重在 14% 左右，中央公务员占全国公务员总数的比重较低，仅为 6%，发达国家平均为 41%。

以上两组数据表明，中央地方财政关系失衡的严重性，大量应当由中央政府承担的职能交由地方政府承担，中央通过财政转移支付给予地方支持，但效果并不理想。例如将涉及全国统一市场的政府职责下放给地方管理，而地方为了自身利益常常放松管理。以企业职工基本养老保险为例，这项保险事关全国统一劳动力市场，应当作为中央政府的职责，但长期以来都作为中央和地方的共同职责。2018 年企业职工养老保险才开始向全国统筹过渡，企业职工养老金由国家税务总局统一征收，但征收标准和收入仍由属地社保管理机构核定和管理。

为了保持本地的竞争力，各地核定的企业职工养老保险金基数和标准，普遍低于国家规定的标准。2022 年，国家提出要加快全国统筹，要求各地制定的企业职工养老保险金标准与国家一致，不一致的限期改正。最终要将部分地方社会保障管理机构划归中央管理，实现中央统收统支统一管理，才能从根本上解决这一问题。

第四，如何改善收入分配和社会保障制度，是当前政策和进一步改革的着力点。 改进社会保障体系，首先要理顺中央和地方的管理体制。当前，企业职工养老保险正在向中央直接管理过渡，但企业职工医疗保险的情况要复杂得多，养老保险是职工退休后才给付，医疗保险是职工在职期间就有支出，还涉及医疗机构的管理，所以仍然要以地方管理为主。居民养老和医疗保险也要以地方管理为主，中央政府提供必要的补贴，并在异地转移时提供便利。

我国社会保障体系存在的最大问题是可持续性。2023 年，全国财政社保基金收入 11.15 万亿元，其中包括财政补贴 2.49 万亿元。对城乡居民养老保险的补贴是 3681 亿元，对城乡居民医疗保险的补贴是 6530 亿元，合计略高于 1 万亿元。

过去十年，财政补贴均占城乡居民养老保险支出的 80% 以上，占城乡居民医保支出的 60% 以上。城乡居民养老覆盖的人口中 95% 以上是农村居民，每月领取的养老保险金仅为 200 多元，不足城乡居民养老保险金的十分之一。

很多专家建议，把城乡养老保险支出提高到人均 1000 元，我认为，提高城乡居民养老金给付水平是必要的，能大幅度改善收入分配，但是进一步增加财政补贴，会削弱财政的可持续性。有一个解决办法，就是将部分国有资本利润用于城乡社会保险补贴。2023 年，全国国有资本利润约为 4.6 万亿元，2024 年有所下降。如果能每年集中 10% 的国有资本利润用于补贴城乡居民社会保险，将使城乡居民社保福利增加近 50%，会进一步改进社会保障体系，有助于改善收入分配，但效果也是有限的。

2024 年，我国基尼系数达到 0.46，经济合作与发展组织（Organization for Economic Co-operation and Development，OECD）国家的基尼系数平均低于 0.35，反映了我国城乡居民收入有所扩大，主要原因仍旧是我国城乡居民收入差距过大。2024 年，我国城市居民的可支配收入是农村居民可支配收入的 2.34 倍，有研究表明，按照城乡人口分别计算，基尼系数均不超过 0.37，所以实现城乡融合发展，全国居民的基尼系数会大幅度下降，大幅度改善居民收入分配。

第五，城乡二元结构是城乡融合发展的最大障碍，这是党的十八届三中全会所作决议中的论断。城乡二元结构即劳动力和土地这两个最重要的生产要素城乡之间实行不同的制度。劳动力及其家庭被区分为城市户籍和乡村户籍，城市土地为国有，使用权可以自由转换，农村土地为集体所有，使用权只可以在村集体内部转换。

十八届三中全会后，我国在破除城乡二元结构方面进行了大量的改革和探索，采取了一些过渡措施。要破除土地的城乡二元结构，有一个解决办法，就是把农村集体土地改为国有，同时赋予农民一定的使用期限，比如 70 年。在国家规划管理下土地使用权可以自由交易，从而实现城乡土地同制度。

相比之下，城乡土地二元结构改革更为困难，除了认识上的问题之外，还需要重新修订大量的法律规定。这项改革从农村集体建设性用地与国有土地同价同权同等入市开始，已经推进了十几年，目前仍在试点阶段，没有向全国推广。

在破除城乡二元结构方面，越南已实现了土地制度城乡一体化，并在2020年废除了户籍制度，实行身份证制度。身份证不区分城市户口、农村户口，实现了人口的自由迁徙。我们可以借鉴越南的经验，加快破除城乡二元结构，实现城乡融合发展，推进城市化进程，使人口分布更加集中，以更低的成本实现基本服务均等化，使消费率快速提升，创造更多就业机会，保持潜在经济增长率平稳，推动我国加快迈入高收入社会。

坚持和完善新能源汽车的发展路径

工业和信息化部原部长、中国工业经济联合会会长
李毅中

我就近来国内外新能源汽车发展动向谈点体会。

一、全球汽车产业发展格局呈现多维分化，要加强沟通、求同存异、合作共进

当前，国际上对发展新能源汽车在认知和路径上呈现多样化格局，一些跨国公司也在调整布局。

先说**美国**，汽车制造业是美国的支柱产业，年产销量超过1600万辆，增加值占GDP的3%以上，直接带动100多万人就业。因为体量庞大，美国的电动化转型相对较难。美国油气资源十分丰富，原油年产量6.6亿吨，

天然气年产量近1万亿立方米，居全球第一。加上新发现的页岩油气，据报道，其油气产量直到2050年都不会下降。特朗普提出要发展石油工业的愿景，产销燃油汽车是其振兴经济的措施之一。当前美国虽然放缓了电动化步伐，但电动汽车渗透率依然从2021年的4.7%上涨到2024年的9.5%，2024年特斯拉电动汽车销量达到198万辆，市场占有率17.6%，居全球第一。

美国宣布退出"巴黎协定"对其造成了不良影响，但不意味着其放弃了减碳目标。根据美国环境保护署（EPA）最新发布的规定，到2029年，其新车碳排放量上限为85克/英里[①]。与现有标准相比，平均排放量减少近一半；到2055年，预计将累计减少72亿吨二氧化碳排放。至于退出的动因，主要是其不愿承担巴黎协定确定的发达国家责任，以及权衡当今发展，不愿受协定的约束。

再看欧盟，与美国相同，汽车行业是欧盟经济的重要支柱之一，增加值约占GDP的7%，产业链关联近1300万人，占总就业人数的6.6%，出口约占欧盟出口总额的10%。处在这样重要的位置上，欧盟的汽车企业转型同样面对着挑战和风险。

与美国不同的是，欧盟油气资源短缺，进口依赖度高达90%。因此欧盟致力于发展新能源汽车，以减少对石油的依赖和降低碳排放。欧盟曾率先提出到2035年终止燃油车产销，但进展不理想。2024年，由于经济下行、补贴终止等原因，其电动汽车产销量同比下降，德国下降了27.4%，法国下降了2.6%。作为双碳的先行者，欧盟汽车产业目前处在调整阶段，大众、奔驰、宝马、菲亚特、标致等车企仍在转型，电动化大方向没有改变。

欧美先后对我国出口电动汽车、动力电池等采取反补贴调查、提高关税、碳限制等遏制措施。其根本原因是对我国电动汽车的领先感到了压力，要采取遏制措施以获得一个缓冲期。相比美国，欧盟车企在华投资和出口规模较大，合作的可能性会更大些。

日韩国土资源缺乏，油、煤、气等资源高度依赖进口，电价相对偏高，

---

① 1英里约为1609米。

日本电价是我国的三倍。日韩燃油车以小排量、低油耗、高性价比为特色，用户遍及全球。据统计，2023年全球汽车产销量中，丰田和现代排名前三。同时，日韩近期开发的插电式混动汽车很受市场欢迎。日韩热衷于发展氢能源，如大量从澳大利亚进口氢气，在国内则开拓生物沼气制氢、废塑料回收制氢，已经产业化。

至于东盟，墨西哥、巴西等发展中国家，汽车销量的95%以上仍为燃油车，但已开始加力发展新能源汽车。虽然2023年东盟新能源汽车渗透率仅为3.3%，但产销量已开始加速增长。免征进口汽车关税、消费税、所得税等有利条件，增加了其与中国的合作机会。这些国家有丰富的资源和劳动力，有些还有较好的汽车工业基础，跟这些发展中国家进行贸易，要注重本地化、系列化，多维度全面合作。

总体上，各国技术路线、发展路径和战略安排各有长短，共同发展应不分伯仲。我国应该尊重各国的选择，互学互鉴；进一步开放市场，扩大进出口，扩大双向投资；进一步扩大制度性开放，深化体制机制改革，互通互认，合作共进。

二、坚持和完善我国新能源汽车技术路线和发展路径

2010—2012年，我国确定了节能和新能源汽车技术路线和发展路径，以纯电动车为主，多种动力类型汽车梯度发展。十多年来，依靠科技创新和政策支持，电动汽车行业已进入快速成长期。2024年，我国新能源汽车产量1316.8万辆，渗透率达41.7%，L2及以上自动驾驶汽车渗透率超40%，保有量达3140万辆，大大超出预期。传统汽车企业在加快创新转型，如上汽、吉利、一汽、江淮、广汽等，同时涌现出一批优秀的新能源汽车企业，如比亚迪、理想、蔚来等。

第一，坚持以发展纯电动车为主要方向符合我国基本国情。一方面，我国油气资源不足，对外依存度高，2023年进口原油占比71.9%，进口天然气占比40.9%，今后也不会有很大变化。另一方面，完成"3060双碳"任务的时间不多了，多数发达国家已经实现了碳达峰，它们碳中和的时间

多是 2050 年。国际能源署（IEA）测算，2023 年我国二氧化碳排放量 125 亿吨，约占全球的三分之一，每年还有约 1.5% 的增长。

我国交通运输业的二氧化碳排放量，占全国总排放量的 10%，其中道路交通占 8%。新能源汽车中，用纯电动车代替燃油，减碳减排效果最好。自动驾驶的前景最明朗，理应成为主要方向，我们不能动摇。

我国的电动汽车行业仍然有很长的路要走，目前只能说暂时领先。如果不坚持下去，也有可能被反超。动力电池、车规级及自动驾驶芯片、V2G、智能网联、人工智能无人驾驶等领域的任务更重，我们不能有丝毫松懈。我们要继续发展混合动力汽车，包括插电混动式和增程式。发挥燃油和电动的双重优势，有助于传统汽车企业转型升级。

第二，提升燃油车的经济性，节能减排仍有较大潜力。内燃机仍然有它特殊的应用场景，如军用器械。燃油车技术成熟可靠、用途广泛。目前，在我国 3.53 亿台汽车保有量中，燃油车仍占 91%。相比电动车的寿命（8 年），燃油车寿命可到 15 年以上。未来一段时间内，在汽车保有量中，燃油车仍然会占有一定的比例。我们要一手抓电动车，另一手也不能放弃燃油车。从全球来看，燃油车市场空间依旧广阔，各国不会轻易放弃燃油车这一优势资产。

燃油车的经济性还有较大潜力。虽然我们目前规划的乘用车新车百公里油耗标准十分先进（小型乘用车 2.6 升，中型车 3.3 升，大型车 4.7 升），但现有平均水平达到 7 升之多。目前汽柴油年消费是 3.5 亿吨，如果油耗能够下降 10%，就可降低 1 亿吨的二氧化碳排放。另外，甲醇或者更好的液体燃料（e-fuel）也将激发内燃机的使用价值。同时我们也要研究燃油车能否智能化。

第三，至于氢气，通过近几年的讨论，已经形成共识。氢气的优点是零碳、清洁、热值高、动力强，但其也存在局限性。氢是二次能源，制取氢气要避免二氧化碳的伴生。"灰氢不可取、废氢可回收、蓝氢可以用、绿氢是方向"，我们还要大力提升制氢用氢的经济性，要把成本降下来。氢气作为典型危化品的本性不可改变，对氢气的使用要扬长避短。其有特定的应用场景，氢燃料电池主要应用于商用车、重载车。在耦合炼油、化工等方面，氢气作为原料有明显优势。

　　第四，正确看待政策支持和产能过剩。财政补贴在新能源汽车产业发展初期是必需的。据统计，各级财政的补贴都包括减免税费。财政补贴有力支撑了处于发展初期的"幼稚产业"，新能源汽车进而进入成长期。之后，补贴会退坡乃至被取消，税费减免等政策都要逐渐弱化。政策作用是在消费和使用环节给予支持，最终我们要依靠科技创新提质、降本、增效。

　　产能过剩是市场经济的普遍规律。一般来讲，产能利用率达到70%就不错了。市场是有周期性变化的，去产能的本质是淘汰落后产能，"一刀切"会损伤生产力。对产能过剩问题，我们不必过分渲染，市场优胜劣汰的机制可以对其进行调整，最好的办法是开拓市场和产业升级。我们要通过提高质量，去创造消费、拉动消费，开拓国内外市场。还要注意，我们不能把落后产能向外转移作为"去产能"的手段，在国际合作中要提供先进产能，这样才能进一步提高国际竞争力。

关于新能源汽车行业健康发展的几点意见

工业和信息化部原副部长
苏　波

　　我主要谈谈以下几点意见。

一、全球汽车电动化是汽车百年历史上的标志性事件，也是历史的机遇与必然

　　工业和信息化部在编制国家"十二五"规划时，突出将新能源汽车作

为战略重点，主要依据深入研究后的三个重要判断：一是化石能源供给的不可持续性，要求我们必须尽早调整汽车使用能源结构；二是全球气候变化及环境污染治理迫切要求发展新能源汽车。当年北京市 PM2.5 严重超标，研究表明汽车尾气排放占其 30% 成因；三是新一轮科技革命和产业变革催生电动化以牵引汽车产业数字化、网络化、智能化发展将成为主导方向。2012 年国务院批准实施的新能源汽车发展规划（2012—2020 年），就是应对上述三大机遇与挑战的战略部署，十余年全球推进汽车"三化"的伟大实践正在体现这三方面的重大成效。

二、我国新能源汽车已经进入需求牵引的全面市场化发展新阶段

经过十余年的快速发展，我国新能源汽车形成了技术先进、产业链完整、有较强国际竞争力的新的产业生态和新质生产力，极大地加速了全球汽车电动化进程，成为我国制造业高质量发展的新动能、新优势。我国新能源汽车销量在经过了从 2018 年开始在一百二三十万辆徘徊 3 年后，2021 年起 4 年增长了近 10 倍。这期间购车补贴全部取消，顺利实现了我国新能源汽车的高速发展动力主要来源于需求牵引的全面市场化发展。

三、油电转换进入重大转折期，推动燃油车资源充分利用迫在眉睫

未来两三年，我国汽车将进入新能源汽车主导市场发展的新阶段，而现有至少 3000 多万辆产能的燃油车和已建成的 2000 多万辆产能的新能源汽车油电转换仅消化了两三万辆油车产能，新能源汽车的产能大多是新建的。目前油车产销量及盈利率大幅下降，产能大量放空，面临着事关生死存亡的重大危机，有一些企业已经停业倒闭，汽车产业生态重构迫在眉睫。我建议政府主管部门尽快研究制定相关政策引领和指导，在大力推进燃油车企加快电动化转型同时，支持新能源汽车增加产能，主要通过对燃油车

企的兼并重组、股份制改造、资产收购等方式来实现，不再大规模征地新建厂房，减少继续并行发展造成的更大资源浪费。

四、积极参与汽车产业生态和全球化格局重构，加快国际化布局发展

百年未有之大变局深刻影响着汽车产业的发展。虽然一些国家和车企放缓了电动化步伐，但全球推进智能网联新能源汽车发展的大趋势没有改变，也不会改变。随着新能源化趋势不可逆转、智能网联化全面加速、全球化格局深度重塑，全球汽车产业发展迎来新的机遇和挑战，中国汽车产业进入由大变强的重要战略窗口期，为我们加强国际协同合作，推进国际化布局发展提供了新机遇。为此，我提出以下三点建议。

（一）加强战略谋划和政策引领，协调推动积极有序的国际化布局发展

我国新能源汽车国际化发展正逐步进入以市场开拓和模式突破为重点的规模化发展阶段。2024年，我国新能源汽车出口128.4万辆，已销往160多个国家和地区，国际化发展模式从以整车为主的出口贸易向包括整车、技术、品牌、动力电池、充电设施等全产业链联动出海、本地化生产转换。上汽、比亚迪、吉利、奇瑞、宁德时代、长安等自主品牌车企通过独资、合资、收购等方式在海外本地化建厂布局，积极构建海外产能和生态体系。但总体来看，我国汽车产业国际化发展还处于初级阶段，海外市场品牌知名度不够高，国际化人才储备和经验积累不足，远跟不上海外业务扩张的需求。我国车企在面对国际贸易壁垒和海外市场环境变化时也需要有应对之策。我建议政府部门和汽车行业组织要深入调研我国新能源汽车企业走出去面临的新情况、新问题，研究制定支持企业国际化布局发展的战略指引和政策举措，继续加大在政策、金融、物流、合作平台等方面的支持力度，形成产品出口和海外本地化生产内外循环、协调发展的产业布局。

（二）进一步对外开放，不断深化与外资企业的合作

在国内市场开放方面，我国已全面开放新能源汽车投资限制，大众、宝马、特斯拉、丰田等著名企业深度融入我国汽车产业链体系，已成为国内国际双循环的重要连接点，我国车企要在不断深化与外资企业的合作中实现共赢。在海外市场拓展方面，全球汽车和交通低碳转型提速为我国新能源汽车进入海外市场提供了广阔空间。我们要坚持出口贸易与海外本地化发展并重，搭建海外品牌营销和售后服务体系，深度融入海外市场，规避潜在政策与市场风险。

（三）不断深化与全球各国的合作交流与深度协同，构建合作共赢的汽车产业发展生态

我们要建立和完善与国外政府间的多层次全方位的对话机制，加强在政策、法规、投资标准等领域的交流与协调；充分运用国际合作机制平台，用好全球创新资源，融入全球创新体系，促进实现关键技术、市场、金融、供应链、人才等创新要素的流动；加强自身供应链薄弱环节的全球合作，在上游原材料、动力电池、汽车芯片等关键领域，持续加强政府层面的对话与协商，建立全球安全监管协调机制，支持各国和上下游企业建立深度协同的战略合作伙伴关系；积极参与国际标准的制定，充分发挥国际标准化组织（ISO）、国际电工委员会（IEC 标准）等国际标准化认证机构和国际组织的协同作用，在新能源汽车、ADAS（Advanced Driver Assistant System，高级驾驶辅助系统）辅助驾驶功能、信息安全、智能充电等领域，推进国际标准的制定和国家间标准的互认。相信各国之间的密切协同与友好合作，将促进全球汽车产业成功实现智能驾驶、绿色发展的历史性变革。

夯实电动化　推进智能化　实现高质量发展

欢迎社会各界参与新型城市基础设施建设

住房和城乡建设部党组成员、副部长
秦海翔

在 2024 年的中国电动汽车百人会论坛上，我们提出推进车房协同、车路协同、车城协同，为人民群众美好生活造好车、建好房的倡议。一年来，住房和城乡建设部与有关部门携手，通过挖存量、拓增量、促共享，结合老旧小区改造项目，全国增设停车位超过 50 万个，增加汽车充电桩超过 2.5 万个，便利了人民群众停车、给汽车充电。

住房和城乡建设部持续推动智慧城市基础设施与智能网联汽车协同发展，编制了国家标准《城市道路智能网联基础设施技术标准》，推进智能网联汽车"车路云一体化"应用试点，不断丰富智能网联汽车在城市中的应用场景。当前，车城协同发展呈现出巨大的增长潜力，汽车和城市已经进入相互支撑、转型升级、融合发展的"快车道"。

当前，新一轮科技革命和产业变革深入发展，技术创新进入前所未有的活跃期，前沿技术集中涌现，引发链式变革。2025 年的《政府工作报告》明确提出"大力发展智能网联新能源汽车"，本次百人会论坛以"夯实电动化　推进智能化——实现汽车产业高质量发展"为主题，正当其时，很有意义。电动化、智能化为汽车行业带来了革命性的变化，中国汽车产业以创新驱动实现"换道超车"，成为引领全球汽车产业绿色化、智能化转型的重要力量，这对城市建设和城市管理具有重要的启示和借鉴意义。

近年来，新一代信息技术与城市基础设施建设深度融合，为城市建设和城市治理带来了历史性变革。2024 年 11 月，中共中央办公厅、国务院办公厅印发《关于推进新型城市基础设施建设打造韧性城市的意见》，要求构建智能高效的新型城市基础设施体系，持续提升城市设施韧性、管理韧性、空间韧性，推动城市安全发展。2025年的《政府工作报告》明确提出，发展数字化、智能化基础设施，完善无障碍适老化配套设施，提升社区综合服务功能，打造宜居、韧性、智慧城市。目前，我们正在会同有关部门深入推进新型城市基础设施建设，推动城市高质量发展，重点抓好三方面的工作。

第一，**夯实城市治理的数字底座**。我国已经步入城镇化发展的中后期，城市治理的重要性更加凸显，迫切需要加强系统治理、精细治理、智慧治理。构建城市全要素数据底座、形成协同治理体系以及推动城市治理从"经验驱动"向"数据智能驱动"转变，是提升城市治理科学化、精细化、智慧化水平的有效途径。住房和城乡建设部将完善城市信息模型（CIM）平台，整治各类城市空间信息和感知数据，为场景应用提供"看得见""看得清""看得懂"的空间底座支撑。住房和城乡建设部将搭建完善的城市运行管理服务平台，加强对城市运行情况的监测分析，统筹协调、指挥监督和综合评价，推动城市运行管理服务"一网通管"。

第二，**提升城市的安全韧性水平**。城市已经进入传统风险和新型风险的"叠加期"，我们必须把增强城市安全韧性摆在更加突出的位置，对城市基础设施进行智能化改造，提升安全隐患及时预警和事故应急处置能力，这是提升城市安全水平的有效手段。住房和城乡建设部将推动城市生命线安全工程建设，加大物联感知设备布设力度，实现常态监测、动态预警、精准溯源、协同处置，推动风险防控从被动应对转向主动预防。住房和城乡建设部将强化房屋建筑智慧化管理，构建数据采集、智能分析、预警推送、闭环处置的管理链条，切实保障房屋建筑的安全。

第三，**丰富民生服务应用场景**。城市的核心是人，城市工作做得好不好，老百姓满不满意以及生活方便不方便是重要的评判标准。促进新一代信息技术在家庭、住区和城市中的应用，打造可感知、可体验、可参与的民生服务应用场景，是有效提升人民群众获得感、幸福感的重要举措。

在家庭层面，住房和城乡建设部将推进数字家庭建设，完善住宅信息

夯实电动化　推进智能化　实现高质量发展

基础设施，提升数字家庭相关产品消费服务供给能力，提高便民服务水平。

在住区层面，住房和城乡建设部将推进智慧住区建设，实施住区公共设施数字化、网络化、智能化改造，提高居民服务的便利性、可及性。

在社会层面，住房和城乡建设部将拓展智慧公共服务应用，推动政务服务"一网通办"向住区延伸，让居民群众在家就能享受便捷高效的服务。

推进新型城市基础设施建设对扩大投资、促进消费、改善民生和推进科技创新意义重大。欢迎社会各界充分发挥各自优势，积极参与新型城市基础设施建设，为推动城市高质量发展汇聚合力、增添动力，为推进中国式现代化建设贡献智慧和力量。

推动高质量充电基础设施体系建设

国家能源局监管总监
黄学农

作为全球最大的新能源汽车生产国和消费国，2024 年，我国新能源汽车产销量分别达到 1288.8 万辆和 1286.6 万辆，较 2023 年分别增长 34.4% 和 35.5%，渗透率超过 40%，产销量连续十年位居全球第一，成为我国经济转型升级的重要引擎，更是实现"双碳"目标的重要支撑。

作为我国电动汽车充电设施的主管部门，国家能源局高度重视车桩产业的协同发展，始终秉承适度超前、科学布局、智能高效的建设原则，推动充电设施体系高质量发展。

国家能源局积极推进充电设施的规划布局，印发了《电动汽车充电设施布局规划编制指南》，指导各地分层分类科学编制充电设施发展规划。截至 2024 年年底，全国充电基础设施总量已经达到 1281.8 万台，同比增长 49.1%。

国家能源局持续推动充电设施补短板建设。截至 2025 年 3 月份，高速公路服务区累计建成充电设施约 3.8 万台，覆盖了全国 98% 的服务区。全国除西藏自治区、青海省以外，其余都实现了县县全覆盖，有 13 个省份实现了充电设施的乡乡全覆盖。

国家能源局加快构建充电设施技术标准体系。截至 2025 年 3 月份，国家能源局已经累计发布国家标准 42 项、行业标准 39 项、团体标准 25 项，涵盖设备制造、检验检测、规划建设和运营管理全过程。特别是推动电动汽车供电设备安全和传导充电系统安全的两项强制性国家标准的发布实施，填补了我国充电领域强制性标准的空白。

国家能源局努力提升充电设施监管服务水平。国家能源局加快国家充电设施监测服务平台建设，有效接入数据信息公共充电设施达 290 万台，以国家平台带动省、市级平台的体系建设，在规划布局、监测调度、市场监管、数据统计等方面发挥了重要作用。

国家能源局加快充电领域新技术、新业态的创新培育，启动了车网互动规模化应用试点工作，从城市和项目两个层面探索有序充电和双向互动的可行路径，选取了 9 个城市和 30 个项目开展试点。

2025 年是"十四五"规划收官之年，国家能源局将进一步加强统筹协调，强化部门协同配合，不断完善网络布局，加强安全管理，优化监管服务，加快科技创新，及时总结推广典型经验做法，确保党中央、国务院决策部署落地见效，推动高质量充电基础设施体系建设取得更大成绩。

一是持续加强顶层设计，完善充电基础设施网络布局。进一步加强规划统筹，结合新能源汽车保有量增长和交通设施的布局，科学制定"十五五"充电基础设施发展目标，确保适度超前；持续推进公路沿线充换电基础设施建设，进一步提升高速公路服务区充电停车位比例，支持 AAAA 级以上旅游景区停车场建设和充电设施改造；加强补齐县城乡镇建设短板，推动城市商业体系建设，引导重要商业载体提供充电服务。

二是持续提升服务质量，打造优质健康的行业生态。随着新能源汽车市场的加速发展，充电行业呈现出爆发式增长，已有各类充电运营商超过1万家，基本形成民营、国有、混合所有制并存格局。由于充电市场尚处于发展初期，整体上仍然存在同质化和低价内卷现象，下一步，国家能源局将研究制定提升充电设施运营服务水平的相关文件，提升充电运营服务规范化水平，完善国家充电设施监测服务平台功能，开展对充电设施运行状态、服务价格水平的监测，鼓励各地探索建立备案年检和数字化监管等创新管理机制，指导行业协会和研究机构开展充电运营服务质量星级评价，打造健康的行业生态。

三是持续加快科技创新，构筑充满活力的产业形态。推动新能源汽车与电网的深度融合，有效促进车、桩、电网等各个环节的技术进步，共筑"车能路云"融合发展的产业生态。下一步，我们将鼓励龙头企业加大对充电技术领域的研发、创新投入，在确保安全的前提下，提升现有充电效率，探索兆瓦级等更大功率的充电技术创新应用。积极推动充换电设施与智能电网、大数据、智能网联、无人驾驶等新型技术的深度融合，培育新模式和新产业，指导各地依托车网互动规模化应用试点探索创新，开展有序充电和充换电设施智能改造升级，研究出台大功率充电设施管理实施意见，指导地方做好大功率充电设施科学布局，推动我国充电基础设施体系提质升级。

新能源汽车与新型电力系统的融合互动，正在深刻影响着能源和电力的发展格局，国家能源局将深入贯彻落实党中央决策部署，与各界同仁一道，着力构建世界领先的充电基础设施体系，进一步破解里程焦虑和补能困局，共同为提振消费信心、巩固和扩大新能源汽车产业发展做出新的更大的贡献。

从新能源汽车革命演进过程看汽车产业竞争态势与趋势

中国电动汽车百人会副理事长、中国科学院院士
欧阳明高

一、从2021—2025年动力电动化技术大变革看市场洗牌的底层逻辑

（一）新能源汽车纯电驱动技术路线的选择

2009年，我国确立了新能源汽车纯电驱动技术转型战略，开启了"十城千辆"示范工程；2010年开始对新能源乘用车进入家庭进行财政补贴，那时候业内将新能源汽车的市场推进战略简称为"两头挤"战略。

"两头挤"的一头是公交车，另一头是微型电动汽车，就是从大的公交车、小的微型电动车两端向中间的乘用车挤。这一策略重点支持的是纯电动公交车，纯电动公交车由政府买单，为保证必要的续驶里程，车上电池装得比较多，所以公交电动化首先将动力电池产业带动了起来。

2014年，习近平主席提出新能源汽车强国战略，以互联网产业为代表的一批"造车新势力"开始进入汽车产业，当时的主流车型主要是豪华电动乘用车和小型经济型电动乘用车，这也是"两头挤"，向中间的乘用车挤，2018年就"挤到了"中级家用主流轿车市场。

2018—2020年，我国新能源汽车销量每年都在100万辆以上，但是新能源市场处于徘徊期。面对消费者对性价比的极致需求和燃油车与新能源汽车的激烈市场竞争，2021年插电混合动力技术和乘用车磷酸铁锂电池技术取得了突破，市场出现转折。2022年插电混合动力汽车市场开始爆发。2023年3月，在中国电动汽车百人会论坛上，我提出要实现全面电动化的

纯电动和插电混动双轮驱动战略。2024年，新能源汽车中插电混动（包括增程）车型占比达到40%，纯电车型占比60%。我预计到2025年，插电混动（包括增程）车型占比将增加到50%左右，纯电车型占比降低到50%左右，2025年插电混动技术变革高潮应当到了。今后几年，我预计插电混动（包括增程）车型占比还会上涨，比如从50%涨到60%左右，纯电车型降到40%左右是完全可能的，但2030年后，纯电车型占比仍将回到70%的主体地位。

（二）汽车动力电动化技术变革对市场和产业的影响

1. 汽车技术从电动化发展期转向爆发期导致市场结构性大变局

为什么插电混动（包括增程）汽车市场爆发的起点是2021年？主要是因为新一代磷酸铁锂电池和插电混动技术厚积薄发取得了突破，同时新能源汽车进入了家用主流轿车市场区间。插电混动车型能满足注重性价比的客户的所有需求，它既是燃油车，也是电动车，还是混合动力车，很难挑出毛病。而且新冠疫情暴发后，国家延长了新能源汽车补贴政策，使插电混动（包括增程）汽车市场得到了快速发展。

我国新能源汽车产业和企业能异军突起的主要原因，就是技术爆发的时间点、市场爆发的时间点和政策的着力点，三点在时间上重合。好比燃烧爆炸的三要素燃料、空气、点火，好的燃料好比技术，空气的温度好比市场的热度，点火源则来自政府的政策。

2. 汽车产品从精益生产耐用件到高频迭代时尚品的系统性大变局

燃油汽车时代，几年开发一个车型是常规操作，其采取渐进式发展、点滴式优化模式。典型模式是丰田汽车的精益生产模式，特点是产品耐用优于时尚。汽车电动化时代，一年开发几个车型很常见，竞争进入白热化，行业处于阵痛期，同质化内卷造成恶性循环，特点是创新求变才能打造精品，成就汽车强国。

3. 汽车从传统模式到自媒体信息大爆炸模式的时代性大变局

在众说纷纭的自媒体环境下，车企更加注重用户体验和信息传播新营销模式，对传统营销模式和客户关系模式产生了巨大冲击。时代变了，只有认知升维，转变思维，才能有战略定力。

4. 汽车销售从增量市场转向存量市场的周期性大变局

当前，新能源汽车与燃油车形成了短兵相接的零和博弈局面。市场格局在 3~5 年内发生了颠覆性变化，要应对大变局需要战略前瞻、创新引领、厚积薄发。

二、从 2025—2030 年整车智能化技术大变革看汽车产业的模式竞争

首先技术上，高速 NOA 已经从能用发展到好用了，城市 NOA 马上也要大规模推广了，这是技术发展的逻辑。

市场的逻辑也在，DeepSeek 给全民心智带来巨大冲击，公众对智能驾驶的热情水涨船高，这就是市场的逻辑。

政策的逻辑是国家大力提倡人工智能。这三个逻辑的时间点也重合了，所以整车智能化可能在 2025 年开始爆发。

（一）关于人工智能和 DeepSeek 的创新

我领导的清华大学团队从 2023 年开始接触人工智能大模型，做出了电池行业的第一个大模型，现在在做面向全固态电池研发的电池智能体，我从学习者的角度谈谈 DeepSeek 四个主要的创新。

（1）从闭源到开源，全球第一个开源大模型，极大提升了流量；

（2）从通过人类反馈强化学习到通过纯强化学习获得推理能力，减少了数据量；

（3）从通用模型到混合专家架构，减少了算力资源的消耗量；

（4）从数据继承到优化再到超越，站在前人的肩膀上保证数据集的高质量。

它有三大重大影响：技术平权，消除垄断，竞争重新回到应用主导的场景；对国产芯片的推广利好，从必须用先进制程图形处理器走向可使用成熟制程；对各行各业 AI 智能体应用的高速发展起到推动作用。

（二）关于智能驾驶技术

目前的全民智驾主要是 L2+ 智能导航辅助驾驶，公路 NOA 已经从能用发展到好用，城市 NOA 也已经进入实用阶段。多模态大模型作为端到端算法的基座模型，可以赋能高阶自动驾驶技术，但还要解决大模型的安全可靠性问题。L3 自动驾驶需要相关部门尽快出台相关法律法规，L4 级高度自动驾驶需要积累经验循序渐进，力争在 2030 年实现规模量产，目前暂时不宜宣传全民自动驾驶。

对于智能驾驶的技术发展路径与算法演进，我有以下体会。

（1）BEV+Transformer：通过鸟瞰视图（BEV），感知融合从数据特征级的后融合阶段，推进至信号级的前融合阶段，能够提供更全面、更准确的环境感知能力。

（2）基于大模型的端到端：从基于规则的模块式架构（感知—规划—控制）到基于大模型"输入输出式"端到端；从两段式端到端（感知端到端+规控端到端）到一段式端到端（两者合一）。

（3）端到端+VLM：增加语义推理能力，形成视觉与语言两种模态双通道深度学习架构，利用语言模型知识库（如交通规则）辅助决策。

（4）Vision-Language-Action 闭环：构成视觉感知—语言理解与生成—动作决策与控制一体化闭环智能体。

（三）关于"人工智能+"

这次智能革命可能比第一次工业革命带来的变革还要大。具体到汽车领域，人工智能革命引发新能源汽车全域智能化爆发：智能座舱、智能底盘、智能驾驶、智能电池，以及产品研发、制造、销售、使用、维修、回收全生命周期智能化。

智能化技术变革将对汽车市场和产业产生巨大影响。

1. 模式创造价值、生态赢得未来

现在汽车产业发展的阶段特点是造车新势力大量涌入的阶段即将过去，

智能化变革阶段的竞争将更加白热化，要做好进入产业模式变革的转折阶段和兼并重组的预备阶段的准备。

所谓产业模式变革就是从企业竞争到模式竞争。主要模式包括以下七种模式。

（1）比亚迪模式：整车-电池-智能化全部自研、全面电动化的纵向一体化模式。

（2）燃油车+电动车、国内市场+国外市场的双轮驱动均衡发展模式：包括奇瑞、吉利、长城汽车等。

（3）华为品牌+软件主导的智能生态模式：鸿蒙智行现在已经有五"界"新车上市，今后还会增加。

（4）互联网基因+整车智能化生态闭环模式：包括小米、小鹏、理想等，其内部格局还将剧烈变化，创新将带来意想不到的惊喜。

（5）地方国企自主+合资改革与转型发展模式：包括上汽、广汽、北汽等。

（6）央企国家队模式：包括一汽、东风、长安。

（7）换电模式：包括蔚来、宁德时代等，如何发展还有待观察。

2. 这些模式如何取得成功？智能时代的制胜之道是学习

建立学习型组织，把企业变成智能体，一个企业最大的竞争能力就是比其他企业学得更快。学习的目的是破除执念，增加柔性和适应性，"物竞天择、适者生存"在人工智能时代将表现得更加突出。

学习更能训练一个人的认知模式，修炼其价值理念。人工智能时代有了机器赋能，使我们能够更快地干更多实实在在的事情。中国创新进入了英雄辈出的新时代，DeepSeek等公司的成功是技术理想主义的胜利，新能源汽车革命也是汽车企业家英雄辈出的时代。

三、从 2030—2035 年将要发生的能源低碳化技术大变革看未来的产业格局

（一）从新能源汽车革命路线图看能源低碳化

随着动力电动化和整车智能化技术的变革深化，智能电动汽车产业是往智能产业发展，还是融入新能源产业体系？这是一个战略选择问题。如果只是全自动驾驶电动汽车，汽车销量可能会下降。客户为什么要买无人驾驶汽车？买个家用机器人是不是更好？因此无人驾驶汽车必须有附加的有可能省钱的功能，而只有能源低碳化具有这个潜力。如果没有能源低碳化，只有整车智能化，那么最终发展的结局就是汽车产业萎缩。没有能源低碳化，也不是真正的新能源汽车。

（二）新一代动力全固态电池将实现产业化

从战略全局看，汽车产业当前重点要防范的是全固态电池技术路线带来的颠覆性风险。这与当年选择镍氢电池还是锂离子电池类似，那时候锂离子电池的问题很多，开发镍氢电池的呼声更高，但是最后锂离子电池产业成功了。当年新能源汽车技术路线是选择油电混合动力还是纯电驱动的争论也是类似的，争论非常激烈，但最后纯电驱动技术路线成功了。

2024 年是中国全固态电池的里程碑年份。2024 年年初我发起成立了中国全固态电池产学研协同创新平台，研讨技术路线。目前看，国内主要汽车电池企业大多数都开始聚焦以硫化物为主体电解质的全固态电池技术路线，选择高镍三元正极、硫化物为主体的复合电解质、硅碳负极构成的材料体系，以实现车用电池比能量 400Wh/kg 左右为目标，超越传统液态和固液混合电池。同时，通过全固态电池将高镍三元电池安全性提升到磷酸铁锂电池的水平。我预测其产业化开始的时间是 2027—2028 年，2030 年左右可以完全实现量产。

对于 500Wh/kg 的车用全固态电池的研发，必须突破锂负极技术，研发

过程中可能需要借助基于人工智能的材料研发平台赋能。我预计其产业化的时间在 2030—2035 年，有 5 年的不确定期。

（三）2030 年新能源汽车能源低碳化技术将全面爆发

首先，钙钛矿光伏薄膜电池，正在引发太阳能电池的新一轮技术变革，预计 2030 年左右可实现产业化。钙钛矿光伏薄膜电池可制成半透明电池、柔性电池、高效叠层电池，综合使用可以覆盖整个汽车车身，车载发电面积比现有晶硅电池提升 4~5 倍，发电功率增加 1~1.5 千瓦，每年单车车身的发电量可提供 1 万公里左右行驶里程。

其次，车网互动引发车载储能技术变革。从电网充电角度看，车网互动成为城市已有配电网，是在不断增加的风电光伏比例下解决充电容量的关键路径。电动汽车保有量大幅上升，必然倒逼充电行为从无序充电到有序充电，再到双向充电的车网互动。从户用储能角度看，电动汽车电池储能，是中国高层小户型住宅条件下最佳的户用储能方式。2025 年《政府工作报告》提出培育绿色建筑、绿色能源、绿色交通等新增长点，房 – 车 – 网系统是最好的结合点。从电动汽车角度看，车网互动将使电动汽车成为人们充电免费甚至充电赚钱的工具。由国家发展和改革委员会、国家能源局、工业和信息化部、国家市场监督管理总局组织的全国城市级车网互动示范工程，将于 2025 年在上海等 9 个城市开展。

最后，交能融合将引发车用能源基础设施技术的变革。高速公路光伏廊道的发展，正在推动光 – 储 – 氢 – 充 – 换 – 放综合能源补给系统建设，以满足重卡换电池 / 换氢瓶、轿车兆瓦级闪充等需求，零碳交通服务区将逐步普及。从智能化的车 – 路 – 云发展到智能化与低碳化相结合的由国务院常务会议提出的车 – 能 – 路 – 云一体化。

四、展望低碳化技术变革对产业的影响

新能源汽车革命促进新能源全方位革命，新能源汽车也是新能源产业大体系的一个分支。2024 年，我国风电光伏装机量超过 3.7 亿千瓦，累计

装机达到 14.4 亿千瓦。按此正常发展速度看，2030 年风电光伏总装机将超过 30 亿千瓦，风电光伏发电量保守估计将超过 4 万亿千瓦时，占 2030 年我国全社会总用电量的 30%~35%。非化石能源总发电量（包括水电、核电等）将达到总发电量的 50%~60%。

2030 年可能进入中国新能源革命的爆发期，伴随新能源汽车、锂离子电池、氢燃料电池、钙钛矿光伏电池等的发展，以及新能源技术生产力革命和电力市场化改革的生产关系革命的双重历史机遇，今后 10 到 30 年，将催生出 5 个 10 万亿元人民币级的大产业。

新能源基础产业：包括光伏、风电、锂电池产业。其目前产值大概 3.5 万亿元，未来 10 年有 3 倍左右的增长空间。现在锂电池发电量已经超过 10 亿千瓦时一年，估计 2030 年将达到 30 亿千瓦时左右。

新能源汽车产业：2035 年，新能源汽车国内外总销量有望接近 3000 万辆，保有量预计在 2 亿 ~3 亿辆。随着能源低碳化建设变革深入发展，纯电动乘用车将重新回归主体地位，占到新车销量的 70% 以上。

交通全面电动化：电动火车、电动船舶、电动飞机、电动农机、电动载用装备、电动移动机器人、电气化公路等都将发展起来。

智慧与零碳能源产业：交通的车－能－路－云一体化、电力的源－网－荷－储一体化、工业的光－储－氢－热一体化、建筑的光－储－直－柔一体化等。

绿色氢能产业：该产业也是由新能源汽车带起来的。这个产业相对来说发展周期长一点。预测 2050—2060 年，我国绿氢年需求总量达到 1 亿 ~1.7 亿吨，仅此一项产值就是 2 万亿 ~3.4 万亿人民币，全链条扩大 3 倍左右。

02

第二篇
PART 2

夯实电动化 推进智能化

无人驾驶的一些观点

中国工程院院士、清华大学智能产业研究院（AIR）院长
张亚勤

我分享的主题是"无人驾驶的一些观点"。

第一，无人驾驶是未来 5 年最大的具身智能领域的应用，是第一个通过"新图灵测试"的应用。在无人驾驶中，安全是首要目标，同时还要实现更人性化的驾驶体验，达到甚至超越老司机的驾驶水平。从目前的数据来看，Waymo 和百度的无人车在安全方面表现优异，百度的数据显示，无人车的驾驶安全度比人类司机高出 10 倍。虽然这一数据目前只是基于实际运营统计，尚未有严格的数学证明，但已经充分展现出无人驾驶在安全性能上的巨大优势。虽然无人车在达到老司机的驾驶水平方面，目前还有一定的提升空间，希望在 2025 年或者 2026 年，通过算法的进一步优化，尤其是端到端算法的改进，在人性化和智能化方面取得更大突破。

第二，大模型，尤其是生成式 AI 的出现，极大地推动了无人驾驶技术的发展。在过去，无人驾驶面临着数据不足、长尾极端情况难以处理、驾驶常识缺乏等问题，虽然大模型不能完全解决这些难题，但已经取得了显著进展。

第三，关于技术路线的选择，我认为多模态感知将会是无人驾驶的主流。我们不仅需要激光雷达，还可以引入 4D 雷达等其他不同的传感器模块。在感知层面，机器具有天然的优势，数据源越丰富，就越能做出更优的决策，我们应该充分利用这一优势。过去，激光雷达价格高昂，一个要花费几千美元甚至几万美元，如今价格已经降至一两百美元，未来还有下降空间，这得益于中国企业的创新。同时，我们不能在技术路线上过于绝对化，只坚持某一种方案，应该充分利用各种数据源，做出更合理的决策。

我认可端到端的自动驾驶技术，目前这一技术已经投入使用，但在实际工程应用中，还需要一些规则作为兜底保障。这并非是摒弃端到端技术，而是基于实际工程需求的考量，不能过于教条地认为只能采用端到端技术，完全摒弃规则。

此外，在模型构建方面，不仅需要强大的云端大模型，还需要在车端部署精确的小模型。不过，车端小模型应该是由云端大模型经过蒸馏、裁剪和量化等技术处理后得到的，而不是一开始就独立构建小模型，因为初始的小模型在性能上很难满足实际需求。

第四，在实现 L4 级无人驾驶的过程中，是以单车智能为主，还是侧重于车路协同？我个人的观点是，应以单车智能为主。 这意味着车辆在没有任何外部辅助的情况下，必须具备独立行驶的能力。车路协同、云端技术等可以作为很好的补充，为无人驾驶提供更多的安全冗余保障，助力构建智慧交通体系。但如果车辆完全依赖道路基础设施、信号灯或者整个交通体系，将会受到诸多限制，所以单车必须具备完全无人驾驶的能力。

第五，无人驾驶的 ChatGPT 时刻将在 2025 到来。 如果 Waymo 在美国的业务顺利推进，百度在中国武汉市的运营持续向好，文远、小马等企业也稳步发展，那么 2025 年我们或许就能迎来无人驾驶领域的 ChatGPT 时刻。然而，要实现无人驾驶的大规模普及，还需要更长的时间。预计到 2030 年，10% 的新车将具备 L4 级无人驾驶能力，那时我们可以称之为无人驾驶的 DeepSeek 时刻来临。

技术创新是发展的根本

比亚迪股份有限公司董事长兼总裁
王传福

2025年2月，我有幸参加了总书记召开的民营企业家座谈会，作为行业代表给总书记做了汇报，并聆听了总书记的重要讲话，深刻体会到党中央对民营经济的高度重视和亲切关怀，更加坚定了做大、做强、做优新能源汽车产业的信心。过去十年来，在总书记前瞻性的指引下，集举国体制、庞大的内需及企业创新等优势，我国新能源汽车产业发生了翻天覆地的变化，在2024年迈入了千万辆的时代，而且在全球汽车集团销量前十中，我国汽车首次获得了两个席位，我国品牌用行动和实力证明了我国汽车产业的进步，书写了我国汽车史甚至世界汽车史的崭新篇章。

我国正在经历一场百年一遇的汽车变革，变革的深度、广度、速度都超出预料。2024年，我国新能源汽车的渗透率达47%，一年增长了12个百分点，而且跃升能力连续多个月超过了50%。新能源汽车已在市场中占据主流地位，2025年的行业渗透率进一步提升，行业新旧动能加速转换，处于快速迭代期，技术占据主导地位。比亚迪始终坚持把技术创新作为发展的根本，深耕技术于此，坚定推出了一系列的原创颠覆性技术，持续巩固全球发展优势。

2025年，我们以技术开年，2月份全系搭载了天神之眼，开启了全民智驾的时代。随后又推出了车载无人机，预计将在2026年构建全新的出行生态。我们发布了超级E平台、闪充5分钟、续航400公里，实现了兆瓦闪充、油电同速，彻底解决了电动车出行的焦虑，还有革命性的技术云辇-Z，首搭载在仰望U7上，让车身控制从机械世界进入电世界，填补了垂向电动化控制的技术空白，开创了新能源车四电时代，让出行从此无坎坷。

比亚迪持续用创新的技术和产品，助力我国从汽车大国迈向汽车强国。

我国不仅在电动化方面引领全球，在智能化方面也持续探索并引领全球。2025 年的政府工作报告强调，要持续推进"人工智能+"行动，大力发展智能网联新能源汽车。比亚迪积极拥抱智能化，在整车智能战略的引领下，通过璇玑架构实现了智电融合，创造了从前想都不敢想的功能，让整车智能拥有无限可能。腾势 N9 以 160 公里的时速刷新了测试纪录。

安全是电动车最大的豪华，智驾是安全出行的最强守护。比亚迪始终把安全放在第一位，不仅在智驾的技术上实现突破，更在应用上加快普及，让好的技术人人可享。

从好的体验看，如果说上半场的电动化是改善性的，那么下半场的智能化则是颠覆性的，比如智驾可以帮助车主减少五一、十一长假等长途驾车的疲劳，而且大幅提升整车的安全性，保障车主的生命安全。智能化的下半场变革在两至三年内发生，变革速度加快。我们以前用新能源汽车的渗透率来衡量行业的发展速度，从 2025 年起还要用高阶智驾来推动行业的高质量发展。

我国的电动车智能化变革是全球性的机遇，将有力地促进全球汽车绿色转型和开放的发展。当今世界变化的不稳定、不确定性在上升，我国新能源汽车乘风破浪、智行出海，为全球经济发展注入了新动能，创造了新机遇。2024 年，我国汽车出口首次突破 500 万台，蝉联全球汽车出口第一大国，其中新能源汽车出口再创新高，受到了全球消费者的欢迎。比亚迪伴随着我国品牌出海的浪潮，加快乘用车出海，2024 年在海外十多个国家和市场进入了全品牌前十。同时，我们的本地化建设也取得了重大突破，首个乘用车基地已投产，正在加快打造具有本地化品牌属性的产品。我国新能源汽车无论是技术产品还是产业链，领先全球三至五年，我们应把握这个窗口期，坚持开放创新，以更高层次的绿色技术和产品推动更高水平的对外开放，在优势互补、开放合作中出海又出产。

面对电动化、智能化和全球化的时代浪潮，我国新能源汽车正撬动从汽车大国到汽车强国、从"走出去"到"走上去"的质变。比亚迪将谨记总书记在民营企业家座谈会上的重要讲话精神，始终把建设新能源汽车强国的责任扛在肩上，把消费者的利益放在心上，携手全球合作伙伴，持续用技术创新打造令人尊敬的世界级中国品牌。

驭势谋远　向新而行——以高质量发展开启中国汽车产业新纪元

奇瑞控股集团董事长
尹同跃

我分享的主题是"驭势谋远　向新而行——以高质量发展开启中国汽车产业新纪元"。

当前，电动化、智能化、AI的发展浪潮正在改变全球汽车行业的竞争点，我们要坚持技术创新发展，加大投入，在电动化、智能化方面奋力追赶。我们也一直在追求低碳化，目前海外发展也面临环境、社会和治理（ESG）方面的挑战。

奇瑞依靠开放式创新，注重个体研发的同时，也充分共享社会资源，协同发展。在电动化方面，我们与宁德时代合作；在智能化方面，地平线的智驾给我们带来很大赋能。这些优秀的企业合作伙伴赋能了奇瑞高速发展，也赋能了中国汽车向更高水平前进。

一、坚持技术向未来突破，牢牢端稳技术饭碗

奇瑞坚持技术立企战略，希望用技术创新开路，走向更高法规、更高

标准、更高挑战性的市场，所以我们在芜湖发表了"智能之夜"，在智能化方面努力实现"智驾平权"。在技术创新方面坚持"6+1战略"布局，欧阳院士一直在帮奇瑞赋能，在电池、芯片、智舱、智驾、智慧平台、人工智能特别是ESG方面，奇瑞都做了深度安排。

二、坚持品牌向上攀升，变"内卷"为"伸展"

奇瑞作为以传统制造业起家的企业，对品牌比较坚持。在质量方面，我们一直不敢掉以轻心，非常在意全球排名，坚持多品牌战略和品牌向上战略。

三、坚持市场向全球布局，我们是中国的也是世界的

奇瑞的国际化做得相对好一些，我们一直坚持国内市场和国际市场并举。一方面我们积极"走出去"，另一方面也积极开展国际合作。我们相信国家发展改革委、工业和信息化部、商务部领导能支持中国车企真正走出去，从过去整车出口到在海外研发、制造，真正融入全球大环境，支持企业、公司和全球同行深度融合协同。我们与西班牙的依博罗公司（EBRO）的合作非常愉快，希望这个案例能够为更多中国车企"走出去"提供经验。

四、坚持管理向卓越迈进，打造敏捷高效性组织

汽车行业的管理越来越复杂，要求也越来越高，我们在管理方面向精细化管理迈进，致力于打造更加敏捷的高效化组织，通过管理提高经营质量。

最后，我们还要借此机会呼吁：当前汽车行业的变化加快，在电动化高渗透率、电动化时代全面到来时，希望我们的法规制定能与时俱进。

用户至上，安全第一——以全域 AI 推动新能源汽车高质量发展

吉利汽车集团 CEO
淦家阅

我汇报的主题是"用户至上，安全第一——以全域 AI 推动新能源汽车高质量发展"。

智能化是汽车行业未来发展的大方向，AI 人工智能又是智能化最强大的推动力。2021 年吉利推出两个蓝色行动计划，行动计划一主攻智能化与新能源车，计划二主攻智能化纯电动汽车，即从纯电和混动两个方面来发展新能源。这两个计划都是以全面智能化为基础，明确了吉利未来所有的产品的走向。2025 年也是"智能吉利 2025 战略"的收官之年，吉利主要围绕芯片、操作系统和技术数据开展智能化全面布局，从大算力、大模型和大数据三个维度来推动智能化的工作，通过全域 AI 赋能汽车产业的高质量发展。

一、大算力

在大算力方面，吉利建立了星睿智算中心，在 2022 年算力达到 102 亿次/秒，位居中国车企首位。2024 年吉利发布了《台州宣言》，聚焦汽车产业主业，通过战略聚焦、战略整合、战略协同、战略稳健、战略人才这五大战略举措，加快推动智能化的布局。吉利打通自己的生态链，联合了包括千里科技、阶跃星辰、芯擎科技、星纪魅族、时空道宇，成立了全球唯一的智能汽车算力联盟——星睿智算中心 2.0，实现了从千卡时代到万卡集群的跨越，综合算力达到了 23.5EFLOPS，1FLOPS 是 10 的 18 次方。吉利的算力在全球仅次于特斯拉，这些能力的建设为全域 AI 战略落地提供了强

大的算力保障。强大的算力仅仅还是基础，我们认为 AI 的魅力更在于算法和大模型的建立。

二、大模型

在大模型开发方面，吉利在新能源转型之初就同步开始布局了 AI 大模型的开发团队，吉利联合阶跃星辰开始建设多模态通用类大模型，联合参与阶跃 Step-Video 和 Step-Audio，二者均为多模态通用类大模型，可以实现语音类和视频类内容的生成。同时，我们也将阶跃的多模态通用大模型和吉利的星睿垂类大模型相结合，使汽车在智能空间的交互场景上得到更加丰富的体验。

三、大数据

为了进一步推动汽车行业 AI 技术的创新与普惠，2025 年 2 月，我跟阶跃团队一致决定，向全球开源这两款大模型，让 AI 赋能汽车行业的场景应用。在大数据方面，目前吉利具备 L2 级以上的智能辅助驾驶车辆已经超过 750 万辆，实际行驶里程超过百亿公里，位居中国车企第一。为此，吉利通过星睿大模型能力，建立了 AIDrive 大模型。它具备强大的场景生成能力，每小时可以生成万公里级的复杂智能辅助驾驶工况，包括各种恶劣天气与特殊路况。我们通过这种方法构筑了虚实融合的世界模型，使智能辅助驾驶训练的效率提升了 30 倍以上。

全域 AI 赋能，将加速整车智能化应用的全面落地，持续提升用户体验。我们要通过大算力、大模型、大数据的三驾马车的系统构建，形成行业领先的 AI 体系化能力，赋能整车、能源、底盘、智能辅助驾驶等领域，全面提升用户的体验。在智慧能源方面，吉利自研了星睿 AI 的云动力大模型，AI 大模型将传统的规则控制升级为 AI 的智能管理，通过 AI 能够实时感知车外的温度和湿度，以及感知海拔的高度和坡度等各种路况，从而实施随时智慧调整整车的能量管理策略。这种创新让电混车型的油耗降低了 10%~15%，让现在的电混轿车百公里亏电油耗进入 2 升时代，电混运动型多用途汽车（SUV）亏电油耗进入 3 升时代，实现了行业领先。随着大数据的不断积累，星睿 AI 语音动力大模型会在 2025 年推出 2.0 版本，预计可以让电池寿命提升 15% 以上。

加速 AI 赋能　深化产业合作　推动智能网联新能源汽车高质量发展

长安汽车副总裁、深蓝汽车 CEO
邓承浩

我分享的主题是"加速 AI 赋能　深化产业合作　推动智能网联新能源汽车高质量发展"。

当前，全球汽车市场稳步增长，预计 2025 年将接近 1 亿辆规模，同比增长 3.6%。我国汽车产业更是高速发展，预计 2025 年突破 3250 万辆，同比增长 3.2%；不出意外，将连续 17 年居全球首位。

汽车产业高速发展的背后也呈现出一些新特征。

一、呈现的特征

1. 中国市场竞争新格局基本形成，市场集中度将进一步提高

自主品牌销量和新能源销量已成为集团市场规模的关键要素。当前中国市场中，自主品牌的销量占比已经从 2024 年的 59.4% 提升到当前的 70.6%。国内新能源渗透率已达 49.7%。我们可以看到，之前欧、美、日、韩、中"五分天下"，如今中国品牌占据半壁江山，中国品牌竞争优势进一步凸显。

同时我们可以看到，集团销量两极分化加剧，马太效应进一步凸显。

在这轮电动化、智能化转型过程中，竞争也在加剧。可能有人说未来可能只有 3~5 个品牌，也有人说不止。我个人认为，对于中国这么一个相对地域辽阔、文化丰富的市场而言，中国市场最终可能仅有不超过 20 个主流品牌。

2. 汽车产业正加速从"电动化上半场"转向"智能化下半场"

当前，电动化领域还有很多技术需要攻克，我们需要重视电动底盘、固态电池等新技术的研发，防止被弯道超车。长安汽车会持续夯实电动化技术能力，例如，我们正在加速金钟罩全固态电池研发，计划在 2025 年年底前实现功能样车首发，2026 年实现装车验证，2027 年推进逐步量产。金钟罩全固态电池的能量密度可达 400Wh/kg，满电状态下续航里程可达 1500 公里，可彻底缓解续航焦虑；通过 AI 远程诊断，安全性提升 70%，可彻底解决液态电池时代的安全隐患。但需要注意的是，全固态电池大规模普及还有很长的路要走，今天我们仍然在攻关科学问题。一些用户问我，全固态电池要来了，买车能否再等等？——真的大可不必。等大家能够买到成本合理、性能优异、质量领先的全固态电池车，预计要等到 2030 年以后了。

随着 AI、大数据、具身智能等新技术的快速突破，AI 数智新汽车已经成为行业共识。2025 年是行业公认的"智驾元年"，各大车企纷纷发布智能化新战略、新技术，推动全民智驾普及。长安汽车也在 2025 年开年后第一时间发布了智能化"北斗天枢 2.0"计划暨深蓝汽车全场景智能驾驶解决方案发布会，与中国品牌一起引领智驾新纪元。

中国汽车产业加速向高端化、智能化、绿色化转型，特别是随着新能源、智能化和造型优势不断巩固扩大，中国品牌逐步突破价格天花板，中国汽车已经开始引领潮流。长安汽车的产品结构也在快速调整，有主流大众品牌长安启源，也有年轻群体喜爱的深蓝品牌，更有"新豪华·阿维塔"。

2025 年第二季度，我们的深蓝品牌将上市旗舰级全尺寸 SUV——深蓝 S09。它在央视春晚惊艳亮相，将搭载华为乾崑智驾并专属定制 HarmonySpace 鸿蒙座舱。我们计划打造 30 万~35 万元的六座大尺寸超旗舰运动型多用途汽车（SUV）新标杆，助力全民智驾新时代。

3. 智能网联变革推动跨界合作、跨界传播成为产业新常态

当前汽车行业呈现出三大合作新模式。

车企与信息与通信技术（ICT）企业之间，跨界合作、优势互补：ICT企业在AI、云计算等领域拥有的领先技术与汽车行业深度融合，共同打造"人车机家办"生态，携手推动产业高质量发展。长安汽车始终保持开放合作的精神和态度，与华为、腾讯、京东等开展全方位战略性合作，朋友圈不断破圈。

中外车企之间，保持合作、持续开放：中国品牌与外资品牌的合作由技术引进向联合开发、技术共享/输出转变，从中国合作走向全球，协同开发全球化产品，共同推动全球汽车产业高质量发展。

车企与销售企业、用户之间，直通直联、全面面向消费者：数智化发展推动销售模式产生新变革。长安汽车从2018年开始推动由传统的分销模式向直通直连的智慧营销模式变革。当前，品牌破圈、跨界传播、流量为王，互联网社媒平台已经成为汽车营销主要阵地。2024年称得上是汽车圈流量元年，ICT企业给我们上了生动的一课。我们也深入向小米、华为等企业学习，强化新媒体运营。

4. 中国汽车产业正加速全球化步伐，有机会打造一批世界级中国品牌

出口规模快速扩张，2024年中国汽车全年出口585.9万辆，同比增长19.3%。预计2025年出口680万辆，同比增长13.3%，延续两位数增长态势。中国汽车出口已连续两年超越日本，再登全球榜首位置。

坚持长期主义、本地主义，中国车企正加速构建"研发—生产—供应—销售"全链路本地化能力，加速从"产品出海"向"品牌出海""产业出海"转变。为了加速全球化，长安汽车于2023年发布了"海纳百川"计划，我于2024年12月和2025年3月两赴欧洲，颇多体会。刚过去的一周，长安汽车在德国举办了欧洲品牌发布会；泰国新能源整车工厂也将在近期投产我们的全球化战略车型S05，以实际行动践行"一带一路"倡议，为全球用户提供优质产品和服务。

二、存在的挑战

1. 百年变局加速演进，全球形势仍面临较大的不确定性、不稳定性

当前，地缘政治紧张因素依然较多，影响全球市场预期和市场信心，关税壁垒增多，冲击全球产业链供应链稳定，加之海外汽车产业法规、政策等方面存在较大不确定性，海外投资存在汇兑损失、资产安全等较大风险。

2. 飞行汽车、自动驾驶等的法规标准亟须完善

目前飞行汽车面临汽车与航空法规衔接不足等瓶颈。自动驾驶缺乏前瞻性和创新性的标准与法规，现行道路交通安全法尚未放开对自动驾驶的限制，未发挥在全球自动驾驶标准和法规领域的引领作用。大家知道，L3是自动驾驶了，从功能安全角度，需要双冗余方案。那么，假如一台车出现了爆胎，是否需要冗余设计？法规尚未界定，这并不利于当前车企锁定开发方案。

3. 充换电基础设施还存在短板

当前，国内充换电基础设施主要集中在沿海地区，区域集中性问题仍然凸显，尤其是在农村和县域地区，车桩比约15：1，远低于沿海地区的2：1车桩比，影响新能源汽车的普及和进一步发展。

对此，我提出以下建议。

三、建议

1. 持续完善促进和保障对外投资机制

如建立政策信息、市场形势等方面共享平台和全球化研究智库，对车企出海进行风险研判和业务指导，帮助中国车企制定全球化实施路径，保障海外投资回报。

2. 加强顶层设计建立自动驾驶、飞行汽车等技术标准法规体系

发挥国家算力集群的规模化、集约化优势，加速AI的突破性发展与产业深度赋能。推进低空经济、自动驾驶等前沿技术领域的法规适配性改革。积极参与国际标准制定，强化在全球智能出行产业规则制定中的主导权。

3. 发挥新型举国体制优势，加强充换电设施的建设

做好政策牵引和市场导向的有机结合，特别是要加大低线市场充换电等基础设施建设和新能源产品下沉力度，并给予一定的政策支持。

中国汽车产业正加速向高端化、智能化、绿色化转型发展，相信未来一定会诞生更多的世界级中国品牌。长安汽车将与行业伙伴一道，坚定不移地做强做优做大智能网联新能源汽车，向世界一流汽车品牌迈进，为全球汽车产业高质量发展做出长安贡献！

拥抱绿色数智新时代，加速推进高质量发展

广汽集团副总经理
高　锐

我探讨交流的内容是"拥抱绿色数智新时代，加速推进高质量发展"。

一、怎么看："绿色＋数智"下半场有哪些趋势变化

1. 产品之变——AI 大模型重构汽车核心价值

在 AI 技术驱动下，智能化从差异卖点演进为产品标配，智能平权成为市场的竞争焦点。2025 年是高阶智驾的量产元年，高速 NOA、城市 NOA 等高阶智驾正向 10 万 ~20 万元的主流价格区间加速普及。没有智驾能力就没有参与未来竞争的入场券，这一点已经成为行业共识。同时，AI 大模型率先与汽车座舱融合应用，让汽车从移动终端进化为情感伙伴，人机交互从功能竞赛转向体验重构。未来产品的核心竞争力不再是硬件参数的堆叠，而是能否以智能化重新定义人车关系、构建人车信任。

2. 产业之变——从"规模领跑者"跃升为"生态定义者"

我国新能源汽车 2024 年销量占全球销量的比例超过 60%，在整车规模跃升的背后，动力电池退役潮也加速到来。预计到 2030 年，我国动力电池累计退役量将突破 300 万吨。这些数据标志着我国新能源汽车产业亟需从数量扩张转向质量引领。未来市场竞争的核心不再是追求单一的市场占有率，而是要做全球绿色智能出行生态的定义者，提升产业"含绿量""含智量"和生态成熟度才是获得话语权的关键筹码。

3. 生态之变——"立体出行"正在打破生态边界

2025 年全国两会期间，低空飞行器、人形机器人备受瞩目，它们与智能新能源汽车技术互通、供应共享、工艺复用，呈现出加速融合的态势，逐渐形成以往单一产品难以实现的"海陆空一体化"新生态，衍生出新的蓝海市场和投资机会，或将释放巨大的市场空间，重塑全球科技竞争版图。

二、怎么做：广汽以"绿色＋数智"推进高质量发展的实践

1. 坚持产品为王，让绿色智能走向大众化

广汽坚持以用户价值为核心，全面推动产品绿色数字化，2025 年以来，传祺向往 S7、昊铂 HL、埃安 UT、广丰铂智 3X、广本 P7 等多款智能新能源产品陆续上市，全面覆盖纯电、增程、插混等所有主流新能源动力，并率先将激光雷达、高阶智驾的价格打入 14 万以内，实现座舱、智驾、三电、底盘全领域的高阶智能。广汽发布了智能科技品牌"星灵智行"，ADiGO 智驾互联生态系统全面升级到 6.0 版本，其中智驾系统升级成为可以主动思考、逻辑透明化的驾驶者的"第二大脑"。2025 年我们将启动国内首款 L3 自动驾驶车型量产上市销售，与滴滴合作的首款 L4 自动驾驶前装量产车型也将下线交付。同时，广汽端云一体大模型已与 DeepSeek 融合增强，多模态交互系统 HMI 6.0 也即将量产，届时将实现所有主流品牌手机与智能座舱的跨端互联。下一步，广汽将以"星灵智行"智能科技品牌全面发力智驾技术，计划到 2027 年正式推出面向个人用户的 L4 自动驾驶

车型，力争进入全球产品智驾水平和研发能力第一阵营。

2. 开拓生态增量，整合构建产业护城河

广汽聚焦绿色智能产业布局。位于番禺的智能网联新能源汽车产业园累计落实投资460亿元，陆续建成广汽埃安智能零碳工厂。因湃电池、锐湃动力等新能源重点项目，构建了从锂矿到充电设施再到电池回收的一体化全链条能源生态。广汽依托产业园与华为、腾讯、科大讯飞、文远知行、小马智行等数智科技企业深度合作，全面推进构建广汽智能新能源汽车产业集群。

3. 加快国际步伐，输出"产品＋生态"中国方案

目前广汽已经在74个国家和地区布局，构建了多元产品的矩阵；同时，以广汽云为核心，搭建全球资源综合管理平台，相继投产马来西亚CKD工厂、广汽埃安泰国智能工厂，物流、零部件和能源服务等生态业务在海外逐步落地，全球研产供销服体系初具规模。

4. 领跑新质赛道，谋划立体出行未来篇章

2024年，如祺出行成为全国首家开展全无人驾驶出租车（Robotaxi）商业化示范运营出行平台，目前业务覆盖北上广深以及横琴粤澳深度合作区，累计行驶里程超过4000万公里。我们发布了L4级Robobus，推出了多旋翼和复合翼两个系列飞行汽车，以及第三代具身智能人形机器人，广汽全场景、立体化智能出行大生态已经初步成型。接下来我们将加快构建"多元站点－地面交通－低空出行"全链条立体智慧出行服务体系。

夯实电动化　推进智能化　实现高质量发展

技术创新一直是蔚来的底色

蔚来创始人、董事长、CEO
李　斌

技术创新一直是蔚来的底色，也始终是蔚来的底色。

大家都知道充换电网络，近日，我们实现了浙江省换电的县县通。浙江88个县级行政区，除了岱山和嵊泗两个海岛站，每个县都布了换电站。电池的可充、可换、可升级，这是我们一直的想法，希望能够让使用电动汽车的用户在加电时有和加油一样好的体验，加电比加油更方便，这是很多年前立的誓，也是我们对自己的要求。目前为止，我们已经提供了接近7000万次的换电服务，充电服务也已经提供超过了2500万次，80%来自蔚来以外的用户。截至目前，蔚来在全国已经建成了3206座换电站，其中在高速公路上共有972座，基本建成了覆盖全国的换电网络。蔚来建设了中国近72%的换电站，也有很多同行在努力部署换电站，但是蔚来在这个事情上投入得非常多。

蔚来也非常重视对于充电桩的布局，是中国部署充电桩最努力的汽车品牌，只不过换电标签太明显了，所以大家经常忘了我们也是布充电桩最努力的汽车品牌。我们在全国布局了25 000多根充电桩，充分从用户体验角度出发，例如布设在内蒙古、吉林、漠河、大兴安岭沿线、新疆喀什等地区的公路沿线。

换电网络已经建成了九纵九横十四大城市群，在高速上平均每200公里就有一个蔚来的换电站。我们的目标是在2025年上半年完成充电县县通，即全国的县级行政区都要有蔚来的充电桩，方便大家出行。在2025年年底前要完成27个省级行政区、接近2800个县，实现换电的县县通。蔚来在2024年年底已经实现了江苏的换电县县通，会议前也已经实现了浙江的县县通，马上会实现广东的县县通，2025年上半年会实现14个省级行政区的换电县县通，换电的网络效应是非常强的，不光能服务我们的用户，也能帮我们卖车。2024年七八月，我们在浙江的用户超过了10万名，2024年年底，在江苏超过了10万名用户，上海目前也有超过10万名用户，江浙沪一共也有1000座左右换电站。二者之间的关系还是非常密切的，我们认为做到了县县通会极大地改变大家的使用体验，极大地提升大家的使用体验。当然我们也跟中国大部分汽车品牌形成了充电的战略合作互联互通。

我们也跟其他车企达成了换电的战略合作。在2025年3月18日，我们和宁德时代达成了在换电方面的战略合作，一起去共建全球最大的换电网络。宁德时代这几年在换电方面投入也非常多，它们的巧克力换电网络也是布局非常坚决。以后我们双网并行，希望一起能够打造从电池的研发，特别是长寿命电池的研发，到换电站的建设与运营，到电池资产管理，就是电池银行，再到电池的梯级利用，最后到电池回收，能形成一个全价值链高效的网络。

蔚来今天的每一点成绩都是来自大家的支持、来自产业的支持，我们坚持踏踏实实干活，也呼吁一下同行们能够一起联手，将中国汽车产业再上一个新的台阶。

开源汽车操作系统　打造全球创新共同体

理想汽车董事长兼CEO
李　想

我向大家分享一下理想的开源操作系统有什么样的特点。

我们开源的部分包含三部分：智能车控操作系统（OS），智能驾驶 OS，通信中间件及工具链。

一、智能车控 OS

智能车控是车辆的小脑系统，负责车辆的空调控制、空气悬挂控制、座椅控制。有了这样一套操作系统，我们可以把所有车辆控制的相关功能都集成在一个控制器里，这样不仅可以节省相关成本，还能让整车的灵活性、新的功能开启、新的功能释放、不同版本的配置变得非常容易。有了这样的操作系统和整车的控制器软硬件结合，整个车辆的管理会变得非常灵活。

此外，我们的操作系统的整个架构非常灵活，可以适配各种各样不同的微控制单元（MCU）。如果需要临时更换 MCU，那你会发现由于软硬解耦的设计，在完成硬件部分代码适配后，其余代码不需要重新适配，这给企业的研发带来非常高的效率提升。

二、智能驾驶 OS

智能驾驶 OS 是车辆的大脑控制系统，它最主要的特点是通过任务调度、图像优化处理，实现对算力的高效利用，让整个运行速度变得更快更稳定，实现非常好的算力共享。在产品迭代过程中，会不停地出现新的算力需求，最开始我们用一颗芯片来解决智能驾驶的算力需求，之后我们还要做自动紧急刹车系统（AEB），AEB 以外还要做高级加密标准（AES），AES 以后还需要把行车记录仪交给它处理，还会把泊车不同新的功能不断往上添加。如果不是用增加控制器、增加芯片，而是用一颗大算力芯片作为解决方案，就很方便了，这时候算力共享就变得非常重要。我们通过自研的虚拟化技术，类似于在一台电脑上开多个虚拟机，能够让一颗芯片同时处理多个工作。

三、通信中间件及工具链

整车通信中间件，相当于一辆车的神经系统，负责各个信号之间的有效传递。这个信号要非常畅通，不能拥挤、不能排队。效率上，所有设备使用统一的通信协议、统一的语言，实现了"车同轨、书同文"。此外，我们在安全上也做到了整车全域安全部署，提升了车辆的整体安全。

在使用相同的芯片和计算单元的前提下，我们自研的星环操作系统，在多个指标上可以实现对汽车电子系统合作开发框架（AutoSar）的领先，具有以下五大优势。

第一，适配非常灵活。一颗芯片适配周期大概需要 4 周的时间，比过去我们曾经使用 AutoSar 时节省了约 5 个月的时间。这个效率的提升对于今天大家不断推出新品，包含几年前大家遭遇芯片荒的情况，都会非常有利。

第二，对于芯片的适配范围特别广。像 ARM、RISC-V 的 32 位、64 位以及其他芯片架构都可做到很好的支持，国产的芯片像地平线、芯驰，国外大厂的芯片英飞凌、英伟达等，我们都做了非常好的支持。针对编译器，包含开源的编译器，如 GCC，我们也都能提供很好的支持。

第三，性能更强。以大家今天最关注的智能驾驶的安全场景为例，AEB 的自动紧急制动，整个工作分三个步骤：一是摄像头传感器发现目标；二是中央算力进行计算；三是整车做出决策控制，执行器去制动。在传统操作系统架构下，三个环节相当于三个部门，各自完成自己的工作并按顺序汇报，每次都会产生延时。整个延时占到了端到端工作时长的约 50%。

我们的星环操作系统实现了全域的系统架构设计，优化了所有同步的任务，让上下游三个模块时间基准一致进行调度，相比 AutoSar 整个响应时间我们快了 1 倍，稳定性提高了 5 倍。在具体功能上，在高速路上每小时 120 千米的速度进行 AEB 的制动，大概可以缩短 7 米的制动距离，从而可以更好地保障车内乘客的安全。

第四，成本层面。大家在不断提高车辆的性能。按照今天大家对于各种算力需求的判断，大概每两年对于车上算力的需求就会提升一倍以上，这时候很重要的一点是如何共享算力，包含如何共享车上的传感器，为更多功能去复用。我们自研的虚拟化系统，整个性能损耗比传统方案降低了80%，存储资源需求降低了30%，实现了算力资源共享。自研的异构系统设备共享框架实现跨设备延迟比AutoSar低90%，实现同一套传感器全车共享。通过以上操作系统的创新和算力共享，拿2024年举例，大概一年节省了几十亿的物料清单（BOM）成本，过去车上重复传感器、重复计算的需求都被砍掉了。

大家应该有一个很明显的感觉，理想汽车的空中下载速度（OTA）特别快，大家经常看到我们一个版本的OTA相当于很多车企一年的OTA，这是因为我们通过算力共享，统一平台化系统软件方式多车型、多产品线的软件开发和更新速度也会变得更快。

第五，安全性更高。对于智能电动车尤其是后面即将来临的自动驾驶，安全要求变得越来越高了，所以我们的车辆一方面不能被控制，另外一方面还得保护所有车主数据的隐私安全。我们的操作系统实现了多层次的安全防护架构，并且通过软硬结合的方式，相比通过软件的方式签名验证速度提升了4倍，实现了全链路的设备认证、访问控制和数据加密能力。在这样的架构下，用户的关键数据会被保存在安全空间，有效地避免隐私泄露的风险，实现了整个汽车全域的安全防护。

我们相信，理想星环操作系统开源以后可以全面替代AutoSar相应的功能。还有很关键的一点是，无论是芯片的生态、应用和工具的生态，还是用户账号的生态，都属于使用者，我们不会介入。所以当用户去使用的时候，就相当于这套操作系统就是用户自己的，完全不用担心。我们唯一一个期待就是，希望所有业内同仁在使用后有任何新的创新和发现的时候，也可以在开源社区里与大家一起共享。

以创新推动高质量发展

宝马集团大中华区总裁兼 CEO
高　翔

长期以来中国一直处于经济和技术进步的最前沿，这种领导力也体现在对新质生产力的追求上。新质生产力意味着以科技创新为基础，推动高价值可持续和高质量增长，宝马的发展战略和中国以高质量发展为导向的发展路径高度契合，增长、创新与合作也是宝马进入中国市场 30 年以来一直关注的三个主要话题。尽管 2024 年市场状况复杂多变，但是宝马集团在全球售出超过 245 万辆乘用车和超过 21 万辆摩托车。在中国最大的单一市场，我们也向中国客户交付了约 71.5 万辆 BMW 和 MINI 汽车，其中超过 10 万辆是纯电汽车。到目前为止，宝马已在中国市场交付累计超过 40 万辆新能源汽车。

2026 年，我们会在沈阳的 iFACTORY 数字智慧工厂开始新世代车型的本地化生产。在 2025 年 3 月 14 日第一辆中国制造的新世代测试车已经在沈阳下线，进入全面测试的阶段。2025 年到 2027 年，宝马将向市场投放超过 40 款全新或改款宝马车型，这也清楚地表明了宝马仍然在增长的道路上行进。新世代是宝马创新的最好证明，比如我们通过全景视觉（覆盖整个挡风玻璃的全角平视显示），开创了以驾驶员为中心的技术新时代，各种显示和操作元素的无缝集成，实现了全新的直观交互功能。宝马是第一家在所有动力系统上开发全新数字神经系统的车企，为软件定义汽车带来了革命性的变化。宝马还是全球第一家获得德国批准的在同一辆车当中同时配备 L2 级辅助驾驶和 L3 级有条件自动驾驶系统的汽车制造商。

宝马在中国的增长和创新成就与中国合作伙伴的支持和合作是密不可

分的。例如，宝马开发的第六代大圆柱电池就是宝马和中国伙伴合作的一个典型案例。从研发早期阶段到生产，宝马已经和超过300家合作伙伴合作，包括研究机构、大学、初创企业以及宁德时代、亿纬锂能等公司。通过40多个联合研究项目，我们终于研发出安全可靠的新一代电池。我们和华为宣布展开合作，将在中国开发基于鸿蒙操作系统的车载数字生态系统。我们和阿里巴巴就大语言模型的使用和智能语音交互来开展合作，创造更加智能、更加强大和更具情感交互的出行体验。这是一些真正的"在中国、为中国"的解决方案，可以更好地满足中国消费者的需求。

简而言之，合作激发创新，创新为高质量增长铺平道路，这对于宝马和中国是同样适用的。为实现高质量的增长，我有三个建议。

一是AI+。

2025年"两会"上最重要的启示之一就是中国的"人工智能+"计划，这一计划旨在推动大规模人工智能模型的广泛应用，从而实现包括出行在内的各个领域之间更广泛的产业融合。"人工智能+"的发展应当平衡创新与责任，安全是不折不扣的底线，我们需要坚守。

二是关于国际政策和标准的协调。

有人曾提到，中欧、中德在自动驾驶、减碳和数字化方面有很多共同的关注，宝马很高兴看到中国继续在参与国际政策和标准协调进程中发挥积极作用，宝马也很愿意在中国有需要的时候提供任何帮助。

三是健康增长与技术开放。

2025年政府工作报告有史以来首次提到要"综合整治内卷式竞争"。高质量发展是汽车产业链中盈利和可持续增长的最重要特征。行业盈利能力的下降将会恶化市场秩序。过去十年中，中国强有力的政策支持，在中国新能源汽车的快速扩张中发挥了至关重要的作用。但是，随着行业的成熟，我们认为下一阶段的行业增长应以市场驱动为主，市场驱动环境下的消费者偏好、良性竞争和技术突破将决定未来。为所有提高效率的出行解决方案提供平等和公平的支持非常重要，平衡、技术中立和开放的技术路线，将确保行业的长期繁荣。

跨越拐点，开放共赢加速智驾平权

> 地平线创始人兼 CEO
> 余　凯

我分享的内容是"跨越拐点，开放共赢加速智驾平权"。

一、2025 年年初多家车企发布"智驾平权"战略，均采纳地平线方案，地平线在智驾平权的狂潮中成为"最大公约数"

我国汽车行业进入智能化下半场，比亚迪、吉利、奇瑞、长安、广汽等推出智驾解决方案，我国车企正以平台化方案加速智能驾驶普惠、推动"全民智驾"时代的到来。

伴随全民智驾浪潮，2025 年地平线发展进入爆发期："征程 6"已锁定超 20 家车企及品牌量产合作，2025 年预计将有超 100 款搭载"征程 6"系列的智能化车型上市，全面覆盖全品类市场，助力地平线征程家族出货量突破 1000 万套，地平线将成为我国首家实现千万级量产的智驾科技公司。

地平线作为车企推动智驾平权的"最大公约数"，已获得 27 家原始设备制造商（OEM）（42 个 OEM 品牌）采用，我国前十大 OEM 均已选择地平线的智驾解决方案。

二、地平线 SuperDrive（HSD）以"类人"体验加速用户价值兑现，2025 年 Q3 量产上车

地平线城区辅助驾驶系统 Horizon SuperDrive（HSD）是地平线基于软硬结合技术全栈打造的端到端视觉语言动作（VLA）驾驶系统，可为用户提供体验无断点、模式无切换、全场景无差别的拟人体验，HSD 综合

体验处于行业第一梯队，于 2025 年第三季度实现首款量产合作车型量产交付。

我们相信，技术要跟人文美学完美结合。我们的智驾产品获得了设计行业的奥斯卡 iF 大奖。我们的交互界面不仅能真实还原世界，而且美轮美奂。技术要能够识别交警的手势，使得自动驾驶真正上升到像人类司机一样的认知水平。

三、智能驾驶是智能汽车的"基带"，已迎来价值拐点

回顾智能手机产业，最重要的技术是基带，即手机的通信功能。基带作为标准化功能，虽然无法带来差异化，但需要足够好；而拍照功能则是情绪价值，可以定义品牌、用户群，带来差异化。

四、智驾行业即将快速收敛，"自研＋第三方"并行是最安全的选择

智驾行业即将快速收敛，"自研＋第三方"并行将成为最安全选择（见图 2-1）。而第三方生态合作模式将成为未来主流，未来可能有 20% 的车企选择自研，80% 的车企选择携手第三方合作研发智能驾驶。

历史表明，当功能性的价值随着技术大跃进时，厂商要么自研，要么

图 2-1　智驾行业即将快速收敛，"自研＋第三方"并行是最安全的选择

资料来源：高工数据；地平线内部数据。

用供应商的，但核心是以快打慢、以高打低，不断追求更高，跟上速度。没有跟上速度往往会被颠覆，比如诺基亚、摩托罗拉就是没有跟上技术演进的速度而失去了市场。问题的核心不是是否自研，而是达到目标的速度是否够快。

打造交能融合的兆瓦充电基础设施，加速重卡电动化，实现物流行业大规模降本减碳

华为公司董事、华为数字能源总裁
侯金龙

我分享的主题是"打造交通与能源融合的兆瓦级充电基础设施，加速重卡电动化，实现物流行业大规模降本减碳"。我们都知道，提到电动汽车，大家现在谈得更多的是乘用车，但是我们认为要实现电动汽车普及化，重卡是非常重要的一环。因为它在整个交通物流领域的碳排放超过了50%。所以我们要谈整个汽车的电动化是绕不开重卡电动化的。通过重卡电动化来实现物流行业大规模的降本减碳，是我今天想要分享的主题。

这两年我们在液冷超充方面有了一些实践和进展。2023年，我们推出了"一秒一公里"的全液冷超充系统。我们和客户、伙伴已经在全国的31个省级行政区、200多个城市、130多个县以及50条高速公路全部部署了液冷超充系统。特别要和大家分享的是，2024年，我们和合作伙伴、四川省政府、西藏自治区政府一起联合打造了从成都到珠峰大本营的318国道这条2000多千米路线上的充电系统。整条线路上部署了41个全液冷超充场站，直达珠峰大本营，实现了电动汽车可以直达珠峰大本营的愿景。我

认为这是一个非常值得庆贺的里程碑事件，也是全世界的一个壮举。除了我们的电动汽车能够开上珠峰大本营，另外两件事也值得一提。第一件事发生在深圳，深圳建设了超过1000个液冷超充场站，基本上实现了2千米到3千米就有一个超充场站，使超充之城成为现实。第二件事发生在重庆，那里实现了镇镇通超充，1032个乡镇通了超充，成为名副其实的超充之城。为什么重庆现在整个汽车工业发展得很好，我认为这和它在整个基础设施上面的建设是分不开的。它们希望从汽车制造之城转变成汽车体验之城，我认为这是一个非常好的观念和理念。

我们都知道充电站对运营商来讲是个生产工具。设备的使用寿命，包括兼容性、电网友好性是直接影响长期收益的。通过这两年的实践，这些超充场站建完以后，都产生了虹吸效应。充电体验好，就会有很多回头客，客流量基本上会超出周边场站的50%以上。大部分场站一年完成了100万度电的充电任务，整体经济效益是非常好的。

2024年，12家车企，包括现在主要的车企、主要的充电运营商，成立了超充联盟，一起打造围绕最终消费者的充电体验，实现了即插即充、车机找桩、自动充电、积分结算等特性功能，让用户在充电体验上获得了非常高的一个提升，也帮助车企提升了竞争力。今天，理想、小鹏、鸿蒙智行等很多车企的很多车型都已经实现了即插即充、自动结算。

这两年我们把全国的超充捋了一遍，我认为要实现全国范围的超充，困难还是非常大。若汽车电动化这一块夯实不好，超充也不能顺利推行。充电基础设施上还存在很多问题，包括高速公路。高速公路现在看是普及了，6000多个服务区也装了充电桩，但是超快充车位的占比还是很小，很多地方只有一两台超快充，大多数还是慢桩。我们认为这是有问题的。第二个困难是东西部不均衡，东部这些城市覆盖得非常好，但在西部、在北方，差距还是很大。第三个困难是城乡差异，在乡镇可能很多还没有覆盖。现有存量桩质量还是很差，或者充起来体验很差，或者是坏的，这些都是问题。所以，汽车电动化普及这块我们还要继续加大努力。我们还需要和很多客户和伙伴一起合作。另外，我们会把青藏线上的快充也打通，就是未来大家如果在这条线上开车，就会体验这种一秒一公里液冷超充的体验。这是我们这两年的进展。

我们再看看今天的主题——重卡电动化的问题。十年前，我国启动了第一波电动化的浪潮，即出租车、公交车的电动化。第二波是这几年大家谈的私家车、乘用车的电动化。我们今天要谈的第三波电动化就是在物流领域能源消耗碳排放占50%以上的重卡车的电动化。现在新能源发展得很好，这是我国另外一个伟大的奇迹。到2024年我国新能源电总装机量上已经超50%；到2030年，预计电动车会达到1.2亿辆，新能源装机达到3000GW，新能源发电量超过35%。所以我们认为新能源车完全用上新能源电已经成为现实。电动汽车将是新型电力系统的有机组成部分，交通领域将是新能源消纳最重要的一个场景。我们认为充电基础设施作为交通与能源融合型基础设施，将会成为信息交互的枢纽与能源管理的节点。回过头来看，不管是重卡还是整个电动化，充电基础设施的建设都是夯实电动化的最关键基础。我们可以看到燃油重卡车不到900万辆，但是它的碳排放和能源消耗占到整个交通领域的一半。所以我们认为以重卡车为主的商用车电动化，将是汽车电动化发展的第三波浪潮。构建高质量的交通能源融合的充电基础设施是其加速发展的关键。

现在重卡车路线很多，包括换电模式等。但是我们认为其发展不起来的最核心的一个问题还是补能问题。因为重卡车它是生产系统，不像乘用车本质上是消费系统，充电慢和网络不健全这是非常关键的问题。因为车开出去以后，时间就是效率，时间就是金钱。没补能的地方，或者补能时间很长，一两个小时那是不可能接受的。很多场站都还是低功率的，两三百千瓦虽然很大，但是在重卡这个场景里面它还是小，且还未没成网。另外，目前很重要的是传统倍率的问题，电动容量倍率的问题还是1C，短途场景充300度电，单次充电都要60分钟以上甚至更长，我们认为这是不合适的。扩展到中长距离场景，电池需要500度到600度电，要将近2个小时，这是不现实的。我们认为重卡车要向中长途迈进，真正实现电动化，补能时间一定要小于30分钟。小于30分钟这样就需要大倍率的电池，包括宁德、亿维、欣旺达，这些都已经推出来4C的电池了。兆瓦级的超充技术突破以后，我们才能真正地把重卡电动化，从封闭场景迈向全场景才能成为可能。

华为2025年推出了兆瓦级的充电产品，最大充电电流做到2400安，最大功率可以到1.5兆瓦，每分钟补电20度，15分钟即可补能完成。我们测了一下，350度电的大概需要15分钟，400度电的大概需要20分钟，补能效率提升了4倍。关键点如下，第一解决了充电的安全问题和散热问题。这种大倍率上去、大电流上去，热怎么散得出来，怎么实现低成本的散热，这个技术已经完全被攻破。我们现在联合电池企业和车企一起在开发，2025年将有30多款的4C的超充型的重卡车会公告，这是很关键的。车已经有了，就是20分钟、15分钟对350到400多度电完成快速补能，二十几款车马上会发布。

构建兆瓦超充一张网，加速重卡车的普及，我们认为技术方面已经成熟。我们2024年已经和伙伴部署了20多条中短途300公里超充路线，遍及山东、广西、广东等全国很多地方。临沂至青岛这个干线，超充重卡大概是200公里补一次电，每次节约1个小时，一天大概需要补电3次，光时间就能节约3个小时。因此司机每天能多拉一趟货，运输成本从每公里2.8元/吨降低到1.5元/吨，我认为这是非常具有革命性的变革。因此，目前许多合作伙伴都在等待购买这种车辆，我认为很快就会普及起来。2025年，我们实施了"疆煤外运"项目。从新疆出发大约2000公里，我们与合作伙伴一起计划布局3条线路，这个规划已经完成了。西部新能源发电无法输出到本地，正好可以降低成本就地消纳，这样形成了光储充一体化，能源运输成本大约可以节省50%。按"十五五"规划，疆煤外运可通过汽车运输大约3亿吨煤。如果这一计划实现，每年通过电动重卡运输，煤炭运输的成本每年可以节约400亿元，降低二氧化碳排放3亿吨，能够实现交通物流行业成本和碳排放的大幅降低。

然而，我们也意识到了另一个挑战，如果兆瓦级超充上去以后，电网将如何应对？我们一直在研究这个问题。现在我想说，我们已经突破了这项技术，即采用构网型储能来形成一个微电网。每个兆瓦级超充设施就是一个可并可离的微电网，可以有效地应对电网的冲击，包括电网的稳定性问题。我们认为，具备构网技术储充融合的微电网，将能够很好地应对大功率充电基础设施对电网的冲击和波动，是让电动汽车成为新型电力系统核心组成的关键技术。我们首先在发电场景应用了这项技术。2024年，我们与国家电网、能源局合作，进行了大量验证，并且在国内许多地方已经开始规模部署。因此，我们认为无论是车辆技术、充电基础设施技术，还是应对电网冲击的技术，现在都已经非常成熟。因此，我相信重型卡车电动化的技术条件已经具备。我也希望我们产业链的合作伙伴，包括电子制造商、重型卡车制造商、交通行业部门以及充电运营伙伴，未来几年一起来加速推动重型卡车的电动化。

最后，我想提出三点建议。首先，我们认为加快超充一张网的规划非常关键，因为目前许多地方仍然存在分散情况，我们认为应以城市为单位来统筹土地和电力保障，以提高资源利用率。其次，在高速公路服务区应加快、加大大功率充电基础设施的部署。高速服务区都应该全部部署大功率充电设施，因为这是即插即充、即充即走的地方，以构网的技术来形成一张网，也可应对电网负荷冲击。最后，对于重卡电动化这块，我认为国家应该出台政策，打造"公路沿线交能融合型超充绿廊，适度超前布局兆瓦超充网络"，以此来推动整个重卡全面的电动化，实现物流行业的大规模降本减碳。

全"芯"构建全场景智能新生态

黑芝麻智能科技有限公司创始人兼 CEO
单记章

我汇报的主题是"全'芯'构建全场景智能新生态"。

辅助驾驶在算法，特别是去年端到端算法和高算力 AI 芯片的推动下，辅助驾驶出现突飞猛进增长，今年大家说辅助驾驶大规模量产的元年，从现在往前看，除了辅助驾驶之外，大模型在云端的应用突飞猛进，从过去的 ChatGPT，到后来的 SORA，再到现在的 DeepSeek，这些在云端上面的应用。同时我们也看到各种各样的具身机器人、人形机器人、四足机器人等各种各样的机器人大量涌现，未来大家会在自己的生活、生产中看到各种各样的具身机器人大量涌现。大量应用的涌现会推动计算架构进一步往前发展。

从计算速度到计算能力的大幅突破之后，后面面临主要的问题是带宽的问题。从半导体的设计、应用来讲，大模型会推动端侧推理、端侧应用的时代。

黑芝麻智能一早布局了底层的芯片，2020 年推出的 16 纳米工艺的车规级计算芯片（A1000）。2023 年推出在电子电气架构往中央计算推进的过程中非常重要的一颗芯片，做到四域融合的芯片 C1296；同时在智驾上面进一步升级为基于 7 纳米工艺的芯片 C1236，该芯片可以全方位实现城市辅助驾驶功能。

2025 年，我们把最新的芯片 A2000 送到客户的手里，这颗芯片的重大的突破就是 AI 计算效率的提升。A2000 芯片有非常多的创新，除了高等级辅助驾驶，还可以做到数据闭环。另外，支持非常灵活的拓展，可以与非常高速的芯片互联、多芯片封装在一起。

从效率方面，用了几个比较典型的模型对比，包括卷积神经网络（CNN）模型、transformer 模型，这些数据模型可以从公开渠道拿到。

这颗芯片里面最核心的部分，即神经网络的计算，我们有非常多的创新。对于像 LayerNorm、Waping 这样的 Faction 各种各样非线性的计算我们都有加速，同时对 AI 计算里面大量需要的 memory 数据类型的操作、数据排序的操作专门有硬件的 memory reshape engine。对于辅助驾驶来讲安全，过去大家讲的安全都是 CPU 的安全，我们把 A2000 这颗芯片的神经网络 engine 做到神经网络计算的冗余备份安全、冗余计算安全。

这颗芯片支持的灵活性非常高，不光支持 INT4、INT8、INT16，同时也支持 FP8、FP16，可以让用户非常快速地部署训练出来的模型，可以不用做 combination，把训练的浮点模型直接部署，直接高效各种各样的优化方式，稀疏、各种大模型的部署，除了支持基于 transformer 大模型之外，还支持 MoBA 模型、Liquid 基础模型。

A2000 最早的应用方向就是辅助驾驶，单芯片可以部署 VLM+LLM（快模型 + 慢模型）在同一颗芯片上面，同时可以部署数据闭环。我们会在很短的时间之内打造一个样板间，欢迎同行朋友去试乘基于 A2000 部署的车辆。A2000 是非常通用的计算芯片，也会提供端到端完整的参考模型。除了智能驾驶的应用之外，我们这颗芯片还可以用于各种推理计算，包括各种端上面的应用、各种具身机器人等。一颗芯片可以接 96 路视频做 AI 大模型的分析，这个应用非常广泛。

夯实电动化　推进智能化　实现高质量发展

从本土到全球　助力汽车企业构建无界数字和 AI 未来

亚马逊全球副总裁、亚马逊云科技大中华区总裁
储瑞松

亚马逊云科技是亚马逊一个快速增长的业务板块，是全球云计算的开创者和持续引领者。亚马逊云科技提供超过 240 多项高阶云服务，全球数百万各行各业各种规模和类型的客户都选择我们，为他们的数字化转型和 AI 创新赋能。

聚焦到汽车行业，亚马逊云科技在这个行业深耕多年，积累了大量汽车服务行业客户的经验。作为全球领先的云计算公司，我们是汽车行业全方位的数字化创新伙伴，在全球和中国都建立了专业的汽车行业团队，他们在汽车行业平均拥有十年以上的工作经验。在与众多汽车行业客户的合作中，我们获得了深入的行业理解和洞察，积累了丰富的本土和全球的最佳实践。我们针对汽车行业需求有针对性地开发产品和服务，并且与专业的行业伙伴携手，形成了全面的汽车行业解决方案，全方位满足汽车行业客户转型和创新的需求。我们与全球客户一起正在推动汽车行业的创新发展，在中国，我们已经成为汽车企业数字化转型和创新的理想之选，支持了上汽、小鹏、理想、捷豹、路虎、路特斯等知名企业。

我们的行业解决方案覆盖了汽车行业全价值链，我们在汽车行业有八大核心业务场景，支持 17 个高优合作场景，和合作伙伴一道解决了近 60 个行业解决方案场景，从产品研发、智能制造到供应链、可持续新能源汽车，再到软件定义汽车、车联网、辅助驾驶、数字化客户体验，在价值链的每个环节都有相应的解决方案，帮助汽车行业的企业加速产品创新，优化运营效率，提升客户体验，加速智能化。

亚马逊云科技通过和汽车行业客户的合作共创，识别出汽车行业生成式 AI 创新已经可以落地的高价值场景，以下分享四个场景。

第一，在辅助驾驶领域。 一方面，云端的高性能图像处理器（GPU）算力可以帮助车企提升辅助驾驶模型训练的效率，另一方面，生成式 AI 技术可以有效赋能辅助驾驶开发测试的多个环节，全面提高开发效率。比如我们可以用大模型对于辅助驾驶的视频片段进行自动化标注，不需要人工标注和识别。开发人员对海量 PB 级的数据做交互式对话查询，搜寻场景片段，比如帮用户查找城区道路大车跟车的视频，有针对性地对模型做训练调优。

第二，在智能座舱领域。 生成式 AI 提供流畅的跟人一般的自然语言理解和情绪感知服务，在人机交互方面可实现自然的多轮人机对话，可以精准提供个性化的内容推荐以及贴心化服务，打造愉悦的用车体验。亚马逊全球的服务体系，例如语音助手亚历克夏（Alexa）、流媒体的主要视频（Prime video）、亚马逊音乐等。

第三，在软件定义汽车领域。 亚马逊提供的云上虚拟开发环境支持安卓和 Qnix 的云上开发，智能座舱开发的云上闭环，工程师可以利用云上环境点几下鼠标就能看到代码修改的效果，而且可以利用亚马逊提供的生成式 AI 开发助手 Amazon Q developer 加速开发的全流程。

第四，在营销领域。 车企可以通过亚马逊自研的大模型诺瓦（NOVA）便捷高效地生成广告图片和视频，基于目标用户的年龄、性别、语种等特征生成个性化的广告、视频、图片，这些广告和海报非常逼真，像真人实景拍摄一样，但从构思到生成只需要几分钟时间，而且这些广告可以跟亚马逊电商无缝对接。在国外已经有车企比如现代汽车在美国实现了在亚马逊电商上面卖车，用户只要预约就能了解详情、预约体验、选择配置，并且可以直接下单，大幅度降低了车企的销售成本。

正因为亚马逊对汽车行业有深入理解，所以我们可以提供领先完善、安全稳定的运营和 AI 服务。我们获得了汽车行业客户的信任。在中国，亚马逊云科技已经成为众多跨国车企和本土车企的选择。中国车企在中国选择亚马逊云科技看重的是亚马逊云科技的先进、安全、稳定。亚马逊云科技满足业内的严格安全合规要求。我们与本土领先的技术服务商深度合作，构建完善的解决方案体系。我们与四维图新合作，围绕智能驾驶开发，推出了适合中国本土的服务及专属解决方案，为汽车行业的客户在中国提供安全合规、稳定可信赖的技术底座。

亚马逊云科技全球合作伙伴覆盖了 150 多个国家和地区，其中有 100 多个合作伙伴专注于为汽车行业的客户提供服务。无论在欧洲、美洲、南美、北美还是在东南亚，都有亚马逊本土化服务团队、技术专家和合作伙伴。

坚守服务用户初心，共建开放共赢生态

京东集团副总裁
缪　钦

我分享的主题是"坚守服务用户初心，共建开放共赢生态"。

一、行业变革之下，始终以用户为中心

新能源汽车的好消息不断，但是在产业狂飙的同时，从用户数据看，我们的汽车用户还有很多痛点。例如在购车环节，用户决策过程是非常心累的，60% 的用户在去购买汽车之前已经选定了车型，但是大量车主还是要驱车一二十公里并且去好多 4S 店进行询价。

在售后环节，我们也看到了优质的维修和保养服务依然不足。调研显示，35% 的用户曾经遇到过修车难、履约不畅的问题。由于市场特别内卷，竞争激烈，全国已经累计超过 600 万辆车主售后履约碰到难题，用户的心

声是需要更专业、更有保障的车后服务。

在置换环节，国家补贴政策大幅度拉动消费，这是特别好的政策，但是我们看到仍有 54% 的用户对补贴政策和申请流程不够了解，已经享受补贴的用户中有超过 75% 的用户希望流程能够进一步优化或者简化。如何利用数字化技术和供应链、金融、保险能力为用户创造价值、提升效率？我们觉得是让用户真正享受到国家的良好政策，这也是我们行业需要解决的问题。

二、两个"4 万亿"：不容忽视的后市场

当前，中国的汽车市场分为两个"4 万亿"。第一个"4 万亿"，新车规模高达 4 万亿，包含多种业态的车后市场整体也高达 4 万亿。我们第一个"4 万亿"已经成功实现了弯道超车，对于产业和用户来说第二个"4 万亿"还有很多进步机会，我们认为汽车产业也需要有一些变革才能够实现超车。

第二个"4 万亿"的汽车售后市场。经过多年的努力，京东已经构建了涵盖 4.6 万家合作门店、2200 多家京东养车的高标准门店、100 多家技术中心、10 万规模的认证技师汽车售后服务网络体系，已经服务的新能源用户累计超过了 300 万人。京东借助自研的言犀大模型，形成了强大的数据和底层适配能力，支撑着供应链体系，并基于汽车服务的丰富行业实践经验和垂直场景，打造了 AI 驱动的汽车医生这个前端智能化产品，帮助用户、技师、门店可以更高效地用车、养车。

三、让用户更舒心：全渠道汽车购买体验与效率双升级

我们对用户购买新能源汽车这个场景有更多信心了。其实很多品牌的爆款产品已经是用户不试驾就可以进行线上大定了，就像发布一部手机一样，如果有更多的线上线下的体验，用户一定可以在平台侧尝试更多购买行为，过去用户购车核心环节主要在线下，但是消费环节的演变，像选配、交易正在往线上迁移，汽车的销售模式也正在从线下单一渠道向全渠道的

模式进行演变，这不只是行业演变，更是用户需求。我们认为经销商体系依然是汽车流通服务的核心，有旺盛的生命力，当然我们也看到，激烈的市场竞争之下很多经销商也碰到了一些困境，京东希望利用好自己的用户资源、平台能力，一方面为用户提供良好的全渠道的购车服务体验，另一方面也能够为经销商提供赋能，为主机厂提供更多的用户运营和管理工作。

在销售环节，京东可以通过线上生态系统，利用流量、营销工具、用户洞察，帮助 4S 店、经销商降本增效，提高交易效率。

售后环节，依托京东车后服务网络，构建从购车到用车的完整闭环，帮助经销商深入社区的毛细血管做车主服务，提升盈利空间。

四、让用户更安心：共建开放生态，改善服务供给

京东可以与主机厂一起共建生态互补的车主服务体系，京东的服务网络可以弥补经销商对社区和下沉的覆盖，帮助品牌提升用户触达能力，缩小服务半径。

同时京东已经沉淀形成了汽车售后技师的服务供应链中台能力，可以和主机厂共同进行技师人才的招、培、管、控，共同建立行业的服务标准，培养更多专业服务人才。从车主的服务保障角度，京东也会在百人会的指导下发起成立车主权益保障联盟。对于用户的维保难，京东联合生态伙伴，为用户提供一站式的兜底解决方案，共同向用户传递更专业、更有保障的信息，让用户能够彻底打消购车的疑虑。

五、让用户更省心：汽车全品类以旧换新，京东一站式服务

2024 年，我们发起了轮胎的以旧换新活动，收到了非常好的效果。国家的汽车以旧换新政策的实施确实有力推动了汽车市场的消费升级，京东依托全品类的一站式换购体验和政府共同推动了政策落地，为用户带来更加便捷的换新体验。目前京东已经构建了线上线下全渠道可追溯的以旧换新体系，在京东平台设立线上专属的阵地，用户可以在线完成购车、选车和配件安装服务，还有补贴申请流程。在线下，京东通过汽车大集、汽车

生活节等活动，推动了品牌和消费者的深度连接。我们整合政府的补贴、平台的补贴、品牌的优惠三重利好，优化补贴申领流程，真正做到让用户省钱还省心。我们希望通过京东的全品类一站式服务，让用户、车主能够更省心地享受到政府的补贴这种好政策，以及来自车企的好服务、好产品。

03

第三篇
PART 3

全球汽车电动化转型与合作共赢

推动新能源汽车产业全球合作的思考

中国电动汽车百人会副理事长兼秘书长
张永伟

尽管现在汽车全球化面临着前所未有的挑战，但是积极力量大于保守和消极力量，在全球化发展当中有很多值得思考的重点。

一、中国车企如何更好地参与全球汽车发展

中国车企如何更好地参与全球汽车发展，既是中国企业面临的新课题，也是全球汽车产业面临的课题。

我们在调研和观察中发现，现在中国汽车企业参与全球发展的路径更加多元化、更具创新性。在早期阶段，中国汽车企业参与全球发展，更多的是采用以出口为主的贸易方式，但整车贸易在全球面临更加复杂的环境，所以进入新阶段，很多车企及零部件企业选择了到海外本地化生产的方式，就是将整车生产和供应链体系逐渐向海外转移，把自己变成一个以所在国本地化生产为主的汽车企业。这个模式得到了很多海外国家的欢迎，也产生了很好的效果。

在本地化生产模式基础上，合资品牌模式值得关注，我国汽车企业不仅在海外做本地化部署，同时也和海外企业成立合资公司，甚至共建品牌。发展模式由中国企业自己在海外发展，变成与海外企业进行资本合作，出现品牌共建的新趋势，形成了新的亮点。

还有一种方式，是由中国汽车企业赋能海外经销商或者生产合作商，帮助国外合作伙伴提升自己的能力，利用中国的制造和技术优势，为其他国家汽车产业赋能，帮助这些国家发展自己的汽车产业，成就这些国家自

己的汽车品牌梦想。这是一个更加具有合作内涵的全球化发展模式。

从过去以产品为主的贸易，到生产的本土化，到合资合作，一直到共建共生的产业生态，是中国车企更好参与全球发展的新模式、新亮点，也是目前正在破解的课题。

二、跨国车企如何更好地实现在华发展

中国已经连续 16 年位居全球汽车市场第一，新能源汽车销量占比一直超过 60%。另外，我们还有比较完善的燃油车供应体系和比较领先的电动智能新供应链体系。全球汽车企业在主观上，都不愿意放弃或者轻视中国市场。

跨国车企想要更好地在中国发展，其中一个重要方向就是需要重新定义中国市场，重新定义在中国的发展战略。比如过去在中国投资的一些整车和零部件企业，有一个基本理念是"in china, for china"，即在中国生产、在中国销售。这些年，中国汽车产业无论是在市场牵引方面还是在产业体系建设方面，都走在全球前面。在中国诞生的电动智能新技术、新产品，甚至是新模式，不仅有助于中国汽车产业的发展，也会反向推动跨国企业在全球其他地区的发展。所以，我们看到，很多跨国车企已经提出了新的中国本土化战略，主要内容是不断加大在中国本土的研发，加大在中国本土供应链的建设，让中国的供应链和在中国形成的研发能力，反向服务于跨国企业在全球的发展。这个趋势越来越明显，即从"in china, for china"变成"in china, for world"（在中国生产，在全世界销售），这是一个新的变化。

除了重新定义中国市场、中国战略之外，对跨国企业来讲，还有一个更重要的任务，就是怎么更好地参与中国本土企业的竞争或者合作。中国本土企业一个最大的变化就是快速技术迭代、加速创新，不断提供满足日益变化的消费者需要。

跨国企业在中国的发展，可以由过去的"in china"进一步变成"become china"，即要具备中国本土企业这样更加快速的创新和反应能力，还要改变过去决策慢的问题，要淡化或者避免过去由于管理和技术两头在

外造成的跨国企业红利形成模式，加快创新。

三、构建互融共生的全球汽车供应链体系是实现全球合作的基础

尽管面临诸多挑战和新的合作风险、发展风险，但是最不容易改变的全球合作基础就是汽车供应链。相对于整车，供应链不会成为全球贸易冲突的主要方面，因为供应链天生的属性就是网络化、全球化，构造全球合作的重点之一就是以供应链为基础，构造互融共生的全球供应链体系。

业内一直在讨论，全球汽车行业会不会出现两条供应链，一条是以中国为主的在中国自身循环的供应链，另一条是中国之外的汽车产业供应链。这个问题至少讨论了三年，但是三年之后回过头来看，全球供应链合作共生的趋势反而进一步加强，所以我们认为，两条供应链的命题存在自身矛盾，与汽车供应链合作共生的发展趋势是相悖的。

尽管汽车供应链也出现了一些新的变化，比如"供应链区块化"，围绕一个区域形成一个相对集中的产业集聚或者集群，这是汽车产业降成本、提效率的重要发展模式，是一种新模式，但这种模式并没有改变长链条的全球汽车供应链共融共生的发展态势。供应链的区块化不是对供应链共融共生的全球合作的替代，而是一种新的模式、新的创新。所以推动全球新能源汽车合作的一个重要基础，就是大家共同建设互融共生的供应链体系。

四、推动新能源智能汽车服务体系互认互通是全球合作的新内容

汽车的两个链条都具有规模潜力，而且相互支撑。一是汽车生产链条，比如中国汽车制造业产值很大。二是汽车进入使用环节所形成的服务链条，汽车服务所创造的价值要大于制造环节。所以推动全球汽车业的合作，不仅要看汽车的生产制造，也需要关注汽车服务体系的互认互通，通过服务体系与消费环节的拉通，带动前端生产制造的合作，推动汽车生产购买向

服务和使用环节转变。

服务环节的合作大于竞争，汽车产业对先进模式、先进资本、先进企业拥抱的力量，远远大于拒绝、封锁和排斥的力量，所以服务领域充满了合作，合作的门槛更低，合作的意愿更强，比如在充电网络建设、电池回收和流通、新能源智能汽车售后服务保障体系等方面，都是全球汽车产业共同探讨的新课题，而且每个国家都在释放在这些领域合作的主动性和积极性。我们认为，要拓展全球汽车合作的范围，既要关注生产制造领域，也要关注汽车服务领域体系的合作。

五、建立安全可控、有序流动、互信共治的汽车数据合作机制

当汽车进入另外一个国家的时候，带来的一个变化就是数据的跨境流动。如果限制汽车的数据跨境流动，不仅会限制住基于数据的汽车企业研发能力的提升，也会限制基于数据对C端服务能力的提升，所以建立安全可控、有序流动、互信共治的汽车数据跨境合作机制迫在眉睫。如何减少数据壁垒，跨越跨境汽车数据鸿沟，已经成为全球汽车合作的新课题，也是更迫切的任务。为此，我们提出三个重点方向：一是加强国际在数据治理和流通方面的共识；二是加强在数据使用标准法规方面的互认；三是确保认证的互联互通。

六、搭建全球新能源汽车合作平台

新能源汽车是由中国率先驱动，目前很多国家也都在发力，因此，围绕新能源汽车搭建全球汽车合作平台就变得十分迫切，这个平台不仅要解决政府、产业、学术界的交流与合作，还要推动供应链、产业链的协同。

在全球进行汽车产业链、供应链优化布局，资源共享，利用合作提高汽车产业资源的优化配置，已经成为众多国家共同的期盼。除了产业链、供应链，还可以利用这个平台做服务对接，让全球资本、全球信息和先进模式能够加快共享，共同助力新能源汽车全球化发展趋势。为此，我们倡

议搭建一个新能源汽车全球合作平台，希望更多的跨国企业、国内企业、国际机构能够参与，共同建设一个推动全球汽车合作发展的新平台，为汽车行业发展做出贡献。

泰国电动车的发展

泰国电动汽车协会名誉主席
尤萨朋·劳努尔（Yossapong Laoonual）

首先和大家简单介绍一下泰国电动汽车协会。该协会在 2015 年成立，现在已经有 400 多名会员，分别来自汽车行业和学术界等。我们希望能够加速电动汽车在泰国的普及，也希望能够减少环境污染，能够推动电动出行。我们也和学术以及产业界的领导者共同合作，希望能够更好地打造电动汽车生态体系，开发充电基础设施，并且提高公众对电动汽车优势的认可。

近年来，除了泰国，东盟地区整体在电动汽车的普及方面也取得了重大的进展，每个国家都有自己独特的政策框架，并以此来推动电动汽车的发展，但是不同的区域所采取的方法都是因自身的汽车生产供应链和基础设施而定的。

一、泰国电动汽车的发展愿景

我们希望到 2030 年，总汽车产量当中有 30% 是零排放汽车，同时希望新车销售有 50% 是电动汽车。届时我们也希望全国能够建成 12 000 个直流快速充电桩。最近的生产数据显示，我们的电动汽车交易增长迅速，

2023—2024年纯电车的产量激增了5800%以上，这也表明我们行业的势头非常强劲。

二、泰国的电动汽车制造业

在制造方面，我们在不断加大投资，尤其是很多来自中国汽车制造商的投资，比如说比亚迪投资了320亿泰铢，计划产能是15万辆电动车；来自长城汽车、MG、长安和广汽集团的投资也在助力这些汽车制造商不断地在泰国扩大业务。现在我们电动汽车每年总产能超过50万辆，正在巩固泰国作为东盟地区主要电动汽车制造中心的地位。

三、泰国的电动汽车新车注册量

我们的电动汽车新车的注册量也有增长非常快速的趋势，2023年已经飙升至11.26%，同时我们也看到2024年达到超过13%，2025年前两个月也已经超过25 000辆，所以这样的一个增长趋势也反映出政府在不断地加大激励措施，我们的充电基础设施量也在不断地扩张。

四、电动汽车的普及趋势

电动汽车在2022年之前都是保持在一个低位的普及速度，但是从2022年实现从1.47%跃升至2023年的11.26%，2024年的普及率进一步增加到13%以上，市场在不断地扩大。2023—2024年泰国的汽车总销量略有下降，这是其中的一个转变。但是在更好的基础设施以及更加便宜实惠的价格的推动之下，电动汽车正在不断地成为泰国汽车产业的主流。

五、充电基础设施

强大的充电网络对于电动汽车普及来说是至关重要的，2024年泰国拥有11 000个以上的充电桩。我们致力于进一步开发直流快速充电桩，2023年它的部署增长超过了300%，也让公共充电基础设施的可及性更高。未来，电动汽车与充电桩的比例将提高到 28∶1，让充电更加的便捷。同时，我们希望在一些偏远和农村地区也能够加大充电基础设施的普及。

我简单地概括一下泰国电动汽车发展的一个整体概况，我们的电动汽车发展愿景和目标是到 2030 年实现 30% 的零排放汽车生产、50% 的零排放汽车注册量，并且会通过政策来进一步支持汽车厂商，产能超过 50 万辆。同时，充电基础设施也在不断地扩大，直流快速充电桩会超过 2025 年的目标，超过 40%。同时，在整个汽车供应链当中，中国的汽车制造商占据了市场的主导地位，而我们也希望泰国本土的供应商去融入整个供应链当中，以此来提高自己的竞争力、发展核心技术。未来我们希望能够加强本地专业知识的培养和产业的合作。

加速迈向汽车全面电动化，为美丽中国、中国和全球气候变化目标做出积极贡献：中国行动、世界同行

能源基金会产业转型执行主任
龚慧明

我的报告主题是"加速迈向汽车全面电动化，为美丽中国、中国和全球气候变化目标做出积极贡献：中国行动、世界同行"。

一、背景及现状

对全球气候变化行动进程的分析结果显示，涉及 2030 年的目标一共有 42 个，其中与交通相关的有 10 个。这 10 个目标中，只有轻型电动车的销量目标处于正常的状态，这说明为应对气候变化，我们还面临很多的挑战。

在中国，减污降碳和对人体健康的保护依然是推动交通零排放的重要出发点和目标。尽管过去十年中国的空气质量取得明显的改善，但是到现在为止，这一事业仍任重道远。生态环境部也在考虑进一步修订相关的空气质量标准，这意味着空气质量需要进一步改善，也将对进一步加强交通污染防治提出更高的期待和要求。

研究显示，无论是 PM2.5 浓度还是臭氧的浓度，它们都和其所在城市的汽车保有量紧密正相关。同时，在城市路边站监测到的空气污染物浓度和整个城市平均水平相比，无论是 PM2.5 浓度还是二氧化碳浓度都显著超过城市平均水平。这充分证明在中国的城市，交通对空气质量的影响越来越突出，对人体健康的影响也越来越值得大家给予更高度的关注。

面向未来，我国提出要力争在 2060 年前实现碳中和，在这种背景下，下一步更关键的是汽车行业如何进一步减排，以此来支撑整个国家的碳中和的目标。从全国层面上，除了交通还有很多其他行业，甚至它的碳排放量比交通还要大得多。但是实现碳中和目标显然是建立在以技术突破为基础的保障上，而汽车行业是最具有技术突破可能性的行业之一。也就是说为了实现 2060 年前碳中和，汽车行业可能要走在前面，为其他的行业争取更多的时间和空间。

二、面临的挑战

插电式混合动力技术的应用近几年增速非常快，对新能源汽车取代传统燃油车做出了非常积极的贡献。但是，当前我们基本上处于碳达峰状态，因此面向未来最大的挑战是如何进一步大幅减排或者是实现碳中和。从这个角度来说，插电式混合动力在中长期角度如何支撑实现道路交通零排放的目标，需要有系统的考虑。

分析整个汽车市场，毫无疑问轻型车销量占据绝对的主体，从新能源车的角度也是同样。尽管在中国的乘用车和客车销量中，新能源汽车的占比已经接近甚至超过一半，但是如果从细分领域来看，货车的电动化发展显然还处于早期阶段。我们关注汽车产业健康发展，同时也关注空气污染、温室气体的排放，而货车排放的污染物占到道路交通排放的 50%。这意味着面向未来，我们要加速推动货车的电动化发展。

在充电基础设施领域，无论是在早期支持新能源车的发展，还是面向未来对于插电式混合动力和纯电动车相互竞争的影响，充电基础设施都是一个非常关键的因素，同时也是挖掘车网互动、支撑构建新型电力系统的关键之一。

合理的分时峰谷电价可以引导整个社会的充电行为。到目前为止很多城市都制定了峰谷分时电价，但是还有八个省市需要在这方面进一步努力。此外，除了充电本身，随着未来纯电动车进一步发展，从电动汽车入网技术（V2G）的角度、从需求侧灵活性响应资源的挖掘，以及对可再生资源电力的消纳等方面，新能源车都会发挥很重要的潜力。现在有一些地方，包括重庆、山东都已经做出这些方面的尝试，其中重庆市是全国第一个制定 V2G 上网电价的城市。

三、结论和建议

（1）交通行业已基本实现碳达峰，面向 2060 年国家的碳中和目标，需要汽车行业做出更加积极的贡献，加速迈向全面电动化，实现道路交通零排放。

（2）道路交通零排放是持续改善空气质量、保护人体健康、支撑人口老龄化和延迟退休健康幸福生活的关键手段之一。

（3）汽车电动化转型已进入差异化发展阶段，乘用车已实现市场驱动，但货车电动化还需要政策支持，建议尽快出台"十五五"及中长期整体及分车型发展目标。

（4）环保政策将对以货车为主体的商用车电动化发挥重要的驱动作用，但仍需考虑出台供给侧积分政策和延续车购税优惠，以持续支持推动技术进步。

（5）新能源汽车和新能源电力协同发展将共同支持实现美丽中国空气质量和气候目标，建议全面推广峰谷分时电价，鼓励地方开展更多 V2G 放电应急和常态化试点，进一步开展车网互动规模化应用试点示范。

夯实电动化　推进智能化　实现高质量发展

汽车产业高质量发展与安全

中国汽车工程研究院股份有限公司党委书记、董事长
周玉林

下面我将围绕"汽车产业高质量发展与安全"分享一些个人的思考。

一、双管齐下，提升汽车产业综合能力

在全球科技与产业变革浪潮下，各国纷纷发力，力求提升汽车产业竞争力，欧盟发布《汽车产业行动计划》，美国推动制造业回流。在此背景下，我国汽车产业高质量发展面临巩固先发优势、补链强链等关键课题。

中国汽研近期组织行业共同开展汽车产业竞争力研究，从科技创新、经济发展、产业体系、发展环境以及汽车社会等多个维度，对全球主要国家的汽车产业进行了系统性评估，以下几个方面值得重点关注。

（一）行业整体盈利能力欠佳

以整车企业为核心来看，我国汽车行业整体盈利能力较弱。与领先国家或地区比较，我国净利润差距显著（净利润占营业收入比重：中国 1.09%、韩国 8.06%、欧盟 7.64%、日本 5.08%），韩国仅现代汽车集团一家车企净利润（1062 亿元）就超我国 37 家车企总和（353 亿元）。此外，新势力企业持续亏损，自主品牌"价格战"削弱了企业盈利能力，这也暴露出核心竞争力的不足。

（二）关键技术专利存在短板

国内专利规模大，但海外高价值专利稀缺，在新能源、智能网联等关

键领域，与国际先进水平存在差距，不利于争夺全球技术主权。

（三）自主品牌全球认可度低

在世界品牌500强中，我国汽车相关企业数量远少于美国等国家（中国12家，美国25家），尽管我国汽车出口量较高，但海外销量与传统强势品牌相比，差距依然明显，全球化之路任重道远。

（四）产业链关键环节竞争力有待提升

汽车芯片与基础软件仍是制约产业发展的显著短板，需突破底层技术，提升产业链协同。电池、电驱等部分环节竞争力尚可，但也要警惕风险，如下一代电池技术优势构建、突破电驱系统仿真测试设备国外依赖等。

二、坚守底线，强化智能电动汽车安全保障

当下汽车行业新技术蓬勃发展，安全是高质量发展的基石。目前，搭载L2级自动驾驶功能的车辆日益普及，预计2027年NOA市场规模占比将高达35%，新技术在得到快速创新应用的同时还应高度重视安全问题。我们团队跟踪了国内2020—2022年以来200余起涉及L2功能的安全事故，并做了如下分析。

（一）新品牌事故占比高

从品牌分布来看，新品牌事故占比超75%，这与新品牌的软件迭代快、智能化发展迅速、L2产品保有量高有一定关系。

（二）NOA功能风险较大

在功能配置方面，超半数车型配备高速NOA功能。NOA技术复杂、系统边界模糊，显著增加了安全风险。

（三）事故场景有特点

通过事故场景分析，高速/高架/快速路场景的事故占比达70%，城市道路场景占比20%。随着未来城市NOA普及，安全风险将显著升级。

（四）功能安全问题突出

由硬件失效和系统性缺陷导致的功能安全问题占比超50%。对静止异形物、前方车辆突然切入等典型场景识别能力仍有待提升。

未来，随着人工智能技术在汽车领域的深度应用，安全风险的管控难度将进一步加大，甚至可能催生出新的安全风险。因此，我们必须以高度的责任感和使命感，筑牢安全防线，确保行业可持续发展。中国汽研也在协同相关部门，通过"三个监管"方式，实现技术创新与安全保障的有效统一。

三、行业共治，共同推进汽车产业高质量发展

（一）培育龙头企业

美欧日韩均有具备优势的龙头企业，相比之下，我国产业集中度有待提升。建议以强企—强链—强产业为发展路径，树立扶优扶强政策导向，培育世界一流企业。

（二）开展示范工程

以规模化应用示范为抓手，实施强链补链重大工程。借鉴前期新能源汽车试点经验，针对汽车芯片、车用操作系统等薄弱环节，开展新技术、产品、场景应用示范，构建联合创新应用生态。

（三）优化发展环境

以安全保障为重点，优化产业发展环境。强化新技术测试验证能力，完善安全管理体系，加强全领域、全过程、全链条、全周期的安全管理。

中国汽研将继续发挥产业研究优势，推进中国汽车产业竞争力评价、智能新能源汽车重大政策研究等工作，与行业各界携手同行。

系统化脱碳途径

传拓集团首席可持续发展官
安德烈亚斯·福莱尔（Andreas Follér）

支撑全球能源转型的技术革新正以超越预期的速度加速演进。与此同时，中国在交通、能源与科技领域构建的完整生态体系展现出强劲发展动能，持续为全球技术创新注入活力。在此进程中，我们既需要前瞻性地预判潜在产能缺口，更需要建立科学评估体系以客观衡量技术进步的实际作用。历史经验表明，传统成本预测模型往往存在高估偏差。

传拓集团坚信纯电动技术将成为商用车领域的主流解决方案。当前电动商用车的规模化应用已有效提升了客户运营效率，而充电基础设施网络的快速扩张正持续增强用户体验。值得关注的是，超快充技术已在特定区域实现了商业化部署，长途干线充电桩的加密布局更显著扩大了商用车运营里程半径。

尽管中国市场正引领全球纯电技术发展浪潮，传拓集团仍保持对其他技术路线的持续探索，包括混合动力与氢燃料电池领域。通过综合研判行业发展趋势，我们预计直至2030年乃至更长时间维度内，纯电技术将继续主导全球卡车及商用车市场格局。面对气候变化与资源约束的双重挑战，我们正通过构建循环经济体系推进全价值链的深度脱碳转型，这需要供应商、合作伙伴与终端用户的协同共创。

目前，传拓集团的脱碳战略已形成全球化实践路径。所有运营品牌均启动系统化转型，其中中国市场的示范效应尤为显著。在产品端，斯堪尼亚率先实现包括60吨级重型卡车在内的全系列商用车电动化；在基建领域，通过与行业伙伴共建欧洲重型车充电网络，我们预计将在2027年前建成1700个专业充电中心，实证规模化落地的可行性。

伴随出行即服务（MaaS）与卡车即服务（TaaS）等创新模式的兴起，传拓集团旗下品牌斯堪尼亚、曼恩正着力打造欧洲市场对电动商用车的系统化信任机制。传拓集团未来将继续深化产业链协作，联合政府机构、学术组织及战略伙伴，在研发创新、生产制造到应用推广的全生命周期内，共同推动交通领域的可持续发展变革。

携手共创，驭电新程赋能全球汽车电动化发展

博世中国总裁
徐大全

中国在全球范围内已经是个非常重要的市场。2025年，我认为汽车产销量还能更上一层楼。其中有两个原因：其一，国内各大主机厂在积极拓展海外市场，今年还会有一定的增量；其二，国内有"以旧换新"等补贴刺激政策，国内市场的产销量也会有所增加。总体而言，我对2025年的汽车销售总量的增长持乐观态度，不过对2026年销量的发展尚有担忧，因为主机厂在海外建厂和投入生产会影响中国地区整车出口的生产量，同时补贴政策明年能否延续会是一个影响因素。如何扩大国内需求和消费会是关键。

现在，中国汽车电动化转型成果斐然。第一，市场比较成熟，渗透率

非常可观；第二，我们的产业链非常完整，如电机、电控、电池等方面产业链非常完备；第三，产业环境合作、开放、包容，国际品牌和中国自主品牌联合快速发展，国际品牌在帮助自主品牌走向世界方面也有不少成功的案例。

过去几年，博世在中国一直致力于业务转型变革，从早期较为传统、优势较大的电喷技术和底盘控制技术等，向电动化和智能化方向转变。无论是商用车还是乘用车，博世都在积极布局和发力。

电动化是博世集团全球布局的重要方面。最近欧洲市场的电气化发展速度有所放缓，对于包括博世在内的零部件供应商在欧洲的布局影响较大。尽管如此，我仍然相信电动化和智能化是未来汽车产业的发展趋势，很快会拓展至全球。

博世在全球拥有广泛的业务布局，这使得我们在支持中国主机厂出海方面具有一定优势。对于海外各个市场客户的真实需求，包括车辆驾驶动态的表现需求、驾驶场景、环境差异以及终端用户使用习惯等，博世都非常了解。同时，我们深度参与了包括欧盟、东南亚和南美等多个国家和地区的一些重要法规、标准的制定。博世对各地区市场的深刻洞察，可以很好地帮助中国主机厂出海。

不仅电气化在快速发展，智能化发展也非常快。博世目前在中国本土研发的产品技术涵盖电机、电桥、电控、氢燃料电池、车辆运动控制、智能驾驶、智能座舱以及软件服务等领域。我们在无锡拥有超过千人的软件中心，提供多领域的软件解决方案。博世中国对博世集团非常重要，一方面，新技术的落地和创新越来越多地发生在中国；另一方面，博世内部会议中经常强调"中国速度"。所以，中国对全球非常重要——博世在中国打造的产品、系统和平台未来可以拓展到全球。

除产品外，我们还可以为主机厂出海提供更多服务，比如博世的专业团队对全球各地区的碳排放要求非常熟悉，可以给合作伙伴提供支持。自2020年起，博世集团全球400多个业务所在地已经实现了范围1（直接排放）和范围2（间接电力排放）的碳中和。同时在本土供应链的精益管理、工厂

夯实电动化　推进智能化　实现高质量发展

数字化、可持续软件和智能制造方面，博世都愿意提供支持，帮助中国的自主品牌打造海外工厂。

在汽车售后服务领域，博世的创始人罗伯特·博世在世时，就在上海开办了第一家中国博世汽车维修店。如今，博世在全球的智能出行售后布局已经超过 100 个国家，提供的解决方案包含配件提供、诊断服务、维修服务。在售后服务方面，博世也可以在海外为中国主机厂提供支持。

以上是我们对汽车产业全球化的认识和理解。我们希望借着中国蓬勃发展的势头，立足国内、支持海外。过去，中国需要博世的生产制造技术，如电喷、底盘控制系统；如今，博世需要中国速度，需要中国新技术研发的创新和落地。

创新与协作

麦格纳中国区总裁
吴　珍

当前全球汽车产业正处在一个百年未有之大变局，在气候变化加剧、消费需求转型、汽车革命深化的多重驱动下，全球电动化进程已经从线性增长飞跃到指数级发展的快车道。2024 年，全球汽车销量尤其是电动车已经突破了 1700 万辆，中国市场遥遥领先，占据了全球汽车市场份额的 40% 以上。然而行业在高速发展的同时，依然面临基础设施区域失衡、技术标准体系分散以及全球供应链波动的结构性挑战，这些挑战深刻揭示了汽车产业的电动化、智能化绝非简单的技术迭代，而是涉及产业生态重构、商业模式创新和价值链条重塑的系统性变革。

实现可持续发展需要建立跨区域、跨行业、跨企业的协同创新机制，在这个历史进程中，战略合作伙伴关系已经远远超越了传统的同行业竞争模式，成为突破技术瓶颈、优化资源配合以及加速产业升级的核心竞争力。

为了破解行业困局，我们认为需要多维创新。这里所指的创新不仅仅讲的是技术突破，更包括生产流程的优化、商业模式的重构以及协作机制的革新。行业需重点聚焦在三大领域：一是通过人员管理来提升能效水平；二是依托智能网联技术构建安全生态；三是开发低碳材料工艺，降低环境负荷。我向大家介绍麦格纳在这三方面所做的一些尝试和取得的一些成绩。

数据显示，2023年乘用车和新型商用车产生的与能源相关的二氧化碳排放量占据全球总量的10%以上，推动电动化转型可以显著减少环境影响、降低碳足迹。作为全球领先的出行科技公司，麦格纳始终占据在行业变革的前沿。我们构建了可以覆盖传统动力、混合动力以及纯电驱动的全谱系技术矩阵，帮助客户实现性能、效率和可持续的同步提升。

当然，智能化的技术重要性尤为重要，在提升道路安全、缓解拥堵、优化运输效率方面意义重大。全球每年约120万人由于交通事故丧生，90%以上事故是因为人为失误造成，所以先进的辅助驾驶系统和全方位的驾驶员监测技术能有效地预防人为失误，降低事故发生率，以此来保障人身安全。

麦格纳秉持着科技发展以人为本，智能化技术首先应该提升汽车的安全性，我们推出了突破性的驾驶员监测系统就是一个非常好的技术典范。该系统运用先进的摄像头视觉技术以及人工智能算法，通过车内的后视镜精准测量驾驶员的眼睛和头部位置，由此来评估驾驶员的注意力状态、疲劳程度和专注度，从而来准确预测和减少驾驶分心行为，当系统判定驾驶员处于疲劳或者嗜睡状态时便会发出告警，告警的呈现形式可以依据客户的需求来定制，另外该系统还能有效地识别驾驶员的身份、自动调节座椅位置、后视镜角度、温度以及身体偏好，能打造个性化极强的高科技感舒适驾舱体验。

除了电气化和智能化，可持续材料领域也需要持续创新，从而作为行业未来发展的强大动力。全球汽车年产量已经突破了9000万辆，汽车行业

夯实电动化　推进智能化　实现高质量发展

对环境的影响不容轻视，如果全行业能够全面推行可持续材料的使用，必将带来极为深远的意义。举例来说，如果在车辆中使用可回收、可再生材料，如铝合金、可回收的复合材料、生物基材料，可以显著降低环境的影响。数据显示，车辆每减重 10%，燃油经济性便会提升 6%~8%。

面对全球供应链重构的历史机遇，麦格纳主张建立开放、协同、有韧性的产业生态。过去三年的行业波动，也充分暴露了传统汽车供应链的脆弱性，而电气化转型带来的复杂性，也要求我们构建更具有弹性的生态供应圈。

所以汽车行业需要的不仅仅是竞争，更需要广泛而深入的合作。行业联盟、合资企业和跨行业的合作，对于快速创新且有韧性的供应圈至关重要。可喜的是，我们已经开启了一些成功的合作典范，例如近日麦格纳与英伟达公司达成了全球深度合作，双方将共同携手，将英伟达公司的 drive AGX 平台深度融合到麦格纳下一代的智能驾驶解决方案当中。这是跨行业的合作，不仅着眼于如何提升车辆的安全性，而且还致力于优化驾驶的舒适性等关键指标，将英伟达强大的算力和人工智能能力，与麦格纳深耕汽车行业多年积累下来的丰富专长以及创新使命进行有效碰撞，旨在为下一代智能驾驶进程提供更安全、更智能且实现全自动驾驶的系统性解决方案。

未来之路，持续推进智能汽车前沿技术

ADI 汽车事业部全球副总裁
贾丝明·金（Yasmine King）

汽车行业正处于变革的关键时刻，软件定义汽车技术正在推动汽车行业进入高度个性化、沉浸式和更安全的智能座舱以及更高效的传动系统新时代，半导体创新在其中发挥着至关重要的作用。

一、软件定义汽车新纪元

软件定义汽车正在推动我们进入一个新的时代。整个生态系统持续扩展，新的汽车从业者们正在以前所未有的方式紧密合作，以满足消费者的需求。消费者希望汽车与基础设施之间能够无缝衔接，并实现汽车到家庭场景的顺畅切换。

显然，汽车价值链已经发生了变化，软件定义汽车将助力实现更好的用车体验。通过提供这种独特的体验，汽车制造商得以打造具有差异化且持续发展的汽车，进一步厚植品牌底蕴。这其中有一个问题值得大家思考，即技术如何做到在助力更先进应用的同时，还能降低汽车的整体拥有成本。

二、共同迎接未来的机遇

汽车制造商如何在加速创新部署的同时，为消费者创造独特体验？如何在转向标准化解决方案以加速开发和实现弹性的同时，保持品牌的差异化？我们又该如何创建更安全、更可持续、更具高终身价值包容性的架构？汽车设计已成为一项电气和软件设计领域的挑战。

半导体创新可以将这一切连接起来，通过开发系统级解决方案，助力实现共赢。ADI致力于在整个汽车生态系统中与大家开展合作，以应对挑战、实现行业弹性，同时赋能软件定义汽车。

三、通过创新方案与洞察提升消费者体验，推动出行变革

ADI致力于提供系统级的综合服务，我们的解决方案涵盖电池管理、安全与自主性、座舱体验以及汽车电源等多个方面。

ADI的电池洞察平台通过先进的电池管理系统优化电池性能和可持续性，能够监测及预测潜在问题、降低维护成本、延长电池使用寿命。我们的无线电池管理系统可有效减少线束，从而减轻车辆重量、简化电池包设

计、提高车辆整体效率、实现电池梯次利用。

安全性、高级驾驶辅助系统（Advanced Driving Assistance System, ADAS）与自主性系统解决方案集成了实时监测、先进的传感器集成和高速连接，以满足严格的功能安全和网络安全标准。这可确保车辆能够在危险情况发生时立即做出反应，提高其情景感知能力，确保其能提供高度安全且性能优异的 ADAS 和智能驾驶性能。

提升消费者座舱体验需要提供个性化的用户体验以及舒适度和便利性。高级音响系统、自适应环境照明和空调控制、先进的人机交互界面以及主动路噪消除功能，可助力打造个性化、沉浸式的座舱体验，提升驾乘人员与车辆的交互。持续的在线升级功能可确保座舱体验始终与功能和技术的最新发展保持同步。

随着汽车系统变得越来越复杂，具有更小外形尺寸、增强散热封装和智能集成的先进电源解决方案变得尤为重要。将先进电源方案纳入平台概念早期阶段，对于优化汽车性能、使用寿命和安全性至关重要。ADI 集成电源管理解决方案具有自动校准和诊断功能，可提高性能和工厂自动化效率。通过夯实电源基础，我们可以提供可靠的可扩展解决方案，有效平衡系统复杂性和成本。

四、软件定义汽车架构

ADI 始终处于汽车行业变革的最前沿，以智能边缘平台为中心，助力软件定义汽车无缝集成数据处理、安全特性、软件更新、连接和自主系统，从而提升安全性、效率性和便利性。ADI 以太网到边缘总线（E2B）技术在实现软件定义汽车的区域架构方面发挥了至关重要的作用。E2B 技术省去了边缘节点处的微控制器，将软件集中到区域控制器里，可降低复杂度，简化整体车辆架构，并支持 OTA。

ADI 的高速视频连接（GMSL）技术可实现来自多路传感器和摄像头的可靠视频数据传输，提供实时信息，因而在 ADAS 系统中发挥着至关重要的作用。GMSL 可提升道路感知能力，帮助驾驶员检测和响应潜在危险。这项技术还可降低布线复杂度、提高可靠性和确保实时链路的稳健性，同时能满足严格的安全和 EMI（电磁干扰）要求。

五、与业界伙伴紧密合作，加速创新

ADI 以系统级思维进行汽车设计，我们将汽车视为具有凝聚力的集成装置，而不仅仅只是零部件的集合。我们希望能够与业界伙伴一道，携手合作、开放生态和快速发展，共同实现软件定义汽车的美好愿景，塑造移动出行未来，为消费者提供更优质的服务。

"在中国，为中国"——赋能中国汽车产业可持续发展

英飞凌科技高级副总裁、汽车业务大中华区负责人
曹彦飞

我分享的主题为"'在中国，为中国'——赋能中国汽车产业可持续发展"。

一、"在中国"

在这一部分，我主要想讲汽车半导体的现状和未来几年的发展方向。

2024 年总体的车载、车规半导体的需求规模或者说市场规模，中国约占全球的 39%，中国的功率器件在全球的占比约为 45%。MCU 微控制器是很多应用或者电子器件的核心，中国的半导体市场在全球的占比约为 35%。这些数据相较于前一年都有所增长，我们有理由相信这种增长会持续。

基于不完全的第三方统计数据，相较于 2017 年，2024 年整车的利润

率从 7.8% 下降到 4.3%。据不完全统计，有 200 多款车型，包括插混、纯电加入了所谓的价格战中。消费者乐于见到这种局面，因为消费者会从中受益，但是作为行业的从业者，我感觉到的挑战和压力还是比较大的。

未来半导体主要的应用增长方向是电动化或者广义上的智能化。未来 5 年，车载半导体电动化的规模，相比 2023 年、2024 年还会有两倍的增长，与智驾相关的半导体器件会有 3 倍的增长，这中间最值得我们关注的是与预控相关的器件，预控被很多厂商的很多车型广泛采用，但是其还有很大的成长空间。

二、"为中国"

在这一部分，我将汇报一下英飞凌汽车业务具体的战略举措。我们会持续落实本土化策略，深耕本土，为客户创造价值。以下，我将从广度、深度和高度几个角度介绍英飞凌汽车业务的本土化计划。

广度指的是它覆盖产品的广度和覆盖应用的广度。我们的主流产品包括微控制器、高低压功率器件、模拟器、混合信号传感器以及存储器件。

深度指的是它本土化供应链的深度，包含后道 + 前道，还有前道 + 后道。

高度指的是技术高度。TC-4、AURIX TC4 是我们下一代重点推介的主流 MCU 产品，该产品采用 28 纳米的工业技术生产，我们也会在国内进行前道和后道生产。

我们在车载半导体领域目前算领先者，我们的 MCU 在车规 MCU No.1 基础上登顶通用 MCU 的 No.1，特别感谢广大的客户对我们的支持和认可。

共赴出海，从中国到全球端到端的供应链韧性布局

奥托立夫全球中国自主品牌销售副总裁
毛莉莉

奥托立夫致力于拯救更多的生命，我们也一直在深耕技术。我们服务于全球 25 个国家，拥有超过 14 家技术中心。我们服务于全球几乎所有的品牌，市场占有率高达 45%。当然，我们也一直秉承着我们对碳中和的承诺，每年都在做持续的改善。

奥托立夫为安全而生，过去 70 多年来，我们一直在进行技术研发和创新，很多产品都是全球首发。中国市场电动化、智能化的快速发展，对我们这样的传统企业带来了非常大的挑战，同时也带来了非常大的机遇。2020 年开始，很多全球的首发都是由中国自主研发引领全球的。

我们并不止步于此，我们正在研发大家非常关注的零重力行驶过程中的安全保护技术，以及包括全场景、全年龄段、不同体型人群的安全技术。

奥托立夫主要有三大产品——安全袋、气囊、方向盘，其实我们并不仅仅关注车内安全，也关注车外安全，比如摩托车的气囊、可穿戴式的骑士服、无人送货车的气囊，我们希望可以给更多的道路交通使用者提供更安全、更愉悦的出行体验。

奥托立夫共分为 4 个区域，中国是唯一一个以国家为区域的，主要是因为中国的汽车市场是最大的单一市场。中国客户对产品的要求能够加快我们的研发速度。奥托立夫在其他几个区域的市场占有率接近 50%，这有助于帮助我们的自主品牌走向海外。

我们在几年前就提出了"在中国，为全球"，我们一直在考量的是，只有赢得了中国市场，我们才能赢得整个全球市场的成功；只有满足中国市

场客户的需求，我们才能持续去引领全球。所以，从这个角度来说，我们在几年前就已经开始做这样的布局工作。

组织架构跟人是整个变革当中非常重要的一环，我们的全球总裁同时也兼任全球业务负责人，由此可见，以客户为中心、以客户为先是奥托立夫的深耕之本。同时，我作为中国自主品牌全球业务的负责人，统一制定全球业务战略，满足客户需求，去协调全球的所有资源来帮助我们的自主品牌走向海外，让它们没有后顾之忧。

针对每个客户不同的需求，我们为每个客户都制定了特有的全球团队这样的服务方式，在这个组织团队中有销售、研发、生产、供应链、质量等部门。这种方式彻底解决了原来部门跟部门之间、区域跟区域之间沟通信息不畅通的问题，大大提升了整个沟通和管理的效率。同时作为出海的征途，奥托立夫也需要供应商有长远的系统规划和高效的开发策略。我们早在几年前就向主机厂推荐了我们的共通化产品，我们把很多资源都放到了前期，目前已经能够实现多区域、多品牌、多项目使用同一零件号，大大降低了接下来自主品牌走向海外存在的风险，也降低了开发的时间周期以及投资。同时，我们也跟各个区域的团队不停地调整内部流程，以满足中国速度。目前，各个区域基本上都能够完成12~15个月的开发周期，对比之前24~36个月的时间，我们看到了中间巨大的变化。

同时，我们也帮助我们中国的供应链走出去，因为它们有非常好的成本优势和客户意识。我们全球接近45%的体量，能够让我们的中国供应链更加健康、持续地发展。我们也关注小型的供应商、供应链，这个部分我们会去做主导，指导这些供应链。我们还想要在整个东南亚国家建立我们的供应链工业园区。奥托立夫依托全球资源，帮助这些中小型企业走到海外去，服务于我们的整个全球市场。

04

第四篇
PART 4

车路云一体化落地路径

以"四好"为目标，以新城建为引擎打造高水平的数字住建

住房和城乡建设部信息中心副主任
吴旭彦

随着城市化的加速推进，我国城市建设取得了显著成效，但也面临着人口持续聚集、资源环境约束趋紧、城市治理复杂度提升等系统性挑战。与此同时，人民群众对居住品质、社区服务、城区韧性等都提出了更高的要求。"住有所居、住有所安"是人民幸福的一个重要基点，也是社会发展的前提条件。住房和城乡建设部一直立足使命担当和为民情怀，加速推进住房和城乡建设领域数字化转型，以持续推进城乡建设工作。近年来，新型城市基础设施，好房子、好小区、好社区、好城区"四好"建设，还有数字住建等战略性工作陆续被提了出来，擘画了城乡建设与住房发展的宏伟图景。当前以"四好"为目标，以"新城建"为引擎，打造高水平的数字住建是不断满足人民对美好生活需要的必然选择，是推动住房和城乡建设领域信息化改革和高质量发展的重要路径。将"四好"建设目标与"新城建"战略高度融合，正驱动着数字住建赋能住房城乡建设事业高质量发展，推动城市治理体系和治理能力现代化水平不断提升。

一、锚定"四好"建设目标，重塑城市发展模式

习近平总书记提出"人民城市人民建、人民城市为人民"的重要理念。在这个理念的指引下，我们锚定"四好"建设，全力重塑城市发展模式，致力于为人民打造更加美好的生活环境。在2025年的"两会"上，"好房子"首次被写入了政府工作报告。报告要求要适应群众高品质居住需求，完善标准规范，推动建设安全、舒适、绿色、智慧的住房。当下各地正在

积极开展"好房子"的实践和探索。

"好房子"是人们安居乐业的基础，它不仅要满足居住的基本功能，更要绿色、低碳、智能、安全。我们要健全房屋使用全生命周期安全管理制度，无论是新建房屋，还是对老旧房屋的改造，都要以打造"好房子"为标准，不断满足人民群众对更好居住条件的期待。"好小区"的打造要抓好楼道革命、环境革命、管理革命。我们要推进城中村和危旧房改造，增设电梯，方便居民出行，规划更多停车位和充电设施，改善小区绿化和公共空间，为人民群众创造高品质生活空间，让小区成为温馨的家园。"好社区"聚焦为民、便民、安民，以群众关切的服务"一老一小"的设施为重点。"好社区"的要求：要有完善的养老服务设施，让老年人能安享晚年；要有优质的托幼机构和儿童游乐场，助力孩子健康成长；要有便捷的商业服务、医疗卫生服务等，让居民不出社区就能满足日常的生活需求。"好城区"的建设需要加强城市设计引导，建立可持续的城市更新模式。我们要夯实历史文化遗产保护的法治基础，让城市的历史文化得以传承和发扬；同时，推进城市地下管网改造、城市排水防涝能力提升、城市生命线安全工程建设，打造宜居、韧性智慧城市。智能网联汽车与智慧城市平台的融合可以增强城市应对突发事件的韧性，提高应急响应的效率，这样的城区既能够面对自然灾害、突发事件，保障居民的安全，又能为居民提供更加便捷高效的生活服务，彰显城市的独特魅力。

二、释放"新城建"的战略势能，打造智能网联汽车生态高地

2020年8月，住房和城乡建设部会同中央网络安全和信息化委员会办公室等部门共同印发了《关于加快新型城市基础设施建设的指导意见》，首次提出了"新城建"的概念。住房和城乡建设部分别在2020年10月和2021年7月在重庆、南京、天津等21个城市开展"新城建"试点工作，聚焦城市安全、社区建设、智能网联汽车、市政服务等领域，落地了一批"新城建"项目，形成了好的经验做法，带动了上下游产业的发展，在提升

城市韧性、城市治理精细化水平等方面取得了积极成效，为全面开展新型城市基础设施建设和数字住建打下了坚实的基础。

2024年11月，中央办公厅、国务院共同联合印发了由住房和城乡建设部起草的《关于推进新型城市基础设施建设打造韧性城市的意见》，"新城建"工作上升到了党和国家事业发展全局和战略的高度，其中提出了11项重点工作，"推动智慧城市基础设施与智能网联汽车协同发展"是其中一项重点工作。"新城建"与智能网联汽车产业紧密相连，相辅相成。从住房和城乡建设部提出协同发展智慧城市与智能网联汽车的规划来看，这一战略布局具有深远意义。在新型城市基础设施的支撑下，智能网联汽车的运行环境还将有极大的优化。一是城市道路基础设施在不断升级。传统道路正逐步向智慧道路转变。在道路上部署大量的传感器、通信设备以及智能交通系统，人们能够实时感知交通状况、车辆位置和行驶状态等信息。二是智能网联汽车的配套设施在不断完善。充电设施的广泛布局是新能源智能网联汽车普及的基础、保障，当下各地都在大力推进充电桩、换电站的建设。不仅在城市公共停车场、住宅小区，甚至在高速公路服务区等场所，充电设备的覆盖率都在不断地提高。同时，智能停车场系统的建设也在同步推进。通过智能识别技术，车辆能够快速地进出停车场，并且系统也可以根据实时车辆的信息引导车辆精准停车。这一系列设施的完善，为智能网联汽车的日常使用提供了便利。三是技术创新是打造智能网联汽车生态高地的核心驱动力。"新城建"所营造的数字化、智能化环境，为我们智能网联汽车的技术创新提供了广阔空间。一方面在车路协同技术领域，随着5G通信技术在城市中的广泛应用，车辆与道路基础设施之间能够实现高速、低延时的交互，这样高效的数据交互使车辆能够提前获取前方道路的交通拥堵、交通事故等信息，从而及时调整行驶路线。另一方面，人工智能、大数据等技术在智能网联汽车领域的应用已日益深入，通过大量车辆行驶数据、用户驾驶习惯数据的收集与分析，汽车制造商能够不断优化车辆的自动驾驶算法，提高自动驾驶的安全和可靠性。同时，基于人工智能、智能座舱系统，能够根据用户的云指令、手势动作实现对车辆各项功能的便捷控制，为用户带来更加舒适智能的驾驶体验。四是产业协同是打造智能网联汽车生态高地不可或缺的环节。"新城建"战略的实施使得城市中的各类产业围绕着智能网联汽车产业展开深度的协同。在一些城市的汽车产业园区，整车企业、零部件供应商、科研研发企业、高校及科研机构集聚一堂。这种紧密的产业协同极大提升了智能网联汽车产业的整体竞争力。五是标准化为智能网联汽车应用提供了基础支撑。为加强智能网联汽车在城市中的应用，加快智能网联基础设施标准化建设，全国智能建筑及居住区数字化标准化技术委员会联合中国电动汽车百人会成立全国智标委智能网联基础设施标准工作组，协力推动城市智慧泊车、智慧出行及无人配送等相关智能网联基础设施标准制定、修订及应用推广，成果非常丰富。当前，智能网联与新型城市基础设施建设正在深度融合，重塑城市空间形态与居民的出行生活方式。

三、发挥"新城建"的引擎作用，驱动高水平数字住建

建设"新城建"通过引入新一代信息技术、绿色低碳技术、新型建造技术等，全面促进了住房和城乡建设领域数字化转型，也将全面赋能高水平数字建设。在数字住建的推动工作中，我们要抓好几项工作。

（一）夯实数字底座，推动数据赋能

数字住建建设的关键任务就是建成住建行业的数字底座，推进数据汇聚融合、共享开放和开发利用，充分发挥数据在提高决策科学化水平和管理服务效率方面的作用。推动新一代信息技术与城市基础设施建设深度融合，实现城市基础设施的数字化、网络化、智能化，构建数字城市、智慧城市的基础底座。加快建立数据更新的长效机制，着力构建各级房屋建筑和市政基础设施全量基础库，以此为底板，加快汇聚工程建设、房地产、城市管理、市政管网等方面数据，逐步建成住房城乡建设行业数字底座，支撑智能网联汽车等各类应用场景。

（二）汇聚数据资源，释放数据要素价值

数据是宝贵的资源，是关键的生产要素，住房和城乡建设领域每天都产生海量的数据，具有很高的价值。加强数字资源的建设和利用，其关键就是推动系统整合、数据共享、业务协同。要摸清数据家底，按照"一数一源"建立数据资源目录，打通跨层级、跨地域、跨部门的数据壁垒，依托数字住建基础平台，建立健全数据归集、加工、共享、应用全过程管理机制，构建住房城乡一体化数据资源，以业务为牵引，实现数据的有序流动和协同应用，充分发挥数据要素作用。

（三）促进科技融合，发挥标准引领作用

要大力推动人工智能、互联网、大数据等新一代信息技术在城市领域的广泛应用。建筑机器人正在加快推动施工方各种生产关系和生产力的变革。卫星遥感技术在房屋安全智能监测领域也有着广泛的应用场景。各行各业都在探索 DeepSeek 的应用，住建系统也在积极推动人工智能的部署和应用，提高我们的生产效率和管理水平。技术引领、标准先行，我们要将标准理念贯穿于数字住建工作的始终，全面提升数字住建的整体性、系统性和协同性，从而推动各项工作向高水平、高质量发展。

（四）强化数据安全管理，铸造信息安全的屏障

要切实统筹安全与发展，守牢安全底线，筑牢安全屏障，确保信息化建设与网络安全同步推进。要进一步健全完善信息安全的制度和体制，明确信息安全的标准、要求和责任，建立健全信息安全监管机制，加强对关键信息的基础设施、重要数据和个人敏感信息的保护，通过信息安全基础设施的建设，提升信息系统的安全防护。通过技术手段与管理措施相结合，确保各项工作在安全可控的环境中稳步推进。

在工作中，住房和城乡建设部将举全行业之力打造数字住建，追求高水平的数字住建的发展，以"新城建"为引擎、技术创新为"骨"、制度协

同为"脉",推动民生的建设,切切实实达成"四好"的建设目标,从而绘就数字住建更高水平的发展,也为智能网联汽车产业发展、协同发展提供更加广阔和优化的空间。

邮政快递物流无人车试点应用成效显著,规模化应用未来可期

国家邮政局政策法规司原一级巡视员、副司长(司局正职)
靳 兵

一、从快递物流无人车试点应用的角度看主要有以下亮点

(1)无人车企业持续加大快递物流无人车的研发投入,增强自身实力,努力让车更安全更可靠。快递物流无人车应用是刚需,急迫且全程全网都需要,不能等到全国都组网布局后再应用。因此必须在先期就加强自身技术的研发,目前全世界也是以单车智能为主,随着社会各界对无人驾驶的接受和政府财力的支持,今后的车路云协同一定会让无人驾驶更安全、更高效。

(2)通过商业模式创新,降低用户使用成本。主要是通过售卖和自身租赁经营、第三方融资租赁经营多措并举,给用户更多的选择。多种商业模式的走通、成熟,让无人车深入用户心田,行业无人车应用与日俱增,开始形成正向循环。

(3)深入行业生产作业流程现场,直击行业痛点,开展应用场景创新,帮助企业降本增效。

(4)完善自身商业模式,努力降低车企自身成本,实现自身正向增长。

(5)主动申请路权,努力让更多的车跑起来。车企应利用快递物流行业有专门政策法规、标准规划的优势,主动与各地的政府部门沟通,通过

参与各地地方性法规、标准、政策的制定，减轻或消除政府主管部门的顾虑，让自身运营的车辆能够持续稳定、长久地开展商业化运营。

（6）深度参与国家标准、国际标准的制定，承担社会公共责任，让试点示范的成功经验标准化为下一步在国内国际规模化的应用奠定基础。

（7）国家频频出台利好政策，鼓励快递物流无人车发展应用；北京等地的地方人大、政府出台了自动驾驶的地方性法规，在全国带了好头。

以上这些创新，不仅为快递物流解决了最后5公里的配送问题，同时也为快递物流企业解决了从分拨中心仓到城市集散点、从集散点到末端网点和从收寄点到处理中心最先一公里的集散问题。

快递物流无人车为高速增长的快递物流运递提供了解决模式，弥补了快递物流人员不足的重大缺口，也为未来行业的高速增长确立了优良的解决方案，标志着快递物流无人车开始从"试点示范"正式向"规模应用"阶段迈进。

二、邮政快递物流无人车应用政策明确，试点示范成效显著，规模化应用未来可期

（1）2024年以来，中央和国家层面的政策导向明显，尤其是2025年的政府工作报告有了新要求，为规模化应用指明了方向。

（2）强大的行业发展内需，试点示范的成功，无人车技术的重大突破，成本的大幅下降，商业运营模式的成熟，越来越多地方政府和社会各界的认同，以及人工智能辅助驾驶的大量普及，都为快递物流无人车规模化应用从多个维度奠定了坚实的基础。

三、建议

我们试点的目的是为车路云协同全面铺开找准方向，为今后无人车规模化应用、全面落地打好基础。只有通过实践检验，才能知道怎么建设才能更完善、更安全。新生事物没有前车可鉴，只有干中学、学中干才能成事。

（1）地方政府应尽快总结经验，加大路权开放力度，支持试点示范成功的企业、行业率先无人车规模化上路运营。让5G、车路云协同等技术力

量敢于投入，早见效，让新能源汽车、人工智能早日为经济社会发展产生推动力，形成有效的国内生产总值（GDP）。

（2）车路云协同是终极目标，是国策，方向已定，各有关方面要真正动起来，不能只等待观望，要主动参与进来，要站在社会的角度多做利他的事，体系设计得好用，自然受欢迎，自然有产出，自然能持续。

（3）要和智慧城市建设结合起来。2024年5月国家发改委等四部门印发了《关于深化智慧城市发展推进城市全域数字化转型的指导意见》，提出要完善城市运行管理服务平台，深化"一网统管"建设，推动城市规划、建设、管理、运维全过程各环节数据融通，加强城市生命体征监测，推动城市体检与城市更新数据赋能、业务联动。但执行的时候相关数据难以打通，这对城市快递物流无人车而言，综合效率就会大打折扣。

（4）要增加政策的透明度，提高落地的精准度。多年政策法规标准规划制定的经验表明，很多企业对国家宏观、微观政策的掌握、理解并不全面准确。

（5）制定政策法规标准规划要多到一线调研，要有管理部门一定层级的领导参加，不要都交给支撑单位，派没有决策权的同志去，否则下属难以全面上达。

车路合作的创新与发展

国家智能交通系统（ITS）工程技术研究中心首席科学家
王笑京

我想谈一谈车路协同、车路合作以及与车路云有关的情况。

一、车路协同（车路合作）的实践

从国际角度来说，大规模开展车路协同的研发和试验的工作始于 2003 年。2003 年，在西班牙首都马德里举办的第十届智能交通世界大会上，美国运输部正式宣布启动名为 VII 的车路集成项目（也称为车路合作或者车路协同）研究，随后其他国家和地区（如欧洲、日本）也开启了一系列探索实践。在发展过程中，我们对车路协同相关项目进行了一系列的评估，有成功的，也有不成功的。由此看来，我们今天面临的问题并不奇怪。

二、对车路协同（车路云）发展的探讨

（一）车路协同和车路云的推进内容和方式可能要做适当的调整

（1）要重视市场的力量。为推进车路协同、推进车路云，中央部委及地方政府发布了很多的相关文件，但是仍然面临落地应用比较困难的局面，因为我们忽视了市场的力量。

（2）我们要摆脱依赖高成本硬件的建设思路，实现的方式和手段要创新。依赖高算力和高性能集中的部署方式有两个特点：一是在短时间难以承受和摊销成本；二是风险性极高。这个中心一旦出现问题，我们的城市交通就面临着瘫痪。

（3）要把设施安全、交通安全放在服务功能的首位。高速公路首要的任务是要聚焦设施的安全和交通的安全。车路协同要监测和预警设施是否安全，要监测、判断和预警交通是否安全，而不应把支持自动驾驶作为重点。

（二）关注 6G 的发展，为应用做必要的准备

现在的 5G 网络能不能适应当前的需求？我们要实事求是。2025 年年初，张平院士在接受记者采访时指出，尽管我国 5G 技术水平已经得到了很大提升，但在网络容量、能源利用效率和通信安全等方面仍然存在局限性。在交通领域，现在的 5G 并不能支持实现真正的无人化和高可靠的自动驾驶。

夯实电动化　推进智能化　实现高质量发展

如果我们的运营公司部署了 5G，未来怎么过渡到 6G？一般来说，道路交通行业不需要建设自己专用的移动通信系统，我们应该以商业化方式的采购服务为主。通信运营商部署完网络之后，我们可以购买带宽和流量。针对特殊区域，要从经济上考虑，比如港口。在整个港口部署 6G，要考虑经济是否合算，除此之外，还要考虑万物互联以及未来对通信的需求。

同时，我们要走重视硬件但不依赖于硬件的技术路线。我们可以依靠高算力。如果只靠路侧装备去提升我们道路的通行能力，那安全水平可能就会有问题。

30 多年前建立的智能交通体系框架就有车路协同的概念，我们需要总结国内外的教训和经验。目前新一代的智能和绿色的交通系统正在形成，数字化和 AI 是其依托的基础技术。实施车路协同，要破除掉完全依赖硬件的思路，要从社会和经济的角度来谋划这件事情，应用新一代的通信技术应采取恰当的策略。

推进 C-V2X 产业发展，快速在高价值场景落地应用

中国信息通信科技集团有限公司副总经理、总工程师
陈山枝

我演讲的主题是"推进 C-V2X 产业发展，快速在高价值场景落地应用"。

一、蜂窝车联网（Cellular Vehicle-to-Everything, C-V2X）的概念阐释

交通和汽车行业的相关应用对车联网的性能要求存在差异，主要分为

两大类应用：远程信息服务、近程信息交互。远程信息服务指的是车云通信，数据通过3G、4G、5G基站上传至云，包括地图下载、远程诊断、车辆调度、行驶数据上传等，该服务需要大带宽通信，对时延要求低。近程信息交互指的是实现车与车、车与路、车与人之间实时且高可靠的通信，主要针对当前智驾发展阶段的价值和应用，与安全息息相关，对时延要求极高，要求达到毫秒级。

早期，车联网服务主要是车云服务，对近程信息交互的需求没有那么迫切，但到了智驾阶段，近程信息交互变得非常重要。近程信息交互有"时空密接"的特点，即在距离约1公里内的信息才有价值，时延达到毫秒级。对于与行驶安全有关的应用，驾驶人员必须在毫秒之内收到信息并采取措施，这样才能避免交通事故的发生。

2013年，本人最早在国际上提出LTE-V2X概念及关键技术，确立了C-V2X车联网系统架构和技术路线（见图4-1）。蜂窝车联网概念提出来后，车云网和车际网都可以通过C-V2X实现。C-V2X的PC5直连通信接口实现了车与车、车与路、车与人实时信息交互。远程信息服务通过蜂窝

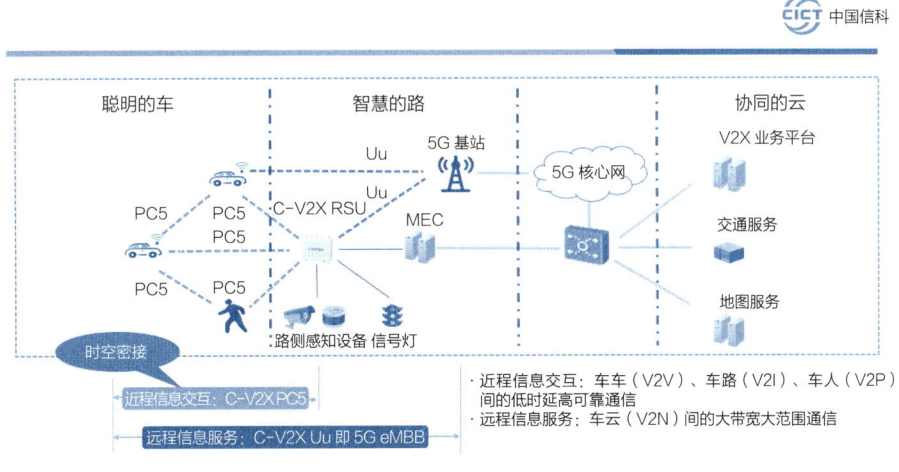

图4-1　C-V2X和5G实现车路云协同（车联网2.0）

注：陈山枝在2013年5月17日（世界电信日）首次提出LTE-V2X概念与关键技术，确立了蜂窝车联网（C-V2X）系统架构和技术路线。中国信科（原大唐）团队在2015年开始联合LG、华为等企业在3GPP制定国际标准。

网通信接口（Uu）实现车云通信（见图 4-1）。C-V2X 车联网已经变成国际标准，美国也在推进。

二、C-V2X 车车 / 车路高价值应用场景

单车智能是根基，C-V2X 车联网是赋能。辩证来看，当前单车智能发展面临瓶颈，受视距感知、强逆光、亮度突变和恶劣天气等问题影响难以突破，导致单车智能识别困扰，发生匝道合流区碰撞、高速弯道突发事故、红绿灯难以分辨、大车遮挡及超车事故等一系列问题。此外，单车智能很难实现全局的交通优化，单车智能的车与车间可能存在博弈，如果没有网联智能，很难进行交互，有了网联智能才能实现交通要素间的互通。

（一）网联智能驾驶，解决路口交通事故

单车智能水平在提升，但依然无法解决"鬼探头"的问题，例如公交车在行驶过程中突然蹿出一个行人，有一位专家在公开演讲中说，"这是神仙也解决不了的，我们也解决不了"。但如果通过车车、车路协同，就可以轻松将这个问题解决。我们也做了实践，通过路侧感知或者车车感知，可以实现网联 AEB（Autonomous Emergency Braking），及时给车辆发送信息，避免交通事故的发生。

（二）V2V 隔车感知，解决高速 / 快速路二次事故

高速公路的连环撞车场景：2023 年，台州在不是下雪天、下雨天，也不是大雾天的情况下，发生了连环撞车。如果在单车智能情况下，当前一辆车发生事故，后车需要保持车距才能来得及反应，但在车距没拉开、车速在 100 多千米每时的情况下，仍然会发生连环追尾的事故。我们做了验证，在单车智能情况下，传统的 AEB 系统不能避免车被撞到。但通过车车通信，前一辆车和后一辆车有通信，就会避免事故发生。V2V（视频到视频）不需要 100% 覆盖，三辆车中有两辆车装了该系统就能实现，这样能解决高速公路上的一些追尾问题，以及快速路、高速路上的二次

事故。

（三）圆锥筒信息推送，提升行驶安全

当遇到施工道路上摆放的圆锥筒，辅助驾驶往往是到了眼前才看见，我们在高速路上开车最怕碰到这种场景。如果通过装有 C-V2X 功能的圆锥筒发送一个信号给车，车在 1 千米之外收到了提醒，就能避免发生事故。这就是智驾车企给我们提的需求：高速公路的圆锥筒能不能增加 C-V2X 功能直接播报信号。

（四）交通信号灯上车，提高通行率和行驶舒适性

对于红绿灯识别场景，智能驾驶的需求是全天候全场景准确无误识别，这对智驾来说是极大的挑战。我们有一个数据，某地自动驾驶公交车识别红绿灯错误率高达 8% 左右，如果通过 C-V2X RSU（Road Side Unit，路侧单元）直接播报红绿灯信号，准确率可以达到 100%。车的信号红绿灯就三个状态，两个比特就可以表示四个状态，再加上时长，传递不同信息是很简单的事情，不需要用智驾识别，但如果是全天候全场景传递，算法就会很复杂，成本也很高。

（五）赋能限定区域无人驾驶（L4）落地

针对特定场景的无人驾驶，C-V2X 正在助力矿区、机场、港口无人驾驶落地，通过 V2V、I2V（图像到视频），实现车路云协同。

（六）车辆编队自动驾驶，安全高效行驶，大幅节省成本

在自动驾驶车辆编队行驶中，卡尔动力已经应用了我们的 C-V2X 技术。通过车车 V2V 实时通信，车辆能够实现自动组队、解散、换道，通过协同定位、协同感知和协同决策，应对积雪结冰等复杂场景，还能高效通过收费站、红绿灯路口等，可以降低成本支出。卡尔动力现在应用我们的

C-V2X 技术，示范运营总里程已超过 800 万千米。

2024 年，我们联合业界多家单位发布了《车路云一体化系统下 C-V2X 车车 / 车路协同典型应用场景及实施参考》，选取 14 个典型应用场景进行分析并提出实施参考，包括交通信号灯上车、闯红灯预警、前方有遮挡异常车辆、有遮挡的十字路口交叉碰撞、超视距弱势交通参与者、圆锥筒信息推送、公交车道共享、紧急车辆优先通行、前方车辆突发紧急状况（数字三角牌、网联 AEB、网联自适应巡航、车辆智能编队行驶、智慧港口 V2V 防碰撞、矿区车挖协同装载作业等）（见表 4-1）。

表 4-1　C-V2X 可落地高价值应用场景

类别	应用场景	价值
红绿灯应用	红绿灯信息推送	解决车企红绿灯上车的普遍需求，融合智驾，提升安全性、舒适度，加速城市 NOA 落地
	闯红灯预警	
C-NCAP 规程	前方有遮挡静止车辆（CCRH）提醒	解决高速公路连环追尾、城市道路交叉口碰撞事故
	有遮挡十字路口碰撞（C2C SCPO）预警	
城市 / 高速痛点问题	超视距弱势交通参与者预警	解决视野盲区引发碾压和碰撞事故
	圆锥筒信息推送	解决圆锥筒难以识别问题
	公交专用道共享	提升公交道利用率、缓解拥堵、提升民众满意度
	紧急车辆优先通行	提升救护车、消防车、警车等紧急车辆通行效率
	前方车辆突发紧急状况（数字三角牌）	避免类似梅大高速塌方引发的连环坠落、群死群伤
网联 ADAS	网联式 CAEB	增强感知能力和范围，提升 ADAS 安全性、舒适度、效率
	网联式 CACC	
特定场景 L4 无人驾驶	车辆智能编队行驶	特定场景 L4 无人驾驶提升安全性、生产效率
	智慧港口 V2V 防碰撞	
	矿区车挖协同装载作业	

三、思考与建议

（一）关于端到端大模型的进步与局限性

当前基于 AI 的端到端智能驾驶大模型对汽车产业发展产生了重要的推动作用，智能驾驶能力不断提升，但只采用车联网 1.0（即车云通信）仍然存在一定的局限性。一方面车云协同数据来源单一，只有单个车企数据。通过离线协同，不断上传数据后，在云上不断快速迭代，来提升单车智能能力，通过 OTA 下载，使实车接近或者达到人类老司机水平。另一方面，依然无法解决视距感知、鬼探头、突发事件、高速公路的连环撞车等问题。

（二）以 C-V2X 车路云助力智能驾驶发展

我们希望依托 C-V2X 车联网推动未来的智驾实现网联智能，车车、车路、车人能够实时交互，通过协同感知、协同决策，最后协同控制。车联网 2.0 阶段，C-V2X 车路云协同帮助车辆获取其他车辆数据和路侧数据，拓展端到端大模型训练数据集（数据的质量、类型与规模），提升训练效果；同时在实车推理执行，通过车车、车路间的协同实时感知，解决单车感知的范围和时效等局限性，提升智能驾驶水平。

（三）相关建议

（1）分场景、分阶段推进车路云协同。当前阶段推动智能辅助驾驶 L2+，提升行驶安全和效率。依靠 C-V2X 车联网技术，配合 L2+ 在城市复杂路段实现 NOA 能力拓展，通过在城市的交通路口适当地部署路侧的感知设备，提升路口通行效率和安全性。针对路口投资建设问题，行业一直存在误解，其实不需要城市的连续覆盖，只是在十字路口、危险路段，还有特定场景的无人驾驶车辆上加装设备就可以实现，未来我们的理想是仰望星空，助力实现全天候全场景无人驾驶（L5）。

（2）车企普及 C-V2X 前装，大力发展 V2V。面对"梅大高速路面塌方"这一类事故，通过 C-V2X 的车车间实时通信能够避免此类事故发生。建议营运车辆强制前装 C-V2X 终端，即使路侧部署不完善，V2V 渗透率达到一定程度，就能发挥巨大价值，降低特大事故发生率。

关于未来展望，我认为：基于 5G 和 C-V2X 的"聪明的车 + 智慧的路 + 协同的云"的车路云协同发展模式，将支撑我国汽车产业和交通行业的变革，并将培育智慧路网运营商、出行服务提供商等新业态、新商业模式，打造数字经济和智慧城市新优势。

夯实电动化 推进智能化 实现高质量发展

城市与车企深度联动的商用场景模式与应用

十堰市委常委、副市长
高红民

我分享的主题是"城市与车企深度联动的商用场景模式与应用"。

汽车是十堰市的根脉，56年前中国第二汽车制造厂的建设开启了中华民族汽车工业振兴崛起的崭新篇章，东风汽车博物馆在十堰市正式开馆，成为展示中国汽车工业文明和科技进步的重要窗口。

十堰市始终牢记习近平总书记"把民族汽车搞上去"的殷殷嘱托，自立自强、创新图强，2024年7月，十堰市在成功入选国家智能网联汽车"车路云一体化"应用试点城市后，加快方案编制，加速试点建设，相关经验入选电动汽车百人会发布的《车路城协同发展报告及标杆案例（2024）》，主要从四个方面介绍了十堰市的做法。

一、谋划建设中发现的共性问题

我们站在巨人的肩膀上看发展，发现智能网联的应用普及促进了汽车产业的发展，但先行城市普遍都遇到过一些问题。

（1）车企"缺位"，应用难落地，目前处于智能网联汽车的初级阶段，车载系统以单车智能为主，车企数据尚未接入，也未接收城市平台信息，车企参与度较低，用户体验难收集。

（2）建设盲目，设备多闲置，没有找准需求和痛点，尚未搭建完善的系统构架，无法实现规模化、全域化。

（3）标准"复杂"，模式不清晰，未形成统一标准，难以形成完整融合的投资建设运营模式。

二、十堰市"车路云一体化"建设进展

2024年11月,十堰市印发了《智能网联汽车"车路云一体化"应用试点实施方案》,提出加快建成全国商用场景全域试点应用的标杆城市。2024年12月,东风汽车集团与中信科智联科技有限公司共同牵头在十堰市组建项目公司并开展建设,打造商用车领域典型应用场景。

(1)优化山地城市智慧治理。对城市交叉口开展全面智能网联改造,城区138处信号灯路口、53处路段斑马线人行灯信号机已100%联网。

(2)建设商用领域应用场景。围绕城市生产、生活需要,建设厂区物流、环卫服务、快递配送、公交接驳等场景。

(3)推动城市产业深度融合。依托武当云谷等算力,整合政务、信创等产业数据。

三、十堰方案的创新做法

(1)打造了车企深度参与的投建运模式。为东风等车企、中国信科等设备方全方位参与"车路云一体化"建设和车辆研发提供空间,拉通设备、算力等基础平台,支持车企对接城市需求、利用城市资源,根据需要整体设计、投资、建设、运营城市级"车路云一体化"所需的智能化、云平台设施等,打造基于下一代智能网联汽车需要的生态环境。

(2)打造了车与城高度融合的场景应用模式。在厂区物流配货方面,我们围绕商用车物流业务打造智慧物流园区,实现从调达物流、循环取货,到园区无人驾驶物流和接驳,最终到厂内无人交付的场景模式。特殊场景有:①下线转运物流场景;②高速出口—工厂干线物流场景;③厂区物流场景。

在山地城市智慧交通优化方面,我们对城市道路、路口等进行差异化分级,研判车车、车路或车云信息交互需求,向驾驶员发出预警信息,或帮助车辆的辅助驾驶系统、自动驾驶系统做出驾驶决策,保障行车安全。

在城市公交运营优化解决方面,联合园区龙头企业,摸清人员通勤流

向和时段，选择重点道路及区域规划智慧公交线路，投放高级别自动驾驶功能公交车，开展智慧公交车常态化运营服务，并对存量公交车进行网联化改造。

此外，我们还聚焦低速无人装备作业，开发了无人配送、智慧环卫等场景，并引进建成了相关产品制造生产线。

四、十堰方案的总结和后续计划

总结十堰方案，总体有三个特点。

（1）十堰试点从单纯地依靠政府投资到广泛吸取社会主体共同投资建设，解决了经费来源和无效投资问题。

（2）十堰试点从城市需求出发，从车企需要着手，开展道路和路口的分级分类，解决了设备无人用、车辆不赚钱的问题。

（3）坚持先生产，后生活；先商用，再乘用。从降低综合运营成本角度开发商业价值。

下一步我们将重点从四个方面持续推进落实。

（1）持续完善机制，进一步导入适合项目和公司需要的推进专班、政策支持和资源保障。

（2）加大车端应用，研发"车路云一体化"商用车，研究整体解决方案和保险、金融替代方案等，降低车辆综合使用成本。

（3）强化复制推广，聚焦商用车场景、山区环境、城市治理的领域，推出一批可借鉴、可复制的试点经验和推荐标准。

（4）争取区域联动，与科技部、国家邮政管理局、住建部等充分沟通，协调省内资源，与武汉市在标准、平台、身份认证等方面链接，争取与北京市、重庆市等区域开展协作。

面对汽车产业的变革浪潮，我们始终坚信"车路云一体化"是智能网联汽车的最佳解决方案，将抢抓全国首批应用试点城市机遇，从技术落地和规模应用两个维度开展探索，为智能网联商用车道路测试与示范应用提供环境，持续为行业提供可复制的车路协同发展经验，为全国智能网联汽车商业化运营提供示范样板。

我们还将全力打造全球商用车技术创新策源地，不断谱写中国商用车产业高质量发展的壮阔篇章。

风起车谷　智创未来

武汉市经济技术开发区工委委员、管委会副主任
朱晓寒

车路云一体化是汽车产业"志在超车"的重要途径，武汉市要在单车智能的基础上，基于试点搭建车路云一体化推进的协同机制。当前，武汉市正在全市开展系统部署车路云一体化应用试点工作，覆盖16个行政区（含功能区）、5000平方公里，触达1400万人口，以推进"车路云一体化"智能网联汽车的规模化应用和产业化发展，打造车路云一体化样板城市。武汉市的工作亮点主要有以下6个方面。

1. 示范规模全球领先

目前，武汉市智能网联开放测试道路里程为3487公里，东风、百度、小米等27家企业在全市累计投放自动驾驶车辆超1100辆，覆盖6大类智能网联汽车应用、15个具体应用场景，自动驾驶行程里程超6900万公里，自动驾驶出行服务订单超350万单，自动驾驶出行服务人次超460万。

2. 创新政策法规及标准体系

武汉市构建了法规、政策、标准三位一体的创新体系。

（1）发布中部首个智能网联汽车法规《武汉市智能网联汽车发展促进条例》（以下简称《条例》）。《条例》首次明确支持"车路云一体化"建设，这也是全国首个明确支持"车路云一体化"建设的地方条例。《条例》首次全面深入阐释多领域融合创新理念，明确指出大力推动汽车与能源、交通、信息通信、人工智能等多领域融合创新发展。同时，《条例》中明确职责的政府部门数量也居全国首位。

（2）发布《武汉经开区自动驾驶装备商业化试点管理办法》。该办法聚焦低速无人场景，支持自动驾驶装备在武汉市经开区开展测试示范，可推动自动驾驶装备商业化试点加快落地。

（3）完善车路云一体化标准体系。依托武汉市的建设经验，编制国家标准《城市道路智能网联基础设施技术标准》；围绕智能网联道路、车城网平台建设等领域，编制标准 15 项。

3. 全市统一运营主体

武汉市明确武汉车网智能网联科技有限公司是全市统一的车路云一体化运营主体，形成了"国资控股主导、省市区三级共建、社会资本参与、市场化运作"的公司治理结构，以立足武汉市，服务湖北省，最终面向全国。武汉市通过构建新型运营主体，创新投建运模式，以加快打造车路云一体化国家标杆城市。

4. 全市统一智能网联汽车平台

武汉市建设了全市统一的智能网联汽车平台。平台具备"最高安全度、最广覆盖面、最强智能化"三个特点：

（1）最高安全度。平台实现了高性能、高并发、高可用的网络、算力、存储、安全等云网要素资源管理。

（2）最广覆盖面。平台能够接入全市 5000 个路口、5000 公里道路、2 万套基础设施、10 万多辆各类车。

（3）最强智能化。平台融合了人工智能、DeepSeek 等先进技术，能够赋能百万辆级智能网联车辆监管与服务、城市级数字孪生治理。

5. 行业影响力助推产业集聚

武汉市举办了 2024 大军山·智能汽车科技大会，邀请到整车、智能驾驶、人工智能及算力芯片等领域的 40 余位行业专家与企业代表演讲发言，

300余位来自学术界和产业界的专业人士现场参会。武汉市举办了2024智能驾驶测试赛全国总决赛，吸引了超过100支赛队参赛，整车品牌高达40个，参赛车型达80款，规模达历届之最。这次总决赛优化升级了比赛规则和评分标准，测评项目近50个，更加突出了智能网联汽车前沿科技的实操性。

6. 海量数据增值运营

武汉市积极打通数据流通链路，探索实现数据闭环价值。

（1）数据采集"多跨度"。数据采集跨区域、跨层级、跨主体，涉及路侧设施、车载设备，交管、交通等部门，武汉、襄阳、十堰等地区，城市道路和高速公路等道路类型。

（2）数据治理"多维度"。"安全维"方面，依托区块链、隐私计算等技术，搭建了车路云一体化数据安全管理机制。"技术维"方面，集成了数据质量管理、数据清洗、数据建模等技术。"组织维"方面，明确了数据治理框架与组织。

（3）数据赋能"多行业"。结合人工智能技术，深度挖掘和利用数据价值，加快向政府、企业、用户等各个层面赋能。

（4）价值触达"多途径"。面向车载终端、互联网地图等多种终端，提供车路协同服务，充分发挥车路云数据价值。

下一步，武汉市将通过全面拥抱人工智能+、全面助力更聪明的车、全面打造更智能的路、全面构建更智慧的城四项行动，加快建设全球智能网联汽车第一城，推动"中国车谷"加速迈向"世界车谷"。

1. 全面拥抱人工智能+

武汉市将以人工智能为核心，拓展生成式AI、大模型、智能体、具身智能机器人在汽车产业和城市治理中的融合应用。

2. 全面助力更聪明的车

武汉市将优先围绕车企需求进行试点建设，通过车路云助力打造更聪明的车。目前武汉智能网联汽车平台已与东风云平台对接，接入了东风汽车的多款车型。下一步将接入更多车企平台，推动智能网联汽车平台数据触达车端。武汉市也启动了武汉市车路云一体化可信数据验证活动，这也是国内首个在真实路侧环境中开展、主流车企深度参与的车路云一体化可信数据验证活动，首创了"场景出题—行业解题—路侧验题"的闭环验证体系。武汉市向东风、一汽、吉利、小米、奔驰中国、百度萝卜快跑、东软睿驰等多家车企及智驾供应商调研了需求，邀请岚图等20余家企业参与上路实测，下一步将推进网联车辆前装量产。

3. 全面打造更智能的路

武汉市将围绕车路协同，在通信、算力、安全等领域通过数据可信验证活动，梳理车企及配套企业需求，与行业共同探讨车路云数据应用及价值。

武汉市车路云可信数据验证活动吸引了20余家行业头部企业参与，共有200项方案进行激烈角逐，48项方案进入测试验证环节。活动由电动汽车百人会、中国信通院、中国汽研、国家智能网联汽车创新中心等智库单位提供技术支撑，车企共同参与，最终形成十个可验证场景。

下一步武汉市将继续围绕场景，联合车企、通信运营商、设备供应商、解决方案商、数据运营商和交管、交通等相关部门，探索不同智驾水平车辆的大规模、全域化车路协同落地路径，汇聚武汉智慧，形成可推广可复制的武汉方案，为全国智能网联汽车产业发展提供实践范本与智慧支撑。

4. 全面构建更智慧的城

通过赋能城市交通管理、智慧城市建设、城市经济发展三个方面，武汉市致力打造"更智能的城"。

（1）赋能城市交通管理，从"被动响应"到"主动治理"。推动全市信号灯联网联控，汇集车端、路端、云端多源数据，结合大模型实现信控优化从"固定配时"到"智能决策"。

（2）赋能智慧城市建设，构建未来城市新基建。积极推进基础设施共建、共享、共用，实现平台数据互通，推动智能车辆的运载服务与数据采集移动终端相结合。

（3）赋能城市经济发展，激活万亿级产业生态。全力推动车路云一体化的城市级应用，实现规模化无人服务降本增效，推动数据要素流通和创新模式，助力汽车产业转型升级。

以应用需求为导向，以人工智能为驱动

车百智能网联科技有限公司总经理
朱　刚

车路云一体化平台是一个统一标准体系的工具，车路云一体化项目的建设包含感知设备、计算设备、通信设备。我们有 20 多家企业参与在某一个城市的试点，这些不同企业生产的设备之间数据如何交互，如何保证我们的服务连续性是个重要问题。只有保证了服务的连续性，才能实现一车通天下的效果，这就需要平台作为设备体系、各种平台体系的统一标准，实现设备之间的相互协作，实现设备、平台与交通参与者之间的数据互通。

智能网联综合服务平台助力自动驾驶的快速落地与发展，作为车路城连接的重要载体，是实现车端、路端、城端链接枢纽的枢纽，是社会实现服务的载体。通过平台能更好赋能以车为主要的使用端，弥补单车智能的不足，助力自动驾驶的快速落地，促进韧性城市的发展。我们普遍认为将来数据是运营的核心，车路云一体化建设之后产生的大量数据是变现的抓手。开发新的运营场景，发现数据价值，促进整个生态的繁荣，这个是建设车路云一体化综合服务平台的核心原因。

2015 年颁布的《中国制造 2025》使"智能网联"这个词被大众正式认知，车路云一体化综合服务平台也是一个逐步发展的过程，第一个阶段是初期探索阶段，主要是系统集成多元产品的组合，迅速交付，这个阶段平台最大的问题是没有明确的用户，更严格来讲，此时的平台其实就是一个设备管理平台。第二个阶段是局部应用阶段，这个阶段主要是以演示为主，通过数字孪生等技术区域性接入设备，有少量数据的探索。此时的问题是这个平台还只是一个数据集，对车企来讲并没有提供非常大的实质性服务，不是一个必选项。现阶段在大模型时代，大模型驱动各行各业，车百科技也尝试用新的技术来应对车路云一体化试点。我们希望能够把这个平台从第一阶段的有平台，到第二阶段的平台能用、好看，逐步升级到第三阶段——平台好看的同时更好用。

车百科技基于先导区、双智试点的实践经验，推出车百 iCOS3.0 车路云一体化应用平台，通过在底层引入大模型，把容器集群和关键组件（比如数据库、消息中间件）的状态信息和日志输入到大模型，再让大模型自动识别问题点和薄弱点，在中台层面引入 AI 智能体，对业务组件进行改造（比如用 DeepSeek 大模型来实现连续的交通路口数据流优化信号灯配时策略，现在该策略在部分城市也已经得到应用）。最后，向应用层提供工作流的人机交互接口，将 AI 引入平台中，提供更加多元化的服务。

随着自动驾驶的车越来越多，交通肯定会越来越复杂，有人驾驶车和无人驾驶车会相互影响。针对这种情况，利用 AI 中台定制的工作流对特定的像鬼探头、违章停车、匝道汇入等特殊场景进行编排和实现，通过路侧下发一些数据并同步给车企车联网（TSP）平台的方式实现了对运行车辆的提醒和预警，平台首次实现了"路侧筑基—车端优化—云控协同"的闭环生态，实现了车路云真正意义上的协同一体化。通过 AI 能力中台与应用重构，实现了可定制的工作流，支撑了可定制化场景建设与落地。车路云三端真正意义上的协同是行业的核心关注点与价值期望点。

智能网联业务必须与交管业务协同，这已是行业共识，也是当下最能体现车路云价值的直观体现之一。在业务思路上，我们首先聚焦信号灯。实现全域网联，需要城市全量的信号灯数据。这要求网联与交管之间做到实时推送、多端打通。在平台侧，要实现全量信号策略方案的传输，以及交通事件、事故信息的互通；在路侧，网联设备需能接收到红绿灯的实时信号变化。基于上述数据，结合网联侧获取的交通参与者实时轨迹、智能汽车探测到的道路事件，我们在云端利用 AI 加速 V2X 引擎的处理过程。借助交管提供的数据，集成云运营系统（iCOS）平台能够对网联区域的交通异常行为进行更精准的研判与分析，还能为交管部门提供信号灯策略的优化建议，形成业务反哺。

智能网联汽车的保有量发展迅速，如何在监管的同时还能促进其更好地发展，我们在建设过程中，通过梳理交管、经信、交通、出行服务商各方的业务逻辑及业务需求，依据智能网联汽车道路测试与示范应用法规，实现了车辆、道路、人员和企业信息管理、监控、预警和事故证据收集等功能。平台为公安交管、交通运输等政府机构提供智能网联汽车行驶期间的驾驶和运营监管，以及事故前后的车路云端数据记录、预警、取证和责任判定服务。

智能网联产业怎么能够走得更宽更远，除了关注大交通以外，我们更应该在城市治理当中结合交管、住建、市政等不同部门的需求，定制开发出它们所想要的这些功能。目前平台是集国家级车联网先导区、国家级智能网联测试示范区、双智试点城市建设经验与落地实践之大成。平台已接入东风悦享、萝卜运力、轻舟智航、小米等 22 家智能网联汽车企业车辆，已服务 10 000 台存量车辆，助力其效率行驶，已支撑落地智能网联、智慧交通、智慧物流等 8 类成熟应用；已打通交管信控与视频数据，融合路网、建筑物等多种城市数据；已支持完成 200 余次测试任务，支持举办全国智能驾驶测试大赛、新四跨等活动。特别是支持可信数据验证活动，协同了 20 余家行业头部企业、5 家车企、48 项环节验证及 10 个应用场景。

未来，平台应该积极在低空经济布局，将低空纳入体系，构建车路城空一体化架构，拓展平台的互联互通维度。平台不仅是技术问题，更是推动大交通行业发展的关键抓手，通过平台提供的服务吸引用户，助力交通管理者、运营商不断升级，助力网络升级、数据服务与商业模式闭环构建。

车百愿携手行业同仁，让用户在每一次出行时都能感受到车的智能、路的智慧、云的强大。

构建群智协同服务新底座，加速车路云一体化新发展

联通智网科技车辆智能网联研究院院长、中国联通数智应用科学家 周光涛

我演讲的题目是"构建群智协同服务新底座，加速车路云一体化新发展"。

车路云一体化是一个长期演进过程，现在正处在车路云一体化的初级阶段。解决车路云三者协同问题的根本是"群智协同"。单车智能是基础，然后是车云协同，再到车路云协同。目前，围绕车路云一体化，成熟的样板是"单车智能、路侧感知、云端调度"。在此基础上，车辆智驾系统跟路侧系统实现更紧密协同。路侧系统不仅负责协同感知，也要参与协同路径决策；云端不仅要参与交通调度和远程接管，还要更多地承担智驾大模型训练和定期更新。这一类新能力可能是我们走向车路云一体化新阶段要面临的技术问题，会给我们带来更多的商业模式挑战。

制约"群智协同"的根本因素是网联能力。未来谈到智能网联汽车，我们要多关注怎么能实现"智能和网联"的统一，怎么通过网联来赋能新的智能，真正达到新的智能网联发展阶段。

面向 L3 以上自动驾驶，开放路权的目的并不是让车任意跑，而是让我们的路、云更多参与驾驶的过程。让车辆驾驶更安全、更高效才是我们更好的追求目标。在实现车、路、云等各单元智能化的基础上，我们下一步要重点实现将多个智能单元联结起来。

当前阶段，很多企业已经可以实现对已有先进经验的复制。在复制和推广的过程中，大家一定要关注"融合、互通、跨域"这三个关键词。尤其是在车路云一体化下一步的发展过程中，大家要把这些作为"车路云一

体化试点"的关键点，而不应将精力过多地集中在建设"封闭、单点、单路口、局域"体系上。

企业在走向更大规模部署应用的时候，不要局限于网联的方式，而应关注网联的功能能不能达到"车路云"三者的协同。我们要把车端智能、路侧智能跟云端智能联动，把智能网络和算力网络基础设施利用起来，真正实现多方算力相关协同。

新的时代已经来临，智能网联汽车和智能汽车的区别在于其服务车辆驾驶的"智能体"即便被部署在云端也会发生作用。当有更多新的智能体参与协同驾驶的时候，就会形成在线化的智能驾驶相关服务，叫C-FSD。C-FSD是中国路径，具备三个特征：一是网联化，二是云端参与，三是协同。通过构建一体化的"感知、决策、控制"体系，重构汽车关键智能体组件，C-FSD衍生出一个新的智能驾驶业态。而C-FSD不是在车辆上加装和销售智驾功能，而是提供了一个在线智驾服务体系。

中国联通大力推进"人工智能+"行动，发布全AI创新产品，赋能智能网联、人车家生活以及车路云一体化等多领域。基于AINet，我们明确了基于网联化的驾驶服务场景，明确了与相关的产业交叉融合创新路径，实现了车辆与交通、公安及道路上的各种参与体之间的协同，构建了面向市场的全新产品体系和运营方法论。

中国联通推动了现有通信基础设施的持续升级，实现了与交通、城市基础设施的融合，快速建设了车路云协同互联基础设施，提出了"两低一高"的建设目标。"两低一高"中的第一个"低"指的是低时延。它要求满足全场景的智驾服务指标，无论是超视距应用还是近场场景应用；第二个"低"指的是低成本。它要求充分利用现有的通信基础设施，叠加感知智能设备和C-V2X通信设备，构建一个全程全网的低成本泛在基础设施。"两低一高"中的"高"指的是高可靠。它要求保障可靠性。

"低时延、低成本、高可靠"的城市基础设施既要满足传统的智慧座舱的在线运营，又要满足我们新增的车云协同运营以及未来新增的车路协同相关应用运营。我们主要考虑从以下五个方面着手。

1. 打造算力智联网 AINet，推动 AI 与网络创新发展

网联服务是一个分布式算力服务，而不是点对点的通信服务。我们要以 AINet 为底座，让算力网络无处不在，让网联的算力参与终端算力的协同，能按需随时调用。

2. 开放边缘网络创新服务，支持端边云的智能计算协同

运营商能够做好的车路云三者算力协同的着眼点，就是边缘云。车接入边缘云，路接入边缘云，云控平台也可以下沉至边缘云，三者可以真正实现协同计算的锚点就在边缘云。三大运营商都部署了大量边缘云基础设施。把通信能力、边缘存储能力、协同计算的能力、分发能力以及跨节点的连续切换能力和数据分发能力开放给产业，边缘云承载了多个超级智能体的服务。

3. 基于 IPV6+ 新特性实现端边云感知和算力调度

我们应全面融合 IPV6+ 新特性，提供面向车联网的算网一体化调度平台，基于可编排调度算法，支持端端以及端边算力调度场景；基于"云随车走"的服务，基于服务车辆的位置，将业务调度到最近的边缘云处理，以进一步实现两个路侧计算单元相互的算力调用，在某一个路侧算力不足的情况下将任务调度到边缘云端。我们应将原来固定配置的路侧基础设施互联起来，弹性化地分布算力基础设施。考虑到交通潮汐效应，我们可以临时为有需求的大路口配套更多算力。在晚上，让路侧算力协助模型训练；在白天，让云端来承担更多的算力，以实现整个基础设施的共享共用。

4. 大小模型协作，实现全域环境感知增强

我们可以在边缘设备部署小模型，在云端部署大模型，来建立端云协同的机制。模型协同的基础在于网联，有较好网联环境，我们才能更好地实现模型协同，从而提升系统感知能力，降低运营成本，使目标的连续跟踪更加高效、可行。

5. 面向数据要素服务，构建互联互通的云控平台

当前数据服务的瓶颈并不是采不到数据，而是如何保障数据的质量，采集的数据是否准确。中国联通具有领先的平台建设、运营的经验，坚持以云网无缝衔接、数据体系标准化、数据服务可信化等方式推动并加速多

方互联互通，赋能更多的智能驾驶场景应用。

5G 算网"融智"服务智能网联新能源汽车发展新篇章

中国移动（上海）产业研究院智慧交通产品部总经理
汪建球

我汇报的主题是"5G 算网'融智'，服务智能网联新能源汽车发展新篇章"。

中国移动实践："四融合"方案，构建基于 5G 的"车路云一体化"新型基础设施。

车路协同是目前智慧交通领域最具挑战的课题，城市新型基础设施怎么适应地方的特色？地方特色的城市新型基础设施又如何做到匹配全国各地车辆跨区域运行的需求？对此，中国移动进行了多年的探索。第一个阶段是 2017 年的 4G 阶段，中国移动在无锡车联网先导区率先完成 LTE-V2X 的技术验证，之后在全国推广；第二个阶段是在 2019 年引入 5G，实行全国部署；第三个阶段是在 2022 年开始真正去测试和验证 5G+C-V2X 融合的技术方案，到 2024 年中国移动开始在城市级的环境做验证。在这个过程中，中国移动做了大量的集成项目，以总集的角色介入，围绕着中国移动四融合方案来做具体实施，积累了丰富经验。

一、融合 1：5G+C-V2X 融合组网，低时延、广覆盖、稳定可靠的通信服务

网络的融合是两张网混合通信的一种模式。这个模式的优势在于以 5G

网络打底，C-V2X 做点位的补充，其优势在于可以顾及城市的特色需求，并能兼顾通信领域的整体发展，如将来网络向 6G 的演进，还可以利用规模化效益来降低总体建设和升级的成本。

中国移动在 2024 年完成 5G-A 应用的测试，这是新技术上的一次成功验证。2025 年上半年，中国移动将完成全国第一个基于 5G+C-V2X 融合网络方案落地的城市级试点，在该城市中任何路口随时可以安装摄像头，不需要再做大规模的施工，把施工成本整体降低 30%~40%。

二、融合 2：车—路算力融合，多级协同的人工智能算力基础设施

运营商的资源不仅有通信网络资源，还拥有丰富的算力资源，这些资源其他行业均可以应用。运营商的算力资源特别强调在城市边缘上的低时延，可以触达的智算资源能支持车路云的大规模部署。

大家认为车企自动驾驶做得很好，但是车企也有痛点，不管 L2+ 还是非 L2+，我们均可以为车企提供新车自动下线系统，车辆可以实现从总装车间到路试区的自动下线，节约了车企的人工成本。

三、融合 3：车城云—车企云融合，通过 OneTraffic 平台融通云算、数据、模型能力

车城云、车企云的融合，云算一体，在基础设施上能做融合，在数据闭环上能做融合，车和路的功能可让我们的能力相互赋能。中国移动在这方面做了大量探索，最开始做的是云网总集，在融合的过程中增加了一些平台的工作，只有平台才能把数据底层的云资源和上面的应用拉通。

四、融合 4：人—车—家融合，触达终端用户，增值运营服务

"人车家"融合，将个人市场和家庭市场叠加起来，可以把现有的车路

云服务变现，直接穿透到车主，我们跟车企一起合作，可以把车路云的相关服务应用到车辆上。

中国移动目前做了第一个城市级的云网环境，将来的城市路口随着人员的变化或者区域功能的变化，交通方面的需求也会变化，城市基础设施建设也要随之改变，这时候希望通过我们跟城市的网络建设、算力建设合作，使得网络层面可以避免重复建设，这样我们就能实现车路云一次建设，后续再做小规模升级就可满足新的城市基础设施需求。

"通感算智"融合创新，助力车路云一体化规模建设

中兴通讯股份有限公司副总裁、产业数字化方案部总经理
陆 平

我分享的主题是"'通感算智'融合创新，助力车路云一体化规模建设"。

一、车路云一体化建设面临挑战

经过这些年的发展，车路云一体化已基本验证了V2X技术在支持L4高级别自动驾驶、L2+辅助驾驶和城市治理等领域的技术可行性，但也面临如下几方面的挑战。

（1）车载终端渗透率低，无法满足技术发展需求。

（2）道路网联化覆盖率低，服务触达范围小。

（3）车路云数据安全保障和价值挖掘不足。

对此，我们认为有以下几个解决方法。

（1）通过双模车载终端，助力车辆广域连接。

（2）5G+C-V2X 融合组网，实现低成本广覆盖。

（3）可信数智基础 + 大模型，实现数据价值最大化。

二、自研双频芯片模组，为车企提供稳定连接

车路云的规模化建设，其中很重要的出发点就是服务智能网联汽车，助力汽车产业发展。中兴通讯为车企提供 5G 和 C-V2X 双模的国产芯片模组和终端，帮助车企实现车路协同自动驾驶。我们与上汽集团、中国一汽、广汽集团等车企建立了深入的战略合作关系，在芯片模组、操作系统、数字化转型等方面进行全方位技术和产品合作，助力智能网联汽车产业数字化转型升级。

三、5G+C-V2X 融合组网，低成本服务广域覆盖，低时延信息精准赋能

目前，车路云试点和示范区主要通过 C-V2X 组网方式进行建设，这种组网方式依赖路侧通信单元（RSU）的部署来实现 V2X 消息覆盖范围的扩大，且需要较大的土建施工投资。我们的 5G+C-V2X 融合组网方案与传统的 C-V2X 组网相比，有以下优势。

（1）融合组网建设的设备配置成本比 C-V2X 组网成本平均下降约 24%；5G+C-V2X 融合组网通过 5G 广域覆盖，RSU 按需部署，保障了 V2X 信息双通道触达车端。

（2）5G+C-V2X 融合组网可实现端到端时延 < 70ms；公网覆盖下可实现 20ms 的低时延，支撑 60km/h 速度自动驾驶。

（3）5G 精准授时无须单独部署网络时间协议（NTP）服务器；基于位置策略性分发 V2X 信息，实现信息精准推送。

四、车路云 OS 协同，"点线面"支撑车路云实时感知、高效联动

车路云一体化作为一个规模化协同系统，在系统性能、功能安全、数

据安全、管理规范等方面存在诸多挑战，它要求车端、路端和云端从底层操作系统层面进行技术创新和系统协作，才能实现车、路、云的系统级实时感知、实时交互、高效联动。

中兴通讯自主创新，在操作系统上持续研发投入。通过车、路、云三端操作系统形成协同的感知、计算和通信技术架构，实现系统级的实时感知协同、计算协同、通信协同，从全流程端到端进行系统级优化，满足自动驾驶对安全、时延等技术要求，最终达到"车、路、云协同发展"。

五、数字星云基础平台：为车路云提供组件化、可解耦、高可靠的云基础平台

中兴通讯数字星云基础平台，以积木化方式为车路云行业提供组件化、可解耦、高可靠的云基础平台。数字星云可提供视频云平台、大数据平台、区块链平台、AI平台、数据引擎、地理信息系统（GIS）引擎、3D渲染引擎等多种能力平台和组件，通过一体化底座、领域标准件、标准化分级共享接口三个层级的功能解耦，实现路侧基础设施与交通数据的跨域共用。

数字星云平台已在港口、城轨、电力、矿山、水利、物流、冶金等多个行业成功落地，真正做到了从多维度助力"千行百业"的数字化转型升级。

六、可信数智基础设施，助力车路云数据价值释放

面对车路云数据安全保障不足、数据要素流通不畅的现状，中兴通讯在业界首发了交通行业可信数据空间方案，提供包含可信连接器、基础支撑平台、数据资源管理平台、数据流通利用平台等一整套可信数智基础设施，支持车路云行业实现从数据基础管理、数据接入和分类、数据产品加工、数据交易和订单管理等全流程数据使用管控，充分保障车路云数据安全，助力数据价值释放。

七、星云大模型 +DeepSeek，全面赋能智慧出行和城市治理

面对车路云数据价值挖掘不足的现状，中兴通讯深度融合自研星云大模型和 DeepSeek 的能力，为车路云行业提供行业知识平台和视觉智能平台，可根据应用需求提供能够感知环境并自主决策的实体（Agent），端到端快速上线，算法准确率在线升级，全面赋能智慧出行和城市治理。

中兴通讯秉持"分层解耦，开放生态，按需提供组件"的思路，提供"基础设施 + 训练服务""基础设施 + 模型""基础设施 + 模型 + 行业应用平台"等多种解决方案；提供模型训练、微调、推理、部署优化全工具链，为行业用户提供可靠的能力基座，保障模型部署。

八、开放解耦，安全可靠，车路网云全方位赋能自动驾驶中国方案

中兴通讯车路云一体化解决方案，致力于打造广覆盖、低时延、高可靠的车路云高效协同系统，通过车 – 路 – 云全栈 OS 的实时协同，数字星云平台组件化能力的支撑，可信数智基础对数据的全流程管控和大模型平台对数据的全面赋能，实现对 L4 高级别自动驾驶、L2+ 辅助驾驶和城市治理的更安全、更高效服务。

在国产化芯片和操作系统领域，我们坚持自主研发芯片模组和操作系统，为车路云一体化提供国产化自主可控的软硬件基础设施，保证"中国方案"掌握在中国人自己手中。

在网络领域，打造"最懂车路云业务的网"，通过 5G+C-V2X 的融合组网方案，为车路云一体化提供更低成本、更广覆盖、更精准信息服务的高可靠安全网络服务。

在数字平台领域，我们采用中兴自研的数字星云架构，以积木化方式提供统一的架构和标准化能力，打造最开放解耦的云服务平台，为更多的车路云参与方提供组件化的技术服务；可信数智基础设施和大模型平台通

过对车路云数据的全流程使用管控和安全保障，为车路云数据的价值挖掘和价值释放提供有效支撑。

在生态领域，我们已经协同 20 多家生态合作伙伴进行能力共建，共同推动智能网联应用创新，旨在打造一个开放、共赢的车路云一体化应用生态。

九、行业标准引领，车路云规模实践，为国产化自主可控贡献中兴力量

近年来，中兴通讯深度参与了超过 15 个智能网联先导区和示范区的建设，实现了多项端到端全场景业务演示，车载模组和终端实现发货超百万套。

同时，中兴通讯已经在 100 多项车联网行业标准中贡献了自己的力量。此外，中兴通讯也在积极参与行业标准组织建设，目前已在十多个行业标准组织中占有领导者席位。

高价值应用场景驱动车路云一体化规模化建设

北京万集科技股份有限公司副总经理
高　鑫

我汇报的主题是"高价值应用场景驱动车路云一体化规模化建设"。

一、自动驾驶赋能：车路协同数据上车

2025 年年初，在实际运营过程中，我们深入探索了单车智能和车路协同应用的场景化，通过数据上车实现了对于典型场景的服务，包括鬼探头、

红绿灯状态，以及施工占道等应用场景，并且通过对这一类应用场景进行深入地挖掘，能够更好地将自动驾驶商业化应用赋能的能力模式逐步转换成一种服务模式。

二、有人驾驶赋能：基于 V2X 的车路协同服务

在大力推动车路云建设的同时，我们也在思考如何发挥车路协同的服务场景能力。在现阶段来讲，V2X 车端市场的渗透率仅为 2% 左右，车路云的建设不仅要去服务 C-V2X 终端客户，还要大力发展多类型的服务模式，包括现在所提倡的量产车企的车联网服务平台能力、图商导航能力以及第三方认可平台去触达开拓对于车路协同服务用户终端的覆盖能力。只有这样，车路协同才能真正发挥它的商业价值和应用价值。

三、城市治理赋能：业务数据分析

对于车路云的建设不仅要服务 C 端、B 端客户，还要满足政府侧的管理诉求。在城市管理方面，我们更加关注的是城市路网的运行能力。万集已经实现了对于城市交通管理部门的服务，可以从路口、路段、路网的建设能力出发，构建宏观、中观、微观不同的业务体系能力。基于这样的车路云数据，我们可以提供城市治理数据服务，来更好地为城市的交通管理赋能，实现对于车路云建设的整体社会价值。

四、数据运营：高价值数据挖掘

目前车路云的数据其实不仅在为实时的自动驾驶汽车提供服务，也在为面对城市复杂场景和路况等问题的自动驾驶车辆提供城市数据，以此来提升训练能力。车路云的建设让每个城市都拥有大量的城市路网以及交通路网通行数据，这样就可以通过场景模型去建立城市典型场景下的车路协同数据集和场景库，提升对于自动驾驶算法能力的模型训练能力。2025 年，万集在实现车路云大规模示范建设的同时，聚焦典型城市应用场景，提高自动驾驶以及量产车的算法提升能力，进而实现数据服务上车。

五、自动驾驶仿真：虚实结合仿真

目前对于虚实融合仿真训练场景，现在很多城市已经开放了 L3 以上的测试道路。自动驾驶汽车的上路已经成为一种必然趋势，但是怎么评价和合理定位自动驾驶汽车在城市中的通行能力表现也是至关重要的。我们提倡通过虚实融合仿真训练建设城市的场景库能力，在实现自动驾驶汽车上路的同时，基于真实的本地城市交通路网环境，面对不同的混合交通流，评价和分析自动驾驶的行为。我们应基于城市真实道路提供训练数据，而不应让自动驾驶车单一累计里程，只有这样，才能真正保证自动驾驶车上路通行的安全性。

随着这些高价值应用场景的逐步清晰，我们建议建立可以以场景需求为引导、以高价值服务能力为目标而建立的车路云一体化整体可落地的架构体系，来保证场景的稳定性和运营的持续稳定性。

六、智车：网联化改造

在车端建设方面，大力开展车辆网联化的同时，还应该聚焦于现存的存量车以及量产车智能网联汽车的车路协同服务场景整体实践性。在面对存量车的同时，我们提升了对于车路云协同场景的触达以及交互能力。面对自动驾驶车辆提出数据上车的同时，我们更应关注数据的闭环应用能力。将车路协同数据与自动驾驶算法和域控制器相互结合，真正实现协同感知、决策和控制的整体实践应用。

七、智路：路侧感知系统总体架构

从路侧方面来讲，车路云的路侧感知系统有别于传统的建设方案，是一套系统业务能力的建设。它整合了感知、算力、算法、数据闭环的业务体系，在面对不同的协同自动驾驶、协同辅助驾驶、安全预警、管理时，我们应该以不同的需求去分级分层建立起整体的建设需求和能力。

八、智云：N 个应用系统

最后，我们一直提倡要在云控平台方面以一个底座和数据中台为基础，以领域标准件为核心，面对不同的消费应用建设以平台基础 + 应用服务的能力，真正实现一个系统下的 N 端服务平台的能力建设。同时，我们认为不同类型的企业之间的高精地图采集其实也是一种行业的叠加成本浪费，我们呼吁在未来规模化建设当中，在各个城市的规划体系标准上，应该建立起统一标准下的高精地图。只有这样，才能真正实现一次采集、多端应用，在发展共性行业技术能力的同时，也可以更好降低建设和运营的成本。

车路云一体化技术创新与应用实践

蘑菇车联信息科技有限公司副总裁
欧阳华洲

我介绍的内容是蘑菇车联的"车路云一体化技术创新与应用实践"。

目前车路云一体化的实践面临着很多现实挑战，包括基础设施的建设方案不明确、利旧不充分，车企的协同没有跟车企形成充分的需求匹配。其应用场景的设计，还没有直接从场景出发来满足需求，包括平台建设、投资建设、运营、运维主体不明确等。

我们将其分解为两个问题：数据质量和数据处理有没有满足用户的需求？我们对城市场景及其他场景的路测感知的能力是否满足需求？这两个问题属于对感知数据的结构化处理和与它的一些认知相匹配的问题。

关于数据处理的认知，我举一个简单的例子：自动驾驶技术需要感知道路上的障碍物，自动驾驶的环卫车辆不仅要能够完成自动驾驶功能，同时还要清晰地知道路上有哪些垃圾和物体需要通过清扫动作去完成，其中对物体的识别就不是车辆本身的自动驾驶的感知所能解决的，所以它对整个系统的认知提出了一些深刻的挑战。

蘑菇车联要构建智能体与物理世界实时交互的AI网络。长期以来，我们致力于在自动驾驶、全栈技术和运营服务方面的研发工作，蘑菇车联是第一个实践车路云一体化的企业，也是第一个提出车路云一体化建设的企业。

现在，公司有两个核心的业务支撑其发展。第一，基于蘑菇Mogomind大模型，其核心能力是要在物理世界实现实时的数字化，构建AI网络。我们把智能网络汽车归纳为智能体的其中一种类型，包括智能网联汽车在内的无人驾驶汽车、低空无人机、机器人、机器狗等领域，主要是为这些智能体提供我们的实时数据支撑。第二，我们推出了多款L4级的自动驾驶车辆，包括自动驾驶小巴（RoboBus）、自动驾驶清扫车（RoboSweeper）、自动驾驶巴士（RoboTaxi），这些车辆已经在北京、天津、上海等城市开始落地运营。

我们的愿景是持续聚焦智能体与物理世界的深度交互，拓展更多应用边界，让AI真正融入并赋能我们的现实世界。

MogoMind是我们自主研发的大模型，基于该模型我们开发车路云一体化的"认知中枢"——认知大模型。首先，对于路侧设备采集来的数据，我们要有完整的结构化分析、比较精准的感知，通过这些数据来预测我们的拥堵、红绿灯的调优，提高交通通行的效率，为城市治理服务，为自动驾驶和智能网联汽车的安全行驶服务。当然，我们也需要实时地获取物理世界的数据，构建数字孪生城市，这里的数字孪生指的是实时的数字孪生，精准识别路口每一个交通参与者的细节。基于此，我们进行实时的推理决策，赋能政府以此为基础优化交通，提高其交通管理的能力，包括高阶智驾的自动驾驶、智能网联汽车，这些让我们的自动驾驶更加安全。

基于MogoMind的认知大模型，在很多城市路口或一些环境不是很友好的地方，通过我们的路侧设备以及MogoMind大模型，可以实现实时的数据感知和认知。来自路侧的数据，通过我们的系统可以实现自感知，服务于智能网联汽车和城市交通。

05

第五篇
PART 5

AI汽车产业进展及趋势

在 AI 智能化新时代下的探索

深蓝汽车软件开发总经理
苏琳珂

在数据标准化方面，AI 时代下的体系是不足的，软硬件解耦性和生态壁垒也都是我们面临的需要解决的点，我主要会讲深蓝汽车是怎样克服这些困难的。

一、座舱方面

依托全域的模型搭建技术基座，实现语音、视觉跨域的深度融合，突破语义认知瓶颈，来构建新的人机交互范式，我们主要通过以下三个方向。

（1）我们会做更加全面的语音融合，会基于自主研发的语音平台模型搭建端云的大模型，提供语音泛化能力，在角色扮演方面，提升交互的趣味性，满足个性化的需求；在架构方面，实现多模态语音到语音的控制。在 2025 年上市的车型中将逐步搭载大模型，来满足客户语音融合的全链条需求。

（2）在场景鸿沟方面，我们会结合当前所有的优秀大模型做生态链接，不管是 AI 新闻、行程助手还是 AI 会话，都会在车上逐步和大模型以及语音进行深度融合。在用车指南方面，我们积累了几十年的造车经验，会在用户需要用车的时候调出来其需要的关键答案。在多场景方面，我们会自主推进相关的 AI 智能体创建，推进场景的架构。

（3）在模型矩阵方面，我们会深度解析用户的口令，在云端做专属的部署，在分发和判断回归方面做专项开发，以实现人机畅联的沟通。在端侧大模型方面，我们能做到既保护隐私又能够快速响应，将多模态大模型进行整合，在我们自己专属的服务器上推进这三项的链接，让座舱不光是舱智能，我们会将相关的执行器——从屏到座椅再到相关的声光电一一打通。

二、推进 AI 智能驾驶

大模型是我们实现 L3 泛化能力潜力途径的重要举措。我们通过每年收集的大量数据来训练大模型的网络架构，让这个模型具备了通识能力。大模型通过 VLA、VLM 的应用，能够让具身智能在其上应用得更加顺畅，以解决部分长尾效应。

三、AI 整车系统控制

大模型正在被重构，车控、电池、电驱、底盘四域融合的体系，推动从独立控制到协同化控制的推进。举个简单的例子，我们经常说的上下电的控制，在绝大多数主机厂的控制方案里，电池、整车控制器、电驱联动的控制，不管是预充电过程还是最终上电的过程，是协同联动的控制，通过 AI 的折合，将由一个大脑进行一步到位端到端的控制，让整个链路更加精准，让控制精度更高、响应更快。我们在自研固态电池，用 AI 进行材料的选型和开发。我们通过云端的处理来提升控制管理的精度，结合大模型来实施动态散热控制和动态优化协同。我们现在在做的智能底盘的多维感知和智驾控制器、智驾传感器可进行复用，实现了平顺的效果。最后，关于智能决策以及智能化控制，我们通过云端数据和发动机侧、电驱侧的协同，达成了能耗最低、噪声振动与声振粗糙度（NVH）最好的效果，最终满足了客户的需求。

除了在技术侧之外，不管是对内还是对外，我们在能力侧、体系侧、标准共建侧都做了比较多的工作。在体系侧，我们将微模型全面转向为敏捷化的模型，以适应 AI 研发的趋势，从而推进相关的工作。我们和生态链伙伴发起共建相关权益的畅意，快速实现了基于单一控制器异构端口统一的过程。

从拟人化到个性化：基于端到端世界模型的生成式智驾体验

卓驭科技 CTO
陈晓智

2025 年，卓驭科技的智能驾驶系统从端到端架构升级为世界模型。世界模型并不是基于直觉的一次性动作的预测，它有更强大的推理能力，可以通过对未来潜在的平行宇宙的生成，再结合用户驾驶意图，来实现、满足用户驾驶偏好的驾驶轨迹的输出。

卓驭科技端到端世界模型架构最底层的硬件平台可以支持不同的控制器和传感器构型的配置。对于模型的输入，我们使用各种编码器处理多模态的数据输入，除了常规的视觉传感器、导航信息等，我们还会编码不同用户的驾驶风格以及语音文本的输入。通过对环境的理解和推理，模型可以输出个性化的驾驶轨迹。我们采用典型的大模型预训练 + 后训练的方式，这样可以做到平台化的训练。针对不同的芯片类型、不同的传感器构型，我们只需要训练一个模型，就可以将其部署到不同的硬件配置中。

在预训练阶段，我们的目标是给模型建立强大的基础能力，包括空间感知能力、语义理解能力和轨迹生成能力。我们不仅使用了高质量的专家数据进行训练，还使用了大量的交通参与者的轨迹数据，来极大地提升驾驶轨迹的多样性。这对于训练一个具备很强的泛化性的轨迹的技术模型是比较关键的。预训练的训练任务比较大，通常是以周为周期来进行更新，为了更快地满足量产、迭代的快速要求，我们还会结合后训练，来训练模型在长尾场景中的一些性能表现。在后训练阶段，我们会利用增量微调和强化学习方式，做到以天为级别来快速地迭代。

基于以上的技术架构可以实现生成式的智驾体验，叫 GenDrive，它能够实现让每个人都拥有一个专属司机。GenDrive 可以支持端到端的提示推理，我们通过给模型输入提示词影响模型的输出，端到端世界模型在每个时刻都会输出上百条潜在的交互轨迹，类似于若干个平行宇宙。为了满足用户的驾驶意图，我们在推理的时候会将用户的驾驶意图以指令的形式输入给模型，模型就会跟随指令来完成相应轨迹的一个输出，并且选择最符合用户偏好的安全轨迹。端到端的提示词可以支持多种形式的指令信号的输入，包括导航信号、调速信号等。

在 2025 年的上海车展上，大家可以看到 GenDrive 的一些实车体验效果，这个功能也会在 2025 年内在相关的车型上实现量产。

最后再和大家分享卓驭科技在 L3、L4 自动驾驶上所做的规划，针对更高级别的自动驾驶，卓驭科技的传感器配置会从惯导三目升级为激目系统，也就是"激光＋三目"的一体化模组。控制器方面，我们可以使用基于英伟达所有芯片的旗舰算力平台，最高可以支持 1000TOPS[①] 的算力。随着多模态端到端世界模型的落地，我们在把辅助驾驶的体验做到极致的同时，L3、L4 自动驾驶的智驾能力后续也会逐步落地。

汽车智能"屏"定视界：探索 AI 变革下车载显示新视野

天马微电子中国车载业务总经理
刘金权

我给大家分享一下未来在车内的车用显示体验的相关内容。

智能座舱我们叫第三生活空间，现在或者未来一段时间它的趋势是什

[①] TOPS=1 万亿次操作／秒。——编者注

么？根据驾驶舱的显示，我们总结得出了以下几个特点：差异化、智能化、系统化和简约化、便捷化。

我们认为驾驶舱显示未来在安全、个性化的设计、健康、便捷，还有很多新的场景方面会发挥更大的作用，下面举例说明。

1. 超宽幅高清投影显示——抬头即见、车路融合、安全升级

未来一两年，这种设计可能会陆续在全球的头部车企落地，它基本可以跟挡风玻璃完美结合，超宽屏显示能够和驾驶信息、娱乐信息甚至各种相关的信息融合到一起，对显示屏的要求是超高亮以及超高对比度。

2. 超低延时后视镜显示——视野宽阔、瞬间清晰、安全随行

部分车厂已经在陆续尝试，国内像深蓝、长安汽车下的阿维塔都在用类似的设计，当然其他车厂也在尝试。

3. 智能隐藏显示——智能隐形、视界随你而变

相关产品正处在落地的过程中，当用户希望它显示的时候它可以出现，不希望它显示的时候可以把它隐藏起来。另外它还有一个很大的特点，可以通过设计跟车的内饰融为一体。

4. 动态冷弯柔性显示——百变随行、车屏一体、智享每一程

现在有一个明显的趋势，车内显示屏等智能显示越来越多。大家目前在争论智能硬件的发展是不是可以重塑这个空间，车内显示屏是不是可以做动态造型可变的东西，让车内空间发生变化。比如显示屏可以通过智能硬件设计跟车的内饰更好地一体化，屏幕可移动起来，也可以落下去，未来显示屏还可以卷起来或者折叠起来。

5. 高清透明显示——重塑后排空间，智启全新场景

这是我们正在研发的下一代智能显示技术，它的特点是可以实现超高穿透率，实现类似于汽车风挡超过 70% 穿透率的显示技术，它可以跟风挡、汽车玻璃结合，实现车内更多场景的应用。

6. 超高可靠性车身显示——智联驾趣新纪元，畅享人车共融未来

未来可能人车交互不只是车内，显示屏可能作为车内人机交互最主要的端口，未来车外是不是人和车的交互方式会发生变革，比如我们的车识

别到驾驶员或者在车的主人出现的时候是不是可以做到个性化的匹配，甚至可以把车内的配置调到人最合适的配置，这些在未来都可能实现。

星火大模型驱动汽车智能化新变革

科大讯飞智能汽车业务高级副总裁
李展眉

2023年5月6日，我们推出了讯飞星火大模型。该模型是我们基于全国产算力的通用大模型底座，历经两年时间研发出来的。我们不断去触碰大模型领域天花板，近一年来取得了非常不错的成绩。大模型到底给智能座舱带来了什么变化、核心价值是什么？我们的答案是"人机交互＋场景创新"，下面从5个应用趋势进行叙述。

一、多模态大模型让座舱人机交互更自然、更类人、更具情感

在智能座舱里，影响用户体验的一个环节是响应速度，讯飞星火大模型已经把响应速度缩短到1.5秒以内。为满足语音交互的需求，我们支持国内多种方言和23个语种，而且可以直接识别免切换。多模态大模型配合视觉大模型可精准捕捉人类情绪，加强合成声音的拟人化，让机器、车机、汽车具备基本的情感特征。

我们还支持识别与感知车内常见的数十个物品和车外的各种交通标识、百余种汽车品牌及车型，舱外的各类动物、植物、建筑等在我们后续的方案中都能识别。

二、Agent 应用有望迎来放量，助力座舱体验升级

科大讯飞不仅本身拥有通用大模型底座，而且也建立了智能体开放平台，不仅开放给我们的开发人员，也可以把它开放给车企用户和第三方的开发者。

科大讯飞也将第三方大模型以及智能体融入我们整个智能座舱的发展中，丰富了我们的生态。

三、芯算融合与降本需求，驱动舱泊声一体化方案量产落地

现在，随着座舱的域控算力越来越大、能力越来越强，域控也有往中央域控一体化方向发展的趋势。

就智能座舱而言，上一波红利是互联网和移动互联网带来的用户体验红利。我个人认为下一波红利一定是大模型，因为目前座舱的应用还只是在应用层的浅创新，随着芯算融合以及算力越来越高，大模型在座舱领域会随着 AI 这波红利，进行相应的更底层的技术创新。

四、智慧声场实现批量化应用，让汽车成为"第三生活空间"

近年来，智慧声场已经实现了批量化的应用。在极致听感的基础上，我们又用智能化的算法让声音在座舱里有更多体验，也就是既要好听也要好玩。

五、大模型赋能企业全流程运营，助力提质增效和精细化运营

大模型也好、人工智能也好，它们除了能够赋能汽车这个产品外，也能赋能车企作为这样一个大体系的全流程的运营。在研、产、销、服、用等各个领域，大模型都能为汽车提质增效，提高精细化运营效率。

打造 AI 汽车新质生产力，助力智能网联汽车跃迁

中兴通讯副总裁、汽车电子总经理
古永承

我分享的题目是"打造 AI 汽车新质生产力，助力智能网联汽车跃迁"。

一、未来已至，智能网联汽车加速

2025 年《政府工作报告》明确提出要大力发展智能网联汽车，过去的新能源汽车在这次"两会"上被统称为智能网联汽车，这意味着上半场以电动化为核心的发展基本处于盛世，下半场以智能网联、自动驾驶、智能座舱为核心的发展开启了新的元年。

从 2025 年开始，业界很多厂家也提出了"智驾平权""科技平权""油电同智"等概念，智能化的普及正在加速下沉。2025 年智能汽车的发展离不开以国产芯片、操作系统、AI 为代表的中国本土科技企业的共同努力。这与原来海外科技企业高昂的研发费用、无法理解中国市场的需求，形成差异化对比。

二、拥抱变革，构建新质开放生态

智能网联汽车的本质仍是以信息通信技术、软硬件高度耦合的系统，我们在发展新技术、发展产业的同时要尊重技术发展本身的规律。安全是第一位的，新技术的落地必须强调安全的必要性与重要性，在追求 AI 突破的同时要重新夯实底层根基，坚持长期主义，这样才能在智能化的深水区建立起真正的竞争壁垒。

AI 是汽车电子电气架构（EEA）演进的关键要素，相关问题分享如下。

算力集中化与大模型的协同效应。传统汽车采用分布式的电子电气架构，每个域原来都有独立的控制器，算力分散且效率相对比较低，所以整个大模型 AI 的来临，也需要在高性能的算力支撑下，推动车企在电子电气架构采用集中式的架构。

大模型泛化能力打通了域间的壁垒。原来传统架构中各域的算法独立，导致数据孤岛的出现，而大模型在多域融合的架构下更容易形成软件与硬件的协同。我们高效整合了视觉雷达图像多源数据，统一处理了环境感知域的整体决策，因此 AI 作为核心要素，通过算力的集中化、算法的泛化、端到端的简化、软件生态的整合等路径，驱动电子电气架构以算力为核心做了新的架构调整。

然而，AI 作为汽车智能网联的加速器并不是万能的，AI 对算法的优化、硬件的架构和工程提出了新的挑战，唯有在场景中反复验证，在产业链中协同持续迭代，才能真正把一个技术从无到有、从好用到更好用地发展壮大。

舱驾融合作为整车域融合的必由之路，适宜作为 AI 场景规模化落地的载体。舱驾融合通过智能座舱与自动驾驶系统的深度融合，构建车端"感知—决策—交互"的 AI 闭环，系统性地解决了 AI 在车端落地的算力割裂、数据孤岛、交互迟滞等核心痛点，形成了"硬件集约化—数据价值化—体验智能化"的正向循环，满足了高阶智驾与座舱 AI 的并发需求。

舱驾融合要实现量产上车，对算法优化、硬件架构、工程化能力提出了"既要、又要、还要"的挑战。尤其是作为物理载体的舱驾融合芯片，需要考虑从自身到系统相关的算力升级（高算力需求、异构计算架构）、通信技术的确定性与带宽（时间敏感网络、高速网络架构）、软件架构的服务化与跨域协同（全域面向服务的架构、AI 中间件集成）、数据闭环与合规处理（车云一体数据闭环、安全合规体系）、AI 与硬件的深度融合（中央集中式架构、AI 原生设计）等一系列难点和关键问题。

多域融合作为电子电气架构革命的核心路径，正在打开整车智能的突破口。座舱和智驾融合趋势的演进，其实就是形成未来整车的智能。真正的域融合，需要构建多维度的协同，在车端需要打通智驾域、座舱域、车控域的数据闭环，真正实现环境感知、决策控制和交互体验的有机统一；在路端通过 V2X 智能技术设备的连接，和车端形成了超视距的全距感知能力；在云端建立算力平台，也支持 OTA 的持续进化。中国式的"车路云三位一体"的融合架构，将重构车辆的价值维度，汽车从原来的交通工具进化为具有自主进化能力的智能化终端，也更加符合 2025 年"两会"新的精神。这种融合不仅带来座舱和驾驶的颠覆式升级，也更能形成整车级的智能，重塑未来的出行模式。

通过单车智能和交通基建的深度融合，最终将实现交通效率的倍增和事故率指数级的下降的终极目标，也就是智能网联汽车能给人们带来更加便捷的出行体验和更加安全的指数，这也是整车智能化未来发展的关键点。

域融合在发展过程中不可避免地会面临技术、资本、生态"高壁垒三角"。在"高壁垒三角"中，通过研发投入、生态整合，包括进入国际化需要面临的合规问题，特别是中国从汽车大国转向汽车强国，国际化发展刻不容缓。主机厂充分利用中国技术和中国市场的创新，可以实现汽车强国和科技强国的同频共振，只有这样才能真正实现智能网联汽车产业走向国际化。

充分利用中国市场的本土化场景定义能力，包括软件硬件协同构建差异化竞争力，是中国厂商和车厂共同实现突围的关键。从单点创新，通过软件硬件生态开放协同，实现全域创新，解决端侧成本敏感、实施决策要求高、低功耗、高效能和自主可控的需求问题。

区域控制器：实现汽车智能化的关键基础

欧冶半导体 CEO、联合创始人
高　峰

现在所有的车型基本高度一致走向"中央 + 区域（Zonal）"架构方向。欧冶半导体三年以来一直在行业内非常坚定地为第三代 E/E 架构，为区域架构呼吁。目前，新势力、传统车企基本都走向这个方向，区域控制器从"中央网关 + 多个区域控制器"，走向"若干个小的区域控制器 + 一个大的区域控制器"，呈现出非常明确的行业趋势。

一、智能汽车的本质：构建统一的计算 + 通信平台

汽车智能化最重要的本质是什么？欧冶半导体一直强调的观点是，任何一个功能都不能定义智能汽车，真正定义智能汽车的是它的计算架构——未来是什么样。正如微信不能定义智能手机，美团也不能定义智能手机，因为它们都是智能手机上的一个应用。微信可能是超级应用，但是它也不能定义一台智能手机。

智能手机的本质是硬件平台化、应用软件化，在智能手机出现之前，要享受各种电子消费的功能，我们需要采购非常多独立的硬件，比如看时间需要有电子表，导航需要买一个卫星定位系统，听收音机需要买一个收音机。但是智能手机出现后，所有这些独立的硬件都消失了，智能手机是一个统一的硬件平台、统一的计算资源，在这个基础上所有具体的应用变成了一个个软件。智能汽车的本质也是这样，如何构建一个统一的计算 + 通信平台，让应用可以软件化，这是智能汽车最本质的特征。

在未来相当长的时期内，智能汽车终极架构会是类似数据中心的分层

架构，中间是 CCU 计算单元，围绕车的合理物理位置分布若干个区域控制器，最外围有大量的执行器、传感器、智能化端侧部件，以及可扩展的外设。基于统一的计算平台，在上面可以诞生 OS，即所谓的软件定义汽车、应用的软件化，在这样一个统一的计算平台上可以得到实现。

二、汽车通信模式：以太网将成为汽车核心骨干网络

汽车通信技术原本有相对封闭的产业生态，通信协议包括总线协议 CAN、网络通信协议 LIN 等，非常稳定、成本非常低，但是总线带宽受到比较大的限制。其另一条路线来自互联网——IT 产业的 IP 化以太网技术。

目前，两条路线正在争夺车里面通信的主导权，状况和互联网兴起之初非常相似。最初电话的交换网和数据通信网是两张完全不同的网，所以互联网刚刚兴起的时候也有两条路线：一条是 ATM 路线，基于传统的数字交换机，这条技术路线衍生出大容量通信的传输模式，即 ATM 制式；另一条是 IP 路线，这条路线当时在行业里面是非常弱小的声音，大家觉得它是互联网公司造出的小玩意儿，不能承载大规模的通信需求，但是后来市场选择了 IP。基于 IP 以太网的技术随着互联网产业的发展、锤炼、成熟，已经非常完善，车内以太网也会变成越来越重要的骨干网络传输模式。

三、Zonal 控制器的核心价值：打造三个 HUB

当我们在思考车载超级计算及应该如何打造它的时候，我们不仅要思考算力本身，还要思考 ZCU 控制器如何把车里面的所有计算资源融为一个整体，真正把它变成车载计算的平台。下一代 Zonal 架构需要的核心通信技术，主要有三大类。

（1）控制器之间、控制器到执行器之间通信的需求。从不同车企对下一代 Zonal 架构的规划来看，车载以太网作为车载骨干网络是必然趋势，只是里面会有千兆、万兆的选择区别。通信的带宽会越来越大，未来 3~5 年，千兆可能还是最主流的应用；长期来看会走向越来越大的带宽。

（2）算力拓展的通信需求。未来在车里也会面临这样的需求，比如开

放的 PCI-E，或类似 NVLink 这样的技术。一辆车的生命周期比较长，在路上至少跑 6~8 年，甚至 10 年以上，但是芯片是遵循摩尔定律的，也就意味着现在最新的芯片在一年半、两年之后可能就变成过时芯片。在两个完全不同节奏的产业结合的时候，预埋硬件这条道路可能不是最优选择。随着算法演进需求、应用需求的增加，如何实现算力的灵活可扩展是需要重点考虑的一个方向。因为和手机不一样，手机 1~2 年可以换一台新机，但一年换一台车并不是一个现实的选择。

（3）大通量传感器的通信需求。为了实现更高阶的自动驾驶，汽车接入传感器的数量越来越多，包括作为视觉采集承载主体的摄像头分辨率也越来越高，这意味着对通信带宽的要求越来越高（10G+）。短期内 SerDes 仍然是主流，但长期来看可能也会采用以太的方式。

ZCU 的初始需求来源于车里面各个计算单元之间的计算资源不共享、难以拓展、难以升级、线束极其复杂、线束的重量极其重、线束的成本极其高、装配的效率极其低，这是传统第一代 E/E 架构面临的典型问题。传统 ZCU 也存在数据吞吐量低、网络鲁棒性差等问题。车企面向中央 + 区域架构转型的过程，必须解决 Zonal 控制器核心的计算需求，需要增强性的 ZCU 芯片解决方案。Zonal 控制器核心价值总结为三个 HUB：一是 Data Hub，必须提供高性能边缘计算；二是 I/O Hub，能够实现高效果的实时通信；三是 Power Hub，实现智能供电。

四、欧冶半导体工布系列：面向未来的智能区域处理器

欧冶半导体即将推出的工布系列 ZCU，专门为下一代智能区域处理器打造，以广泛满足第三代 E/E 架构智能汽车高性能边缘计算、实时通信、智能供电等需求，并具备以下几大特征。

（1）分布式架构。相比传统功能划分有更低的响应延时，各系统互相独立，干扰更小；

（2）内嵌大容量高可靠性 NVM。相比传统 MCU 工艺下更优性能和更低功耗，有效杜绝外挂 Flash 的信息安全隐患；

（3）全面支持车载以太网，丰富的协议支持；

（4）极低的以太交换时延及车载传统网络转发加速；

（5）内置高效机器学习加速引擎，支持完善的神经网络加速；

（6）丰富的 I/O，满足拓展和连接需求。

开源创新，推动面向 AI 的车用操作系统发展

普华基础软件副总经理兼战略研究院院长
张晓先

我与大家分享的主题是"开源创新，推动面向 AI 的车用操作系统发展"。

当前，智能网联汽车中智能座舱与人机交互、智能驾驶等功能都依赖于 AI 技术的支撑，已经成为人工智能技术最为广阔且关键的应用场景之一。在汽车智能化转型的关键节点上，软硬件的协同能力、产业链的协同创新已经迫在眉睫。在此大环境下，操作系统应该怎么演变？目前，行业的探索主要从两个角度开展，一是操作系统赋能人工智能（OS for AI），二是人工智能赋能操作系统（AI for OS）。

一、操作系统赋能人工智能

操作系统是软硬件系统之间的桥梁和软件系统的底座，是连接人工智能技术的三大核心要素，即算法、数据、算力的关键纽带，要满足来自用户、应用软件以及系统自身的智能化需求。这就需要操作系统为人工智能模型提供高效的计算框架、精准的资源统筹以及全方位的安全保障。

（1）在计算框架方面，人工智能模型参数规模已呈指数级增长，各类

智能应用日趋复杂，算力需求急剧攀升。受到功耗、散热等多方面限制，在汽车中往往采用领域专用架构（CPU+GPU+DSA）的超异构计算模式。异构计算单元的算力融合使编程模型和框架日趋复杂，迫切需要操作系统对多样性算力资源进行抽象，向人工智能模型和智能应用提供统一、易用的编程模型和框架，来降低开发门槛，提高开发效率。

（2）在资源统筹方面，不同的计算单元具有独特的性能特质和应用场景，这要求操作系统一方面能够智能规划任务的分配，实现异构硬件的协同调度；另一方面，要对各类资源调度问题进行精确求解，精准统筹资源的供需，从而做到更加精准的资源统筹和更为平衡的供需管理，最终提升系统的整体执行效能。

（3）在安全保障方面，人工智能模型涉及多方面的安全和隐私问题，因此需要操作系统为人工智能模型和智能应用构建全方位的安全保障机制，包括对模型参数和数据进行全生命周期加密处理，严格控制数据流转时的访问权限等。

二、人工智能赋能操作系统

操作系统本身需要通过优化和增强去支持人工智能应用的运行。另外，人工智能技术也可以赋能操作系统，为操作系统的发展带来更多新的机遇。

AI 可以用于操作系统的资源管理、故障诊断、用户体验优化等多个方面，比如通过机器学习算法，操作系统可以更加准确地预测用户的行为模式，从而提前分配资源，提高系统响应速度。AI 可以用于操作系统的故障诊断，通过对系统日志的分析和挖掘，发现潜在的故障隐患，提高系统的可靠性。AI 也可以集成到车用操作系统的研发配置和部署工具当中，让我们的开发过程效率更高，让用户的使用过程效率更高。

AI 时代，操作系统面临着前所未有的新场景、技术需求以及挑战。在新架构的发展过程中，面向 AI 的操作系统面临着更高的需求，这些需求包括以下几方面。

（1）超异构计算芯片的支持。未来的 AI 应用将需要更强大的计算能力，面向 AI 的操作系统需要能够支持多种类型的计算芯片，包括 CPU、GPU、FPGA、ASIC 等，实现不同芯片之间的协同工作，充分发挥各自的计算优势。

（2）上层应用支撑 Agent 等 AI 应用。随着 AI 技术的普及，越来越多的应用将集成 AI 的功能。操作系统需要提供良好的支持，不仅包括开发框架，还包括系统之间的接口，来方便开发者开发和部署 AI 应用。

（3）人机交互和系统交互接口演进。AI 的发展将会带来人机交互方式的重大变革。未来的操作系统需要支持更加自然、智能的人机交互方式。同时，系统之间的交互也将变得更加复杂和频繁，操作系统需要提供更加安全、高效新型的系统交互接口，以实现不同系统之间的无缝协作。

（4）隐私保护、边界管理和安全。在面向 AI 的时代，用户数据的隐私和安全问题将更加突出，所以面向 AI 的操作系统需要提供更加严格的安全机制，包括数据加密、访问控制、隐私保护等。同时，操作系统还要支持 AI 的边界管理能力，确保 AI 功能的合法合规。

智驾平权加速行业分工与合作

为旌科技创始人兼 CEO
郑 军

我本次演讲的主题是"智驾平权加速行业分工与合作"。

"智驾平权"给整个智驾行业带来了深远影响。2023 年小鹏汽车和华为的论战向大众科普了什么是智能驾驶，问界的爆火和赛力斯的一飞冲天让主机厂认识到智能驾驶的价值。2024 年特斯拉 FSD12 的发布又带火了端到端概念，高阶智驾从基于规则的竞争迅速转到端到端大模型，智驾切换进入洗牌期。在端到端过程中，云端算力、数据算法是核心，特斯拉云端算力对其他算力的碾压和美国的芯片禁售，对国内的厂家造成了巨大的挑战。

数据和本地化等因素给了中国厂商时间追赶，传统主机厂除了极氪之外基本上没什么太多的声音。从行业发展趋势来看，新技术的普及必然从高端开始，一旦培育了消费者的用户习惯就会迅速往中低端下沉。

在纯视觉领域，在相关技术没有完全成熟的情况下这么激进，对行业有利有弊，有利的是加速智驾的普及，中国厂商有望取得全球领先；弊端是将技术的竞争变成了供应链的竞争，从"卷技术"到迅速地"卷成本"，对整个产业上下游都是巨大的挑战。

过去几年"全栈自研"是非常流行的一个词，就连传统主机厂也全面自研，传统的分工被打破。具体哪种模式好和发展阶段有关系，当前没有最优，只有最合适。但是从终局来看，分工合作应是最优解。智驾平权加速了主机厂全面自研、回归理性，用最好的技术给消费者带来最好的体验，这才是王道。但是对算法公司和芯片公司来说，只要它们做得比主机厂更好、更专业、更快迭代，就有生存的空间。

赢得竞争的核心还是技术创新。芯片行业有一个摩尔定律，但是最近几年，包括未来十年，这个定律基本失效了。先进工艺会越来越贵，算力增大只会让价格更高，这些优势难以普及到十万元量级的车。

DeepSeek 的横空出世促使我们重新思考智能驾驶芯片的规划，大模型的轻量化尤其是视觉和多模态大模型的轻量化有可能成为最优解。芯片公司必须要有技术前瞻性，为旌科技从 2022 年开始自主研发 Transformer 的神经网络处理单元（NPU），我们把它命名为"为旌天权"。VS919 系列的芯片于 2024 年 12 月底发布，我们应该是最早推出原生支持 Transformer 架构的智驾芯片，可以支持端到端大模型，除了算力小一点，其天然支持 DeepSeek。我们基于 Transformer 架构对该系列芯片做了优化，支持超越函数的硬件加速，支持 INT8、INT16、FP16、混合精度量化，并且使用多极缓存技术解决了内成像问题，相比上一代 CNN 架构，无论是 CNN 网络还是 Transformer 都有大幅提高。

NPU 的算力必须与带宽匹配，不然其性能发挥不出来。非科班出身的芯片公司设计的芯片不均衡，片面追求指标，认为 NPU 算力标的越高越好。其实一个好的芯片不是只看指标，而是要看均衡设计。

集成全自研 NPU，我们推出了旌御行系列芯片，发布的中算力 VS919 系列正处于量产过程中。919 芯片支持 5-8V 轻量级高速 VOA 以及自动泊车等功能，我们中阶版的 919H 支持 12-12V，也就是比亚迪天神之眼 C 的配置，但成本会更低。双片 919H 可以做轻量级的城区 NOA，919 目前正在和几家头部主机厂谈规格，我们希望做到既能满足高阶支架需求，又能把成本降下来。

919 芯片是一个非常典型的异构架构的片上系统（SOC），我们采用五大技术对其进行优化。这五大技术分别是多计算资源的动态调度、多传感器的数据同步、多模态的计算加速、多级存储的自适应架构以及多级低功耗管理。在智驾中芯片功耗非常关键，在中算力的芯片中我们把功耗控制在非常低的范围内，满数跑起来典型功耗可以在 10 万以内，不需要加风扇和水冷。

我们的目标是做最好的智驾芯片，可以从以下几个维度来判断这是不是一个好的端侧芯片。第一，在有限的空间下分配计算资源，充分利用 CPU、NPU 各种处理器在不同场景下的优势，提高计算效率。更重要的是要对其进行均衡设计，优化带宽效率，把性能发挥到极致。第二，从域控应用的角度降低成本，高度集成化，减少外缘器件。第三，从整机的角度做优化，要把功耗降低，尽量做到自然散热，让整机的系统设计得更简单。其实这三点就是芯片里面的 PPA（Power、Performance、Area），PPA 是永恒的话题，除此之外还要减少图像信号的延迟以及整个信号电路的延迟，底线是要确保芯片的安全性。

围绕 919 芯片，我们搭建了一个单双芯片的平台。我们的典型配置是 12V 的配置，单个芯片可以支持 12 个摄像头，分不同的档位，价格在 5 万~8 万的车型可以用单芯片，10万~15万的用双芯片，整车域控系统完全兼容。如果需要更多的算法功能，可以通过一个PCI接口扩展。

基于这套域控平台我们联合战略合作方打造了几个样品。第一是和清华大学苏州汽车研究院合作；第二是与武汉光庭信息打造的智能泊车加AVM，目前已经完成，等待主机厂的验收；第三是与中科慧眼打造的双目预瞄+智驾方案。中科慧眼在立体视觉领域具有深厚的技术实力，随着"天神之眼C"的发布，双目或者三目有可能成为一个新的卖点。

创新实现 SDV 高度自动化

格罗方德全球汽车芯片业务负责人
苏迪托·博斯（Sudipto Bose）

我主要讲解软件定义汽车（Software Defined Vehicles，SDV）。

汽车的架构，正朝着软件定义、始终联网、电池驱动的未来发展。在朝向平台设计上，有些客户希望他们能够去配置自己的汽车，希望能够改变性能，升级或者取消以及增加他们想要的智驾体验，他们带来了一种新的汽车架构转变。从今天的架构中我们有独立的区域设计，包括娱乐、舒适、ADAS以及互联互通性，未来我们会有一个中央网关，同时还会有基于区域的控制器和边缘计算控制器，同样也会有不同的功能来满足我们用户不同的需求。

我再跟大家讲讲软件定义汽车的七大模式：感知、行动、网络、控制、计算、互联和显示。谈到AI时，我们会把AI当作一个人，这能够很好地表现出它的功能性，所以只有大脑工作是不够的，整个系统是需要互连的，这七大模式实际也是互相连接的。不管是技术还是展示，都需要串联的运作，才能够展示出产业所需要的功能需求。

首先是感知，比如雷达、摄像头、激光雷达，包括边缘信号的处理器。我们需要达成的效果如下：有毫米波的支持，有最高的频率，有低噪声的检测，有整体的逻辑实现，有最佳的计算功率比。我们能够提供的技术包括 40LP、22FDX、12LP+ 工艺。

其次就是行动，包括电气驱动器、运动控制的微控制单元（MCU）、矩阵式的发光二极管（LED）控制器和舱内照明。我们所需要的能力，包括支持高压、高电流、高的运营温度、集成的控制电路。我们格罗方德能够提供的技术，其中就包括 BCD，从 130nm 到 55nm 工艺，除此之外还有 40LP 工艺。

再次就是网络，也是我们软件定义汽车的核心，其中包括的产品有以太网物理层开关、并行转换器的物理层开关，还有 CAN、LIN 物理层等。所需要的能力包括高速度、低抖动、低延时、高集成、低功率。格罗方德的技术能够给我们的客户提供有区分的应用，其中包括 40LP、20FDX、12LP，还有 BCD 家族的 130mm 和 55mm 工艺。

从次是控制，关注于所有的车辆应该做些什么、怎么去控制，除此之外的产品就包括分区的控制器 MCU、MPU，我们所能够提供的技术其中就包括 55nm LPX、40LP、28SLPE 等工艺，除此之外还有 20FDX、12LP+with MRAM。

又次是计算，也是 AI 最重要的部分，主要是告诉我们如何为车提供相应的计算算力，所包含的产品有我们的车载信息系统，包括仪表盘、处理器，也是需要一定自主性的。需要的能力包括最佳计算功率比，外设部件互连标准（PCI）、调用接口（ECI），包含比如高速智能网联的 IP 和芯片间的连接 IP，我们能够提供的技术包括 22FDX 和 12LP+，这是连接。这样的模式可以让我们的车辆能够和外部做连接，其中包括 V2X（车路协同）。除此之外，还需要前端模块、芯片组等，它所需要的能力包括低噪声、工作频率、比较好的敏感度、相应的 TX 功率和比较低的功率。我们能够提供的技术包括 8SW、9SW、22FDX 和 12LP+ 等。

最后是显示，其中就包括显示器的驱动芯片、触摸屏的驱动集成、定时器、微型 LD 的备办，我们需要低功耗、高密度、低泄露的动态随机存取存储器（DRAM），能够满足芯片缩小的需求，除此之外，还要有宽电压的支持范围来支持新的面板特性和市场需求。我们能够提供的技术包括 55HV、40HV、28HV 和 22FDX+HV。

我再讲一下功率，如果说汽车拥有了所有的功能但是没有功率，那么它实际也是没有任何用的。实际包括的产品比如车载充电机（OBC）、电池管理系统动态对比度（DCR）、数据通信设备（DCE）等。所需要的能力需求包括低开关电阻、高转换效率、宽电压支持范围，格罗方德在这方面能够提供的有 130nm BCD、55nm BCD，以及氮化镓。

浅谈 AI 文明时代企业技术布局与产业生态的革新

长城汽车 CTO
吴会肖

一、技术革新

技术开发就是把很多工程师的知识不断物化的过程，所以我先从知识的革新讲起。AI 时代对知识的存储、应用、获取等过程都提出了更高的要求。每个企业、专业领域有很多核心技术，这就需要企业去做内部知识的 AI 革新化。

传统的知识问答中的数据是非常割裂的，这样会形成很多的知识孤岛。大量的、重复的知识之间是缺乏联系的，这样就会导致整个的知识问答有很多低质的知识。由于缺乏完善的流程以及结构化的知识存储和更新，很多隐性知识被淹没在繁复、复杂的研发生产过程中，知识被损耗掉了。还有一个原因，企业内部会有很多不同的系统，需要做大量跨系统的人工检索以及多部门重复沟通。所有这些因素叠加在一起，会影响复杂场景下传统的知识问答准确率。

长城汽车是具有品类战略的公司，品类创新的战略给数据应用提供了得天独厚的优势。基于企业内部的数据（现在称之为"知识"），我们搭建了行业首个基于检索生成增强的 RAG 知识架构平台。平台能打通从车企研发、生产、销售、服务等各个环节之间的数据壁垒，构建起一套唯一的数据源，用来支撑企业内部错综复杂的决策。我们把研、产、供、销、服全链路中多模态的知识打通，包括文字类、图表类、图片类的多模态的知识。我们把所有的跨系统、多模态的知识做了连锁检索，在 RAG 知识检索平台里面，将整个长城汽车的垂域数据形成一套完整的知识体系。通过数字化的方法把隐性的知识做了个性化的归档和复用，我们将所有的经验、问题、事故等数据进行整理，把所有的知识、经验融合起来之后，发现知识的流失率大幅降低（见图 5-1）。

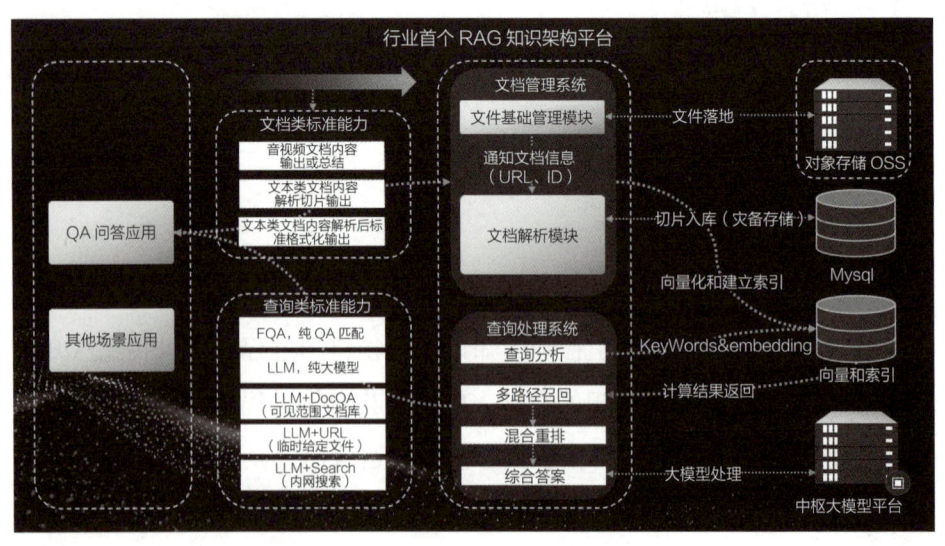

图 5-1　行业首个 RAG 知识架构平台

我们在 RAG 知识架构上接入外部的行业的大语言模型，等于把垂域知识和外界开源知识打通，构建了实时更新的世界知识体系。各家主机厂公布的创新、一些有质量的数据都可以公开查询到，这些信息都可以被整合到 RAG 知识架构平台中，从而赋能长城汽车研发车、造车、用车、养车整个全链路过程。长城汽车有长城皮卡、坦克、哈弗、欧拉、魏牌五大品牌，每个品牌又有多款车型，开发的任务非常繁重。不过，我们的每一辆车在各个领域的质量控制，在各种极端环境下的用车安全和操控动力响应，以及很多细节设计上都做得比较好，我觉得这得益于我们把经验更好地沉淀到了 RAG 知识平台架构里。

二、算法革新

算法革新是每一个 AI 从业者最高的追求，过去这段时间优秀的算法层出不穷。过去我们也在车上引用 SEE 端到端支架大模型、Coffee GPT 的语音大模型，以及多模态感知模型和擅长深入思考推理的大语言模型。2024年是长城汽车大模型产品批量落地元年，2025 年还会有更加丰富、更好用的大模型产品和大家见面。

为了帮助车企用好多算法、更新快的大模型，我们推出了长城汽车大模型的中枢平台。

大模型的中枢平台是长城汽车自研的分布式模型生态管理平台，基于自研的分布式服务开发，支持异构语言通信。它一方面可以灵活引入外部各类优质模型为我所用，另一方面由不同团队实施内部 AI 算法，从而可以更好地管理内部算法开发、做调度。通过深度整合各类模型，我们构建了可插拔、可进化、可成长的长城汽车 AI 大模型生态体系，进而赋能长城汽车在智能领域持续创新。

基于 RAG 知识以及整个算法模型平台，我们开发了"如影智能体"，主要在长城汽车内部使用。它以长城汽车自研模型为基础，引入了外部优秀的模型生态，把各类模型的能力引入自身。现在长城汽车各部门都可以使用如影智能体，它像 DeepSeek、Kimi、豆包、腾讯元宝一样提供伴随式

AI 应用服务。同时，如影智能体也取得了 RAG 知识平台的支持，可帮助所有的开发人员更好地开展工作。如影智能体也集成了会议纪要、文生图功能，这主要得益于接入的外部大模型的能力。目前，我们已经在各个工作环节建立了特别的 AI 专家，包括制定标准、解决质量问题、研发设计助手等。我们运用 RAG 知识平台、算法平台、如影智能体，让公司的运营真正地适应 AI 时代。

在智能空间域，2024 年我们发布了"好看、好用、好玩、好听、好聪明"的五好座舱，随后持续创新，打造出了全栈自研、智能进阶、生态开放的 Coffee OS 系统新成员——AI 子系统，这也是行业首个端云 AI 分级系统。我们能快速地在端侧集成部署 DeepSeek 体验版，就得益于这个子系统新成员的前期建设。新的基于 AI 的 coffee OS 系统还具备跨平台和跨系统部署能力，能够让后续更多的车型、更多的用户享受到 AI 技术带来的体验革新。

在智能驾驶域，以 2024 年车企首个闹市区 NOA 高阶城市智驾真直播登场的 Coffee Pilot Ultra 得到再进化。2025 年 2 月，我们在"8D 山城"重庆开启的"车位到车位"智驾直播，象征着长城汽车智能驾驶正式迈入"车位到车位"时代。

三、生态革新

长城汽车一直坚持核心能力自研 + 生态开放的理念，不断完善软件生态与硬件生态的产品布局。

秉承多模态感知融合与人机协作进化的技术理念，我们开始逐步推进具身智能在企业端与产品端的研发和落地。一方面，具身智能赋能企业智能制造，能够拆解复杂任务、高效协作、自主学习，提高生产效率，把控产品质量；另一方面，具身智能赋能用户出行，与实际场景结合，进一步打通车端感知—决策—执行的场景服务链路，为用户提供可视化、可感知、可成长的具象化人工智能服务。

回顾过去，我们发现汽车正在从传统的出行代步工具，成长为具象化的 AI 智能体，最前沿的 AI 技术与产品不断在汽车领域融合、落地、闭环，我们从不畏惧做第一个吃螃蟹的人。

在未来，我们期待与优秀的合作伙伴携手，在全面开放生态的基础上，开放知识生态、算法生态、算力生态，共同推进行业知识高效、规范流转，算法生态快速上车，算力生态稳定运转，打造 AI 时代的"朋友圈"，为用户提供可选择、可成长、全场景的 AI 出行体验。

AI Car 对汽车智能化体系的重塑

蔚来首席专家、助理副总裁、通用人工智能委员会负责人
胡成臣

我的演讲主题是"AI Car 对汽车智能化体系的重塑"。

首先什么是 AI 汽车？今天 AI 和汽车的结合有很多，研、产、供、销、服，车企各个环节都有 AI 的应用，有些应用是车企特有的，有些是普适性的，我觉得最独特的就是汽车本身和 AI 的结合。智能化或者 AI 最主要的赋能系统本身是个能源系统，很多东西都是能源系统，如计算机，AI 的核心驱动力是电能，所以 AI+ 电动汽车结合起来是最佳搭档。

其次，AI 汽车应该具有什么能力？车需要有感知能力，能够感知环境；需要有交互能力，包括车和人、车和车、车和其他的交互；需要有理解能力，理解感知和交互的内容，从而基于理解去执行任务。这个过程需要学习迭代，汇总了以上能力它就是 AI 汽车。

AI 汽车有很多场景，我把它从两个维度上做了分类：一方面根据汽车是否行驶做了区分；另一方面以乘用车为例，人车同在是传统的车的形态，

当然人车也可以不同在。具有 AI 能力后，AI 汽车不仅具备无人驾驶出租车以及人类司机的能力，在不行驶且人车同在时，它的交互、理解能力还可以让它变成陪伴型智能体；行驶且人车不同在时，它可以自主驾驶完成任务，如送外卖、做闪送；不行驶且人车不同在时，它可以是边缘侧智能、专属智能助理。

这些场景在技术上如何实现？我认为有四层内容，分别是算力、数据、模型、Agent。

第一层是算力。不光要有计算能力，还要有存储能力、网络能力，这是最底层的基础设施，基础设施里的情境一直会变，可能是算力或者存储能力，也可能是网络数据的传输。

第二层是数据。数据是关键的要素和内容。如何把车上跨域的数据、车上车下数据融合起来是关键，有了底层的基础设施与数据，就可以去构建模型，最终形成具备自主智能的实体。

数据生命周期的流转，不同人可能有不同分法，我把它大概分成五个阶段——生成阶段、收集阶段、融合阶段、使用阶段和累积阶段。在大模型时代，数据和模型之间的边界慢慢变得模糊，原来对于数据的处理要移到模型中去。在数据的时空流转里，车企正面临着许多亟待解决的问题。

第三层是模型。模型层面问题非常多，不同模态之间的模型如何处理？其涉及视觉模型、语言模型和多模态模型，这些都是在车企非常独特的，在人工智能生成内容上都没有的东西。车本身大部分都是不变的，但 AI 算力的增加使得整车需要重新做。我们应当利用好云边端的机会，利用好重塑电子电气架构的机会，将其和模型结合。

第四层是具备自主智能的实体。车端 AI 是否需要操作系统？车端 AI 操作系统是什么？操作系统首先要完成软硬件融合，其次是解决人机交互的问题。在 AI 时代，AI 操作系统在不同层面之间衔接形成纽带。每当交互方式发生变化，所有软硬件的整个生态体系都会发生重塑。

AIOS 赋能汽车智能化变革

中科创达执行总裁兼智能汽车事业群总裁
常衡生

我分享的话题是未来两三年内 AI 大模型在车上使用带来的影响。

大模型应用后，除了像过去的导航、音乐、自动驾驶外，与 AI 相关的车上应用场景逐步显现出来。

1. 语音相关的意图理解加强

把语言大模型部署在端侧，实现快速响应。

2. 舱内和舱外的多模态感知

舱外相机（Camera）和雷达的精准识别，舱内活体检测、驾驶员状态监测等。

3. 能够达到差异化的是增强现实

如 AI 增强暗光环境视觉，AI 加强的哨兵模式。

4. 用户记忆相关

记忆驾驶员的习惯，实现自主推荐甚至自主操作。

这种端侧部署的 AI 大模型上车后，会带来一个大的变化和挑战，变化主要在于 AIOS。大模型上车从根本上改变了操作系统的逻辑，端侧语音模型部署之后，使得人和机器能够真正实现自然交互，App 会逐步变成智能体，我相信去 App 化这个趋势毋庸置疑。这样一来，界面不是控制入口，而是以显示 3D 场景为主。在操作系统层面，底层模型接入的技术架构以及显示逻辑的设计思路等方面都会变化。

另外这样做还会带来一个挑战，今天主流的座舱芯片 AI 算力薄弱，推理能力相对有限，在这样的情况下，对算力的需求会急剧上升。针对该问题在端侧有两个解决办法。

（1）部署大算力芯片，我看各个芯片厂商生产或销售的主流芯片不管是 NPU、CPU 还是 GPU 的算力都在大幅上升，但其价格确实比较贵。我认为大模型、大算力控制器上车后会有部分车型走向舱驾融合；

（2）如果不能部署大算力芯片，也可以加载一个 AI 集成盒，这也是中科创达推荐的解决方案。这样也可以确保实现各种 AI 场景，而且用 AI 集成盒还有助于实现智能驾驶平权基础上可能出现的 AI 平权。

今天提及的巨变与挑战，需要行业去做 AIOS 的基础。中科创达一直在做操作系统，滴水 OS 本身就是面向 AI 原生的整车操作系统。我们做了四件事情：

（1）我们给各个主流 AI 芯片提供支持，包括像英伟达、高通、超微半导体、英特尔等；

（2）我们和行业内主流的大模型厂商有良好的合作基础，像和面壁智能、火山引擎、微软 OpenAI，我们已经提前和它们做过适配；

（3）我们形成了一套全面且灵活的 AI 中间件和 Framework，使用这套系统可以快速实现大模型的落地；

（4）AI Agent，通过多 Agent 的联合实现多个场景的应用。

滴水 OS 作为中科创达的一个整车操作系统平台，它的诞生就是为了中央计算和 AI 而生的，同时支持全球的应用生态，已经对主流的芯片进行了适配。作为中国操作系统厂商，我们秉持开放的态度，希望更多合作伙伴加入进来，一起把中国的操作系统做得更好。

企业级 AI for Process——提质、降本、增效的利器

神州数码集团股份有限公司副总裁
吴　昊

我想给大家分享神州数码对于 AI 的一些思考。

流程人工智能这个理念是神州数码董事长郭为先生在 2025 年年初提出来的。我们认为，流程人工智能为汽车行业提供了一条 AI 转型的全新路径，其核心就是要通过 AI 实现车企流程再造和优化，帮助车企深入结合自身业务流程实现持续的创新与突破。这也会成为车企新的价值增长点。

一、什么是企业 AI

目前，专业模型很难具备泛化能力，而通用大模型又很难真正了解我们的企业业务，形成行业专有技术，而真正具备专业的精度和准度更加有难度。矩阵的右上角是我们要重点突破的地方，我们也把它定义为 AI 发展的高价值区域，这个区域是通用能力和专业能力的融合。神州数码结合这几年的实践，自研了神州问学平台，帮助客户解决通专融合的痛点，从模型、算力、智能体的编排助力客户快速低成本构建 AI 应用。

二、为什么是 AI for Process

我们发现推动企业成长的三个关键要素是商业模式、管理方法、技术范式，正是这三点的充分迭代和互相影响，持续推动企业价值的提升。今天的汽车产业，流程是我们的核心竞争力和生产力，必须从流程入手促进企业 AI 应用快速落地，这就是企业 AI 的一个关键要素。

我们关注的核心问题是如何利用 AI 帮助企业优化或重塑研、产、供、

销、后服务流程，以实现车企战略发展重点所需，比如生产力效率的释放、供应链成本的降低、销量目标的达成、用户体验的提升。总体来讲，流程人工智能就是要持续优化再造企业的业务流程，帮助企业完成流程再造和优化，实现持续的创新和突破，所以我们要重新审视业务流程，将流程进行最细颗粒度的解耦，把 AI 和相关能力贯穿其中，使 AI 能够自动化地执行企业最小的任务单元，实现企业流程精益化的编排以及二次的提升和优化。

三、如何让企业切实地享受流程人工智能所带来的红利

企业 AI 的应用，从前期筹备到模型训练，以及与企业应用的深度融合，每个环节都要做到细致入微。只有企业沉下心来，依据最核心的业务需求，深入思考究竟如何去部署 AI，才有可能用 AI 给大家带来不可估量的价值，这个阶段我们认为有三个必备的要素。

（1）知数筹备。快速构建企业的专属数据集，包括企业内部的知识、专业领域知识以及通用知识，让 AI 能深入理解企业业务；

（2）流程规整。要制定流程的规范、标准，分成 L1 到 L7 的流程细化，建立原子级的任务卡片，让流程变成 AI 可以读懂的、可以识别的数据；

（3）应用解耦。企业要制定 AI 与应用的交互规则，对企业存量的应用系统进行字段级解耦，让 AI 能够无缝对接业务系统，理解并掌握其针对各类应用的操作，驱动流程中的各个任务环节，从而实现真正意义上生产力价值的提升。

我们认为，只有具备了以上三个要素，企业 AI 的落地才能够真正实现，企业要先了解自己，AI 才能更懂企业。最后，请大家真正理解流程人工智能不仅是技术迭代，更是重塑汽车行业价值链的认知革命。当流程成为数据，当决策变为算法，企业就获得了持续进化的生命体特征，这也是我们流程人工智能的精华所在。

端侧大模型构建汽车智能体——第一大脑

面壁智能 CEO
李大海

在构建端侧模型时，我们主要做了几个方面的工作。

一、构建端侧的基座模型，同时构建端侧的多模态模型

要理解客户需求重要的是感知，交互建立在感知的基础之上。感知有两个层面：通过文字感知用户；通过各种模态感知用户。2025 年 1 月，我们发布了全球第一个全模态的模型——端侧的全模态 MiniCPM-o 模型，它可以同时做到接收视觉信息和声乐信息，并用语音和文字做反馈。我们将全模态模型部署在智能座舱里面，智能座舱能够同时观察用户各种各样的姿势、听到用户的指令。用户发出一个指令以后，座舱给出回复确认用户是不是要这个指令，然后用户微微点头，这个对话就算完成了。这个流程一定是全模态才能做到的。

端侧相对于云端有非常不同的难点，涉及芯片的适配和操作系统深度的整合。面壁智能非常有幸和中科创达、滴水操作系统有深度的合作。我们在滴水操作系统还有其他的操作系统里面做一个深度的整合，同时和高通、联发科还有其他国产芯片做了深度的适配。端侧有非常多的平台都是主流平台，汽车以高通为主，但是我们也看到像联发科还有国内很多其他芯片企业都在追赶。所以要同时把这些芯片适配好其实背后的成本很高，我们在适配基础设施这件事情上有很深的积累，可以很好地把芯片的算力压榨出来，同时能保证足够的低功耗。

二、模型即 Agent

很多朋友问 Manus 出来之后，具备自主智能的实体非常火，为什么面壁不做具备自主智能的实体？2023 年 7 月，我们就发过一个具备自主智能的实体框架，同年 9 月在全球积攒了两万个星标，这给行业的印象还是比较深刻的。我们认为大模型和具备自主智能的实体是两位一体的东西，其实就和西红柿叫番茄、马铃薯叫土豆一样，二者没有本质区别，我们认为模型即具备自主智能的实体。为什么这样说呢？就是因为整个具备自主智能的实体体系要想把用户所需要的场景做好，模型作为引擎的推动力是非常重要的。如果模型的能力不够，整个具备自主智能的实体系统的效果是做不出来的。从这个角度看，任何一个具备自主智能的实体应用一定要具备优化模型，让模型在这个领域做得更好的能力。从具备自主智能的实体到最底层的模型都能针对用户场景做好整体的优化，这才是一个真正落地的方式。

基于模型即具备自主智能的实体的一套体系的思考，我们构建了基于面壁小钢炮端侧模型的小钢炮超级助手。它的底层是模型，最底层是我们的算力和操作系统，在之上有我们的基于具备自主智能的实体的各种框架，包括 LoRa、IG 还有对于 GE 的管理等体系。

创新 AI 赋能汽车

奇瑞汽车股份有限公司总裁助理、开阳实验室 CTO
尚　进

在我看来，AI 大模型等技术对我们汽车行业具有很好的促进作用，更有助于我们向正规方向发展。我们面临的问题其实没有发生变化，一是车内的数字化建设，另外就是在汽车的电动化、智能化过程中，我们始终没有发现生态应用在哪里，怎么找到新的蓝海市场，而AI大模型的演变坚定了我们解决问题的决心，也加速了我们这方面的工作。

我们正在推的大模型平台，它通过车的数字化架构以及AI应用不仅实现了端云一体化，更重要的还实现了异构计算。未来，各域可能只需要用一个硬件、一套大模型软件，这意味着必须实现跨域计算，底盘需要智驾芯片，甚至需要智驾的基础大模型。所以，最关键的是我们是否能打通车辆所有域的服务，这样才能实现基于服务的车内多种智能体。

AI大模型会加速推动车的数字化架构。中央集成计算平台的硬件还包括支持大模型的不同的推理芯片以及实现推理芯片的架构的解耦，更重要的必须有端云协同计算的架构甚至异构架构，因为大模型的算力大，而我们的单车或单域都不具备这样的算力。

车辆行业能对大模型或者对AI有贡献的领域主要有两个，这两个领域也是AI行业现在面临的最大的痛点，第一个痛点是模型整体的优化，无论是模型参数还是推理速度都需要优化；第二个痛点是可靠性，包括信息安全，这两点正是我们车辆行业的必要因素。我们现在探讨的L3准入，如果想进入市场必须满足高性能、高安全。怎么做到纵深防御和多层防御，智驾可能只有一个基础功能或者最低的安全规则。

再讲一下数据闭环。说到这一点，大家第一反应可能是智能驾驶、影子模式，我们将数据闭环推到多域，所有域的功能都需要数据闭环，所有域的数据都是实时更新的，不仅限于自动驾驶，座舱域也一样，不仅有AI大模型，更是舒适性、功能性与智能化的结合，我们公司也发布了智驾系统。

最后做一个总结。

第一，这几年我们正在推中央计算平台、软件架构，这些是基础，也是更好地迎接AI、迎接AI大模型、迎接数字化的基础。同时，无论是Transformer或者AI大模型，不同芯片的推理架构要求做到更好的软硬解耦，不同的大模型更要做到整个软件框架的统一，能够支持不同的基础模型。

第二，AI 汽车或者全域 AI，在我们看来，所谓全域不仅仅是智驾域、座舱域，也包括底盘域，还包括软硬生态、通用接口，还包括新的产业链，如飞行汽车、人形机器人等，这是主机厂必须争取的，原来传统的设计不仅本身可以智能化，智能化也能够放到车内，这样才会真正产生翻天覆地的变化。

云图一体助力自动驾驶落地

腾讯智慧出行解决方案总经理
费玉霞

一、云端算力平台：高性能、多样化算力搭配机器学习平台，优化模型训练

当谈到大模型，我们不得不关注底层算力。大模型底层的算力正在飞速发展，但是大算力集群会产生很多问题，最显著的问题就是集群里多种类型的算力对模型训练来说存在巨大的挑战，因为每个芯片提供的算力并不相同。因此，行业呼吁具备多种芯片管理能力的云平台尽快出现。

当前，腾讯在提供算力的同时也在积极解决这个问题，腾讯自研的大模型——混元，其底层结构是由多种类型的图形处理器卡组成的。我们在混合训练平台中结合了云端"一云多芯"能力，混合算力集群利用率目前可以达到 98.4%。

除异构算力之外，我们还进一步提升了其训练和推理效率，为车企、

科技公司提供一站式工具，这些工具都内置了预训练的大模型，同时提供了训练加速和推理加速套件。

二、云基础设施：腾讯遍及全球的云基础设施为数据闭环提供了坚实根基

在算力平台上，我们构建了端到端的数据闭环，在这个体系上，帮助车企在上层应用方面充分利用好数据，构建车企自身的模型和算法，加速迭代。

数据闭环离不开云底座的支撑，腾讯在全球范围运营着 21 个地理区域，58 个可用区，全球范围 3200 个加速节点，可为遍布全球的智能汽车提供高质量的就近接入服务。在公有云之外，腾讯云按照自然资源部对地理信息数据的要求构建了两个专属的云专区。腾讯是业界第一个建设自动驾驶专有云的厂商，也是唯一能提供"两地三中心"自动驾驶云解决方案的云厂商。

在服务行业客户的过程中，我们积累了全面的服务能力，囊括了自动驾驶的全面需求，包含数据采集、数据注入、数据脱敏、数据标注、数据管理、模型训练、仿真验证等。与此同时，我们也看到行业对高质量数据的要求，2023 年，我们把地图数据以服务的形式开放出来，用于自动驾驶技术的研发和量产运营，效果显著。

三、安全与合规平台：全链路合规与安全性保障，助力业务可持续发展

要落实数据闭环能力，我们不得不提到合规和安全问题。合规约束的引入有可能会拖慢业务迭代的效率，如何兼顾合规和效率是很重要的课题。与此同时，车企进行体系化的安全建设会带来体系的复杂性，如何既落实全栈安全，又能让安全更加简单可靠是另一个大课题。

目前，我们已经解决了以上问题。通过深入客户的业务场景中，架构

师、交付工程师深刻理解自动驾驶研发的方方面面，深入每一个细节，让我们的合规和安全贴合业务，我们这样的做法和方案也获得了客户的广泛认可。

四、腾讯助力构建"车云一体"的新一代数据闭环

腾讯在整合算力、网络、数据、安全等方面的先进技术和产品，目前已经和很多车企合作落地，助力行业构建新一代的"车云一体化"数据闭环。数据闭环是横跨车端和云端的一个复杂体系，分析车企的数据闭环体系可以发现，包含算法、数据、基础设施等，这个体系涉及车端的数据采集、网络传输上云，再到云端进行数据处理、算法优化、新的能力下发到车端实现功能升级，整个链路非常长且复杂。为了支持好数据闭环的落地，我们构建了五大基础能力，分别是车端数据解决方案、云网络解决方案、数据平台解决方案、模型训练解决方案和全链路安全合规方案。

中国汽车 AI 开源体系构建思考

上海开源信息技术协会秘书长
朱其罡

我汇报的主题是"中国汽车 AI 开源体系构建思考"。

一、开源体系设计原则

关于汽车开源，现在大模型数量激增，有千模、百模大战，可见汽车领域面临的挑战非常多。

从安全角度看，大量依赖于 QNX、Vxworks 及部分实时操作系统，座舱域主要依赖于安卓；现在汽车厂对开源的认知还不太熟悉，总体反馈不太乐观；技术路线还没收敛，但大量厂家已经开始往端到端这一领域倾斜；现在平均每辆车的代码量量级很大，在国家加强软件安全和汽车安全的要求下，大家很快会发现这对汽车厂来讲是负担，而不是资产。

我国汽车领域的开展有五个维度：①组织层面；②技术路线；③开源运营的主体；④资金如何募集；⑤什么样的治理模式能让我们的主机厂和业内公司接受并熟悉。

开源体系的架构参考对标国外的成熟情况，可以得到一些启发。如果在汽车领域要做开源的工作，要主动积极去识别里面的相关技术堆栈，把它们统一起来，形成上下游的支撑关系。开源界大量的开发者在协同，这是未来主机厂要掌握的一套社区的力量，应该把主机厂、配件厂、IT 公司、投资机构、安全厂商拉到一起，建立工委会，从开源角度建立章程、治理架构，目前这只是个概要设计。

LandScape，在国内的项目不少，AI 领域已经有 DeepSeek、通义千问等，工具链角度也在推进。座舱的部分，OpenHarmony 已经有一定基础。

分层解耦架构包括硬件层标准化、操作系统层开源、中间件层统一、应用层开放 API。

二、探索开源社区演进路径

社区的演进路径，在我国目前来说有不同的模式在走。第一种模式是我们在做的小满的开源，它全部功能的代码是全量、彻底开源的，包括工具链、芯片的工程包、手册；另外一个模式受到了树莓派的启发。树莓派是我们开源硬件比较成功的案例，这个模式提供全线控的底盘，把里面的软件、架构等全部开源，并且跟车上移动的比如机械臂的本体结合，把具身智能的技术相融合做场景创新。这是一个技术探索。

还有一种借力模式。虽然 AI 模型日新月异，但是关键的工具链一直存在。将来大模型出来之后想部署到图形处理器这部分工作，可以把整个工作压缩到几个小时，汽车领域可以借力传统图形处理器领域里的成果。

最后一种具身智能模式。硬件领域的开源社区跟传统的软件有很大区别，我们想在重庆做一个具身智能的开源社区，一方面会涉及一些Real2Sim2Real的事情，把数据集扩大泛化，后面加算力技术的接入，实际想实现代码接入之后跟数据集结合，在一个方向上带有场景的开源社区大的链条，我们想把它构建出来。

三、生态共建策略

以下是一些常见策略，如提供激励计划来做开发者的吸引，从工具链角度来说，要相对比较完整，还有一些其他的策略，包括数据接口的部分。另外，从硬件角度，怎么把软件绑进来，我认为国内要做自己的汽车社区，要跟自己的硬件做比较深层次的绑定和支持。我国很多技术走在世界前列，可以考虑向国际输出标准。

我们提倡未来可以通过开源开放的方式把社区向其他国家开放，在我国建上游社区，在其他国家建中游社区，这样技术主导权既在我们手上，但是又尊重别的国家的法律、文化、习俗，而且让他们感觉有一定的贡献参与权利，这就是中游社区的模式。

当然，这样做也会有一些风险，如安全漏洞角度，现在欧洲那边最近出来几个法案，要求代码安全至少要保证五年以上，这些车将来怎么保证安全性，后面如果没有开源社区去做公共性的事情大家一起来做，我相信它会是个沉重的负担。

06

第六篇
PART 6

加速推动汽车智能化

攀登 L3 高峰：以系统化思维实现智驾向上突破

吉利控股集团首席智驾科学家、极氪科技集团副总裁
陈　奇

我们打造了相对完善的三大产品体系：720度主动安全体系、全能泊车体系、全国范围都能开的无图 NOA 体系。正是坚持在这三个领域同时发力，同步推出，才能让我们快速地发布行业最前沿的完整版车位到车位功能，横向打通三大产品体系，让用户在智驾体验的连续性上得到质的飞跃。

这三个体系每一个都是智驾的关键突破口，即智能驾驶最主要的三个方面：提升用户的安全性、解决用户痛点难点问题、提升用户的体验连续性问题。从而让用户从能用、好用到爱用智驾，安全是体验的基础，痛点是体验的高潮，连续性是体验的关键。

一、安全性的提升

大家都知道，安全是智驾永恒不变的话题。智驾的安全最有代表性的功能就是 AEB，从基本的 AEB 功能开始，到即将推出的 G-AES，AEB 已经帮助用户避免了约 356 亿万次的碰撞风险。PEB 功能，也是应对经常碰到的高频事故场景。120 千米/小时的高速刹停能力，触发时速 150 千米，覆盖了绝大部分的高速场景。我们即将推出的 G-AES 功能，强调连续自动避让不规则障碍物的主动安全能力，既能规避一个车道的风险，也能规避多个车道的风险。通过激光雷达和视觉的融合识别，智驾能在 120 千米/小时的时速下连续快速反应，边刹车边绕开障碍物，避开险情，并实现了场景的泛化。这个功能的实现包括软硬件系统和整车机械系统的深度融合，确实有较大的工程难度。我们也全力实现了千里浩瀚辅助驾驶的全系标配，包括大尺寸的 MPV。

二、用户的痛点场景

在日常用车过程中司机会遇到一些很难处理的问题，比如机械车位、极窄车位。大家去医院、商场的时候会经常碰到机械车位空空如也，绝大部分司机都不敢停，担心一不小心就出现剐蹭事故；还有极窄车位，自己泊进去之后人却出不来。智驾要解决这些问题才能实现价值最大化。我们的这两个功能机械车位泊车，还有极窄车位离车泊入获得了车主的好评。

三、体验连续性的提升

整个汽车行业长达十几年的努力都围绕着这个开展工作——提升智驾的连续性。所有智驾技术的突破，从机器学习到深度学习到 BEV、transformer、无图，再到大模型等，最核心的就是解决用户体验的连续性问题，减少体验中的断点。从基础的 AEB 到 LCC 是一次突破，从 LCC 到高速 NOA、从高速到城区又是一次质的飞跃。现在，车位到车位打通了高速、城区、园区、地下车库所有的连续性，又是一次重大的突破。从原来一个个孤岛式的场景不断突破连成一片，使用户从出发地车位就可以一键直达目的地车位，整个体验的连续性得到前所未有的改善。这才使得用户更加有黏性，更加喜欢智驾。车位到车位几乎解决了智驾所有的连续性问题。当然，L2 辅助驾驶还有很多可以提升的空间，比如像体验的安全性、丝滑性、类人性等。未来智驾需要朝着 L3 和 L4 辅助驾驶方向发展，现在技术发展那么快，我们会加速 L3 辅助驾驶时代的到来。

AI 新基建下的智驾进化新范式

北京四维图新科技股份有限公司 CEO
程 鹏

我分享的主题是"AI 新基建下的智驾进化新范式"。

一、汽车智能化浪潮下的智驾范式演进

我们认为可以把智驾分成四个演进阶段。

1. 人类驾驶员

无智能化,由导航地图提供目的地路线等需求输入。

2. 经典机器人架构

智驾系统中的多数模块基于规则驱动,高精度地图为定位和规划模块提供输入。由于高精度地图需求高,目前我们仍在投入大量资金进行维护、开发,因为很多客户还在使用。

3. 深度神经网络化

感知、定位、规划模块深度神经网络化,由多模态传感器信息给感知和定位提供输入,使用轻地图为定位输入。

4. 世界模型驱动

此阶段高精度地图作为真值数据助力世界模型搭建,端上主要用轻地图就可运行。

二、汽车智能化浪潮下的模型演进

以从事视觉专业的地图人的视角来看,我认为根据数据量和算力的要求,在模型演进不同阶段产品形态的进化过程中,地图也可以分成四个阶段。

1. 导航地图时代

每个人都在使用导航地图，因此无须赘述，它是现实世界的二维抽象表达。

2. 高精度地图时代

因为要设计 ADAS 功能，实现自动驾驶，所以我们对地图的要求变高，不仅要求它有很多三维立物，如杆和牌，而且要求其精度从米级升级到厘米级。

3. 多模态传感器 + 深度神经网络时代

只有地图是不够的，我们还需要各种各样的传感器带来的感知数据，来辅助模型的训练和决策，让智驾系统实时了解世界的变化。

4. 生成式模型，也就是世界模型 + 端到端模型

市场上在宣传未来的无图趋势，对此我并不沮丧，因为这是四维图新创业的初心。未来的这个模型不仅可实时恢复三维世界，而且像人类一样具有推理和预测能力。不管什么样的智能体（如车、机器人等），看到一个新场景，都会预判接下来的红绿灯状态，从而匹配对应的驾驶行为。以上都是进入世界模型、端到端模型时代的特征。

三、端到端范式下，以大模型为核心的 AI 新基建

在世界模型、端到端模型时代下，我们选择开放数据和模型。我们有很强的数据理解、采集能力，具备丰富经验且完全合规的解决方案的能力，希望通过向全行业（车企、算法厂等生态链上下游）开放能力，从而把数据变成合规层、数据增强层和 AI 模型训练层，与大家一起共建合作。

四、图新之所为：解决数据缺口

将高精度地图视为一种增值，拿它做场景泛化很容易，其数据也在不断更新。不过对比特斯拉的数据量，目前我们的缺口还是很大。这种断代式的领先，其一是数据量大很多，其二是卡也多很多。因此我们期待跟行业内的云厂商、显卡厂家、图形处理器厂家等，一起解决算力和数据缺口

的问题。

五、图新之拓进：数据处理提效

从业二十多年，处理数据是我们最强的优势之一。因为地图就是去抽象化、数字化世界，要想高效、快速地更新，就要解决迭代效率、多模态检索、预标注等问题。在这方面，我们比较擅长。

六、图新之正道：合规底座不容忽视

要想发挥数据价值，合规底座真的不容忽视。一方面，之前发生的某些反面事件是我们行业不想看到的；另一方面，唯有合规，用户才敢大胆使用，商品才可能充分发挥其价值，行业才可能去商业化。

绝大部分互联网企业的发展初期都是在做好数据商业化，做好变现，之后，再去做大做强。但行业大多数车企目前还没用好智能终端产生数据从而变现挣钱。与互联网企业相比，我们的行业毛利率低，如何推进行业的向上突破？希望我们一起做好合规数据，并以此为基，用好数据、做好商业化变现。

七、四维图新 AI 新基建方案优势

四维图新的特点是顶级的合规性、AI 赋能的高效性、芯片中立、云中立、已验证的闭环能力、数据类型的多样性、海量数据基座和共建世界模型。

AI 汽车将如何进化？

元戎启行 CEO
周　光

我探讨的主题是"AI 汽车将如何进化？"

一、智能驾驶模型与大语言模型的发展趋势

智能驾驶模型的发展和大语言模型的发展趋势很相似。最初的大语言模型，是一个"弱专家系统"，比如 siri，体验感上像和小学生在交流，对话内容相对基础、简单；GPT 出现后，它发展成了一个"通才系统"，可以达到重点大学学生的水平，交流更加顺畅，理解能力更强，逐渐能够达到博士的水平，智力有较大提升；而未来，大语言模型将发展为各个垂类的"强专家系统"，甚至达到获得诺贝尔奖级别的水平。

从"弱专家系统"到"通才系统"再到"强专家系统"，智驾行业会发生同样类似的情形。传统的智驾模型是模块化、基于规则的；现阶段的端到端 1.0 是一个类神经网络，但网络中的结构是非常复杂的。目前的智驾模型还都处于"弱专家系统"阶段。下一步 AI 是往通才系统方向发展，VLA 模型即是一个"通才系统"，它不仅可以用于汽车，也可以用于机器人、移动智能体等。目前的端到端模型能处理道路上大部分的驾驶路况，但不能理解特殊车道的行驶规则。VLA 则能补齐端到端模型的短板，是一位"通才"，它看得懂语义信息，能理解特殊车道的驾驶规则，见招拆招。只有先成为"通才"，才能成为驾驶领域的"强专家系统"，即实现 L5 级自动驾驶。

二、元戎启行 VLA 模型架构

VLA 模型架构，首先是输入。视觉输入，即模型接收一张图像作为输入，图像可能包含物体、场景或其他视觉信息。文本输入，即模型接收一个文本输入，例如一个问题、指令或查询。文本输入通常用于指导模型对图像的理解或生成相应的动作。

其次是视觉编码器和文本编码器。视觉编码器负责处理输入的图像，提取高层次的特征。这些特征可能包括：物体识别（如识别图像中的车、人、异形物体等）、场景理解（如判断交通指示牌的意思）、空间关系（如物体之间的相对位置）。文本编码器处理输入的文本，生成一个上下文相关的向量表示，这个向量捕捉了文本的语义信息。

随后视觉和文本的特征被融合成一个统一的表示。这一步骤是 VLA 模型的核心，将两种模态的信息结合起来，以便模型能够同时理解图像内容和文本指令。根据融合后的特征，视觉解码器生成与图像相关的输出，文本解码器生成文本输出，最终输出驾驶动作和逻辑推理的描述。

三、思考超拟人，处理更细腻

VLA 模型有两个核心优势。第一是思维链优势，它能在整个过程中维持长时序的语义理解，进而随着时间的推移不断优化决策，并确保选择最安全的行动方案。它对于全局的理解更为透彻，比较擅长处理复杂的交通路况。第二是更贴近人类的驾驶习惯。当面对多个可能的行驶轨迹时，VLA 能够选择最符合人类偏好的路径。例如，它会优先选择跟随车道中心线行驶，这是驾驶员常见的偏好之一。

四、更全面，多适配

在硬件配置上，元戎启行的 VLA 模型支持激光雷达和纯视觉方案。我们也不断在算子开发上下功夫，把 VLA 模型拓展到更多芯片平台。

2024 年，搭载元戎启行组合辅助驾驶系统的车已经上市，在全国范围内都能行驶，遍布 31 个省份和不同的城市。每个地区都有自己独特的交通法规、标志和路况，南方与北方与东部与西部的天气和地形也大不相同，我们的系统可以很好地处理不同场景中遇到的问题。

智能驾驶有三个阶段，第一阶段是可激活；第二阶段是可用；第三阶段是好用。今年，新的 AI 架构会让智驾从可用突破到好用的阶段。

五、爆款"智"造机

2024 年，一款元戎启行与车企合作的组合辅助驾驶车月销量高达 8000 台，一度成为 6~7 座 SUV 类别里最热销的车型，其组合辅助驾驶功能倍受用户好评。

在这款车型上，元戎启行成功地扮演了"爆款'智'造机"的角色，并且在 2024 年第 4 季度，元戎启行仅仅凭借单款车型，市场占有率就达到 15%。

六、量产进度加速

2025 年我们加速量产，首款搭载 VLA 模型的组合辅助驾驶汽车将在 2025 年进入消费者市场，适配 Thor 芯片，致力于为消费者提供更极致的组合辅助驾驶体验。预计到 2025 年年底，我们将有超 5 款搭载 VLA 模型的汽车上市。

此外，2025 年将共有超 10 款车型，超 20 万辆搭载我们组合辅助驾驶模型的汽车进入消费者市场，车型涵盖 SUV、MPV、越野等，为用户提供更多选择。

七、从中国走向全球

元戎启行积极推进智驾出海，目前正在拓展日韩和欧洲的市场，并准备在欧洲进行道路测试，加速智驾从中国走向全球的脚步。

智驾平权时代的用户价值创造

轻舟智航联合创始人、CEO
于 骞

我分享的主题是"智驾平权时代的用户价值创造"。

2025年有个流行词"智驾平权"。智驾平权应该关注用户需求，用户的需求决定了智驾的终极走向。智驾平权的核心是安全，无安全不智驾。2025年1月份，我们开启了以安全智驾为核心的"安全+"产品战略，并在各环节全面贯彻该战略。

更安全的智驾体验，需要努力做到从99.99%到99.99999%，突破三个指数"9"。

一、更先进的技术范式，解决长尾问题

整个技术框架从在线onboard部分开始基本是端到端的One Model，再利用安全对齐的alignment网络实现onboard系统。

（一）安全的端到端——在线模型训练

我们建立了一套基于运动模型的训练方式，把端到端模型设计和时空联合规划的最佳实践进行更加充分的记录。在端到端的训练里，轻舟智航把时空联合规划的设计理念和网络设计以及损失函数进行紧密结合，以多重碰撞的损失约束保证智驾的安全性与属实性。另外，高阶控制变量下也增加了一致性约束，使驾驶行为更符合多种动态障碍物相互交互的情况，可保证舒适性。

（二）安全的端到端——模型安全对齐：让模型轨迹符合人为安全机制定义

因为大模型的下限非常低，经常出现不符合人类驾驶行为的情况，所以我们增加了端到端模型的安全对齐，使模型输出的轨迹更符合人类的安全机制。物理世界中，尤其是驾驶行为相关的实践中，跟优秀司机的驾驶行为进行对齐，才能使网络的上限更高，从而保证其下限也足够高，来提高安全性。

（三）安全的端到端——基于运动模拟的世界模型：为端到端训练批量生产高价值场景

关于离线模型端到端的训练，我们创新性地构建了基于运动模拟的世界模型。

首先生成运动行为，其次生成传感器，这样能大幅度降低算力的使用，也可使运动状态能够保持空间位置、物理几何和物理规律的一致性。在此基础上，再仿真传感器，使整体方案更高效、算力使用更合理。

（四）安全的端到端——数据及模型训练闭环：持续解决各类复杂长尾问题

高效的数据和模型训练闭环是端到端体验和安全不断进化的基础。轻舟智航作为高级别自动驾驶解决方案的提供方，在数据方面做了大量工作。最开始大家以为轻舟智航是一家做仿真的公司，实际上我们做仿真是为了筑牢自动驾驶的底层基础。从数据回传、数据挖掘、三维重建、大规模自动化标注到数据的生成模型，我们构建了一套完整的数据闭环平台。

二、更完善的安全冗余，应对安全失效

极端情况下，无论是软件还是硬件，要最大化避免专干其失效、硬件故障，以及各种特殊情况下（如逆光、特别遮挡）子模块失效的情况，这就是冗余设计，也包括双失效冗余的容错安全保证。我们希望通过冗余的设置，给消费者多带来一份安心，在特殊情况下能救人一命，这种价值非常宝贵。

三、更主动的安全反馈，提升人机交互

现阶段，驾驶舱里还需要驾驶员，因此和驾驶员安全交互对智驾的安全性是很大的保障。

基于用户使用的大量数据和反馈，针对可能出现安全风险的场景，我们和客户联合首创并落地了多种安全措施。这些安全措施在设计层面有两个特点：稳定透明的决策逻辑和渐进式的责任移交。其具体场景包括起身防误触策略、恶意驾驶（躺平）安全策略、恶劣天气驾驶策略、疲劳驾驶安全策略、AD下踩加速踏板安全提醒、精确施工变道及防御性减速。这些细节设计技术算不上高深，但在使用同样技术的前提下，让产品设计达到最大化安全是我们设计产品的理念。

智能革命：百度地图助力车企智能化成功

百度地图事业部副总经理
刘增刚

地图和汽车两个行业有非常强的出行属性，两者的发展相辅相成、密不可分。但近些年在发展的过程中也出现了两个冲突点：一个是传统的车机导航更新慢，体验远不如手机地图好用；另一个是，智驾是否需要地图以及需要什么样的地图还没有定论。

一、导航

导航是地图最基础的功能之一，地图导航也是车主最为高频使用的应用。智能汽车有更大的屏幕、更自然的语音交互场景，这让很多人觉得车机地图比手机地图更好用。直到今天，仍然有很多车机地图的体验远不如手机地图，消费者花十几万、几十万买的一台车仍然需要安装一个手机支架去导航。基于这个行业痛点，百度地图在 2024 年 4 月份重磅推出车机地图的 V20 版本，这个版本最大的特性就是实现了手车一体。百度地图投入大量研发费用对引擎代码进行全面重构，实现了真正的手机和车机一体化引擎，从而使得手机端创新功能可以快速上车，常用常新。百度地图在手机端经过多年积累，使得覆盖全国的全域 3D 车道级导航在座舱大屏上有了更大发挥空间；通过精细的渲染和醒目的提醒，能让驾驶员走对道、更安全。

智能汽车的语音交互场景更自然，百度地图深受用户好评的出行智能体也将快速上车。之前，车机地图主要针对的是行中场景，行前场景和行后场景还需要手机地图。百度地图 V20 打造的新的手车互联让出行全场景体验更流畅，真正做到了让车机地图比手机地图更好用。

百度地图 V20 相比传统的车机地图有了革命性的提升，自发布以来，得到了众多主机厂的认可，以及消费者和终端用户的喜爱。目前已超过十家主机厂都陆续上线了百度地图 V20 版本，接下来将会有更多的主机厂车型搭载百度地图 V20。

二、智驾

中国的智驾技术迭代更新非常快，端到端是当前主流的智驾方案之一，可以显著提升智驾的上限，处理规则代码无法覆盖的长尾场景。那么端到端是不是就不需要地图了呢？我们从合作头部的智驾实践来看，端到端并非万能的，没有地图的帮助，一些典型的场景仍然处理不好，比如像公交车道、长实线、复杂路口，以及车道合并 / 分岔等场景，无论是感知还是视觉大模型都不能很好地进行处理,轻则违规或错过路口,重则有碰撞的风险。我们认为有了地图的帮助,可以有效提升智驾表现,让智驾更安全、更高效。

针对智驾对地图的需求,我们给出的答案是车道级地图数据 LD。我们跟多个合作客户的实践证明,百度地图 LD 不仅可以服务于人驾,还可以服务于智驾,在提升智驾的安全性和效率上都有显著价值。

在安全性上,百度地图 LD 有丰富的先验语言信息,比如公交车道、非机动车道以及超视距的感知信息(例如长实线等),这些信息能够有效地避免智驾走错道/错过路口,从而减少接管,提升信息传递接口。

在效率和体验上,智驾最难处理的还是复杂的路口场景。百度地图 LD 可以提供路口车道拓扑、待转区等信息,让智驾在这些路口体验上更加丝滑不迟疑;同时,基于覆盖全国的车道拓扑网络可以实现全程最优车道推荐,能够避免无效变道,从而让整个智驾的过程更加高效、舒适、拟人。百度地图 LD 是真正为自动驾驶而生的地图。

相比传统的自动驾驶地图,百度地图 LD 有三大核心优势。第一个是全覆盖,实现了全国 1300 万公里可行驶道路的全面覆盖,涵盖从 1 级到 9 级的各级道路,并针对 300 万路口构建了精细的拓扑表达。第二个是更新快,更新时效性对图商来讲是竞争力的生命线,LD 可以实现静态要素天级更新,车道级路况、车道级事件等动态要素分钟级更新。第三个是全场景,我们有覆盖超百万家的停车场数据,可精准表达出入口,让行车和泊车智驾体验有极大的提升。百度地图 LD 不仅竞争优势显著,而且还是现货交付,能快速帮助主机厂实现智驾的量产,全面加速智驾平权,扩展智驾能力的边界。

在工程落地上,我们基于 LD 数据打造了舱驾云三端一体的智驾地图解决方案。在合规云端领域,高质量的 LD 数据可以参与端到端模型的预训练,进一步提升智驾的上下限。在智驾域,ADMap API 数据服务,可用于智驾的在线推理和后处理的安全兜底。在智能座舱域,LD 车道级导航和 SR 渲染,可以大幅增加智驾时用户的安心感。三端一体的方案同时兼顾体验、效率、安全，不管智驾技术路线是 VLA、端到端 +VLM，还是轻图智驾，都可以灵活地适配支持。

百度地图持续创新，不断进化，始终坚持开放共赢合作策略，致力于为汽车智能化创造更大价值。百度地图愿和各位伙伴一道共同助力中国汽车产业智能化事业走向成功！

以"AI 算法 + 工程化"助推智驾普惠

知行科技总裁
蒋京芳

我想跟大家分享的是智能驾驶的发展趋势和知行如何面对机遇和挑战。

当前，智驾平权时代已经到来，技术在迭代，芯片在成熟，成本在下降。另外，智驾平权的一个非常重要的驱动力是各种功能越来越好用。

首先介绍泊车功能，该功能从过去的"能用"到现在的"好用"，目前正向"爱用"逼近。知行科技非常有幸参与了该功能的整个发展过程。2024 年，知行科技基于单 TDA4 的域控制器首次将 BEV 部署在 8TOPS 上。鸟瞰视角（BEV）的感知迭代、Z 星算法的提升，使得泊车的功能上限得到很大提升——一把泊入率得到显著提高，泊入的时间更短，基本可以实现无感动态换挡。它的前向感知更加丰富，能够实现非常好的人机交互显示，显示的内容也更加丰富。这些都充分说明整个泊车的性能得到了非常大的提升。

2025 年，我们将这套鸟瞰视角部署在更高算力 100TOPS 的 J6M 上，进一步提升了它的功能和性能，比如对异形障碍物识别能力的提升、停车场实现代客泊车。另外，它在 2024 年实现断头路车位泊车之外，2025 年还会继续开发机械车位泊车功能，整个泊车效率将会得到进一步提升。我们相信在不久的将来，泊车的场景新体验将会普惠到全球的客户。

其次是行车。2024 年，知行基于 5R10V 和 5R5V 两个平台，分别在星纪元和奇瑞的 iCar V23 上得到量产搭载。它们的算力比较低，比如 iCar V23，J3+TDA4 的算力只有 13TOPS，而且是去掉四个侧视相机、用环视去代替侧向感知的情况。

2025 年，我们要做无图的高速和城区领航辅助驾驶（NOA），也是基于 J6M 平台的。说起来比较简单，但是整个算法，从感知的 7V、11V、地图到预测和规控算法都做了非常大的提升，整个软件也会得到非常大的提升。

整个行车、泊车场景更好的体验和更泛化性地提升，最根本还是技术的路线，要依靠 AI 算法持续地进化。知行在 2023 年之前靠卷积神经网络（CNN）感知＋规则的预测定位等相关的算法，实现了行泊车 L2 以及泊车的量产。2024 年，我们实现了鸟瞰视角和基于模型化的预测部署，融合、定位以及规划还是规则化的。2025 年，我们需要做的是两段式的端到端和多重安全冗余。2026 年，我们会从两段式过渡到一段式，实现全场景车位到车位。

最后，知行也在做与 VLM、VLA 相关的探索，主要的目的是把端到端和 VLM 做一个深度的融合，通过多模态融合提升场景理解的能力，使它的场景覆盖度更广。

除了车端 AI 的路径之外，云端也很重要。因为高阶算法需要通过数据为驱动做持续地迭代，构建整个云端的数据闭环是所有工作的基础。

从数据采集到标注，再到模型的训练、优化、部署，整个算法和功能的优化，最后通过空中升级到车端，这个链条非常长，我们还要考虑商业闭环，以在更小、更有限的算力下，将行泊车体验打造到极致。我们利用 AI 大模型，比如千问、DeepSeek，做数据的挖掘，当前已经有 300+ 场景挖掘，大大地优化了整个样本数据的分布。

夯实电动化　推进智能化　实现高质量发展

国产半导体进程：智驱未来，赋能全域智能电动生态

纳芯微电子副总裁
姚　迪

推进智能化，我们主要围绕以下几个方向来布局产品。

一、车身域控解决方案

随着整个汽车的控制架构发生从传统的 BCM 到域控的发展的转变，我们在执行上会发生重大变化。纳芯微电子在这个领域提供了完善的解决方案，包括电源转换、保护。我们拥有包括 CAN/LIN 在内的各种接口产品。在域控解决方案中，过去几年中，这类产品多数还是由海外供应商主导的。我们这些年积极加大研发，跟上游合作伙伴开发自有工艺，来提升产品竞争力，并加大对域控领域产品的布局。

二、汽车座椅和智慧内饰中集成化电机驱动解决方案

汽车座椅是智能座舱中非常重要的零部件，我们会看到在新能源汽车的使用环境中会有越来越多的偏舒适性的体验，例如车身有各种各样的座椅按摩，有各种各样的自适应头灯变化，有主动进气格栅，还有电动的空调出风口。每个动作的背后都有一个小的直流电机来驱动，每个直流电机之前都会有一个电机驱动的芯片来控制或者电机驱动的电路来控制。在传统的解决方案当中，这样一个小的电路多则需要八到十颗芯片，少则三到五颗芯片。我们开发的全集成的电机驱动 SoC 芯片可以用单芯片来同时管理电机系统、电源管理以及采样管理。极简的芯片方案可以极大提高客户在系统设计中尺寸上的竞争力，能给客户提供更高的设计灵活度。

三、汽车智慧内外饰中照明解决方案

大家会发现现在的车灯越来越炫，市面上出现各种贯穿式尾灯、流线型尾灯，以及可以打出文字的灯。包括大家在座舱内布局各种增强体验感的氛围灯，纳芯微电子也在积极布局车灯解决方案，提升消费者的驾乘体验。纳芯微电子的汽车尾灯驱动技术已经在国内取得非常不错的市场进展。这些年，我们积极加大对车前灯和氛围灯的投入，2025 年会重点向客户推荐车内智能氛围灯解决方案。基于我们在 SoC 和高压系统设计的经验，我们将为客户提供更便捷的车灯控制方案，同时向终端用户提供更极致的驾乘体验。

四、座舱电子中的电源管理、通讯芯片和驱动解决方案

在智能座舱中，除了座椅还有音响上等。一台车可能就有 10 到 20 个喇叭，纳芯微电子围绕汽车音频系统，重点推进 Class D 音频功放芯片。目前，大功率的音频功放技术基本由海外同行主导。这些年，随着高压技术的提升，以及在信号链技术上的积累，纳芯微电子将重点推介 75 瓦、150 瓦 Class D 音频功放芯片，为终端消费者提供更加极致的音频享受。

除了电源管理芯片、通信芯片，在智驾系统中还有一个关键的模拟信号调理芯片，就是解串器和串行器 SerDes。无论在智能座舱还是智驾系统中，能否准确地把摄像头收集的信号传递给 SoC，把信号传递到车载屏幕，其中有一个非常关键的模拟芯片，即 SerDes 串行 / 解串芯片。纳芯微电子近年开始围绕座舱应用，除了布局传统的模拟芯片，也会重点推出 SerDes 芯片。在这个领域，我们坚信未来三到五年内，国产的 SerDes 芯片一定会助力所有智驾企业，提升用户智驾体验。

夯实电动化　推进智能化　实现高质量发展

全天候时空智能体系助力智能汽车发展

千寻位置副总裁
辛　鑫

我汇报的主题是"全天候时空智能体系助力智能汽车发展"。

我的报告可分成两个部分：一、时空智能是什么，时空智能推进汽车智能化发展的核心关键点；二、时空智能的基础设施、核心能力和领先的技术如何为智能汽车保驾护航。

一、时空智能是什么，时空智能推进汽车智能化发展的核心关键点

在讲智能驾驶应用的时候，讨论热度非常高的是城市车身控制器 NOA，包括高速 NOA 以及各种各样的场景里面真正的体验。我在这里想提出一个严肃的话题——如何保障道路特别是高速的行驶安全。与此同时，我想再次提醒大家，在超视距情况下，我们如何做到风险预警，如何做到整个安全驾驶相关的保障。

今天，我们各行各业都在谈出海，当我们在国内的最佳实践被输出到海外的时候，从设施非常完好的城市去到一些边远地区甚至是一些没有通信网络的地方时，我们的智能驾驶的功能、我们的体验，甚至我们的安全如何保障？在这些方面，时空智能能力是不可或缺的，也是关键的核心能力。

时空智能作为驱动智能汽车进化的一个核心引擎，主要体现在以下三方面。

1. 精准定位是智能驾驶的基础

定位精准度直接影响自动驾驶决策的安全性，另外，未来的出行一

定不再是 2D 的，时空感知对于飞行汽车在空域中的行驶安全起到决定性作用。

2. 时空服务赋能智能出行生态

统一的时空基准可实现"车辆—路侧设备—云端"毫秒级交互。时空智能连接车端 VLA 与云端 VLM，实现"上帝视角"决策，如路口红绿灯倒计时与车辆速度的云端协同优化。

3. 全域感知融合提升安全性

目前智驾的"无图"方案实际上是"轻图"，融合定位算法强依赖"轻图"中的 POI 点的高精定位数据。遇到暴雨、强光等恶劣条件，如果没有实时的时空智能服务，只能采取系统降级或者用户接管，这对于整个智驾系统的用户使用体验和驾驶安全是有很大影响的。时空智能的服务加持，能够提高整个智驾系统的鲁棒性。

二、时空智能的基础设施、核心能力和领先的技术如何为智能汽车保驾护航

智能驾驶领域有三个关键的"大"：①大算力；②大数据；③大模型。这三个"大"对我们智能功能的迭代包括能力提升。除了这三个"大"以外，我们还看到了支持未来发展的核心基础设施的能力有三张网：计算网、时空网、互联网。

时空网的三个关键要素为：第一，关键基础；第二，核心能力；第三，先进技术。

1. 关键基础

第一，从基于北斗、基于整个卫星的能力，把它转化成在地面上能够有效地使用的信号的信息；第二，能够将这些信息和数据处理之后，变成可用的高精的支持时空智能的相关的服务；第三，真正能结合硬件，以芯片形态，更多地与硬件接口方式，能够有效地把它变成能够调用的服务的形态；第四，所有的能力跟技术最后都服务于用途跟场景，这些基础的软

件能够支持更多的上层应用，发挥更多的作用。

2. 核心能力

我们目前在全球的用户已经超过了 23 亿。加速定位服务在全球只有四家企业有技术积累来保障支持，我们是唯一的一家中国企业，另外三家是苹果、Google、诺基亚。我们利用遍布全球的 6000 多座 GNSS 星基/地基增强站支持客户以及合作伙伴。我们在国内对接的技术标准，包括应用解决方案，能够平滑地应用到全球各个基础设施覆盖的范围。换句话说，今天，大家共同筑建了一个能够从中国走向全球的核心技术平台的底座。这些都是我们在过去十年当中不断打磨积累的成果。

3. 先进技术：星地一体、云芯一体以及软硬一体

星地一体。我们得益于过去多年通信网络的基础建设，拥有了支持时空智能的相关能力，能够在没有网络甚至在基站信号受到干扰的情况下，直接应用卫星的相关服务。

云芯一体。电离层活跃是由来已久的老问题，对所有高精定位的相关服务，甚至对电子相关的产品都会形成直接的干扰跟影响。这意味着我们基于位置的相关服务跟相关的功能会受到相应的干扰跟影响。我们公司通过将芯片跟云上算法相结合，有效对抗这些干扰，能够让它真正被排除。我们第一代的能力是能够预测干扰，让这些影响在我们现在的服务里做提前预警、排除。第二代的能力已经能够对抗它的影响作用，让产品、功能顺滑地延续。

软硬一体。所有的软件跟硬件本质来讲都是把算法、真正实现的方式封装在一块儿，我们把算法软件与硬件也做了深度整合。

07

第七篇
PART 7

推动聚合型智能产业发展

打造聚合智能产业新业态

中国电动汽车百人会副理事长兼秘书长
张永伟

我想就我国智能产业的发展提一个动议。中国电动汽车百人会在调研中发现，当前大家经常提到的智能网联汽车与低空出行/低空飞行技术、无人驾驶船舶、具身或者人形机器人这三个产业，过去都是独立发展的产业模式，如今它们已各自构造出不同的、相对独立运行的产业体系、管理体系、产业生态，目前三者未能形成产业之间的协同效应。最近，有专家指出，这三个产业是相通的、同源的。也就是说，这三个产业名字虽然不同，但具有同根同源的属性，因此，我们应该将它们作为一个未来的统一产业去思考。在三者的产业形成初期，就将它们原本分割、脱节的发展模式，调整成一个协同发展的产业模式。它们应该有一个综合性的、新的产业概念，我建议称其为"聚合智能产业"。

智能网联汽车与低空出行/低空飞行技术、无人驾驶船舶、具身或者人形机器人三个产业的产业化速度和深度，相对于汽车都要慢一些，因为这三个产业链降本的速度没有汽车快。汽车动不动就是千万级的产业规模，一项技术一旦搭载在汽车上，就可以快速进入商业化和产业化轨道，所以用汽车零部件、产业链去连接低空、无人船舶、机器人产业，对这三个产业的发展都有很大好处。

智能汽车与这三个产业之间至少有三个领域是相通的。

一是技术同源。智能网联汽车与低空飞行器的物理形态高度相似，与人形机器人和无人驾驶船舶的智能化能力迁移性都很强。在智能化方面，智能网联汽车与这三个产业，在基于人工智能的感知、决策、控制方面，都有高度相似的 AI 智能内核，都能够实时感知周围环境并做出应对决策。

二是底层逻辑相通。从事 AI 算法、应用软件、硬件开发的专业人才，在智能网联汽车与这三个产业之间可以互相流通；电池、AI 算法、轻量化材料等前沿技术可以在这几个产业之间交叉应用与创新；电机、传感器、控制器等关键组件能够共通共用；数控加工、激光切割、精密装配等制造技术及生产工艺、经验能够通用；在智慧出行、物流配送、紧急救援、公共安全等方面，这些产业都具备协同融合发展的潜力，可以通过跨界合作开发新的服务模式、盈利渠道甚至发展模式。

三是应用融合。在生产领域，汽车行业为人形机器人提供了最早的规模落地场景，特斯拉 Optimus、优必选 Walker S、智元机器人等，均以汽车工厂为早期落地场景。在恶劣、危险环境中的无人矿山作业、无人火灾救援、无人地震救援等运输无人化、作业无人化模式，以及跨越阻隔的陆地交通、空中交通、水上交通结合的立体智能交通模式也都是一些人形机器人的落地场景。

虽然过去这几个产业各有不同的发展模式，各有不同的产业归属，但进入智能时代，这几个产业将逐渐走向聚合。

高成长性是这些产业的共同特点。一是产值高。据预测，人形机器人将形成三个万亿元级产业场景，包括工业场景、商业服务场景、生活服务场景等，2030 年将达到 3000 万美元级，2040 年达到万亿美元级。二是企业估值高。未来将产生一批"独角兽"企业。如宝马 AI 人形机器人工厂 FigureAI，其市场估值高达约 400 亿美元。我国人形机器人公司宇树科技已进行 C 轮融资，预计下轮融资额将达 200 亿元人民币。三是科技含量高。这些产业涉及机械工程、自动化、计算机、电子、电气、材料等门类，技术要求高，场景多、难度大。

为此，我们倡议建立一个"聚合产业交流平台"，成立一个"聚合智能产业委员会"，先交流起来，把产业间的隔阂打通，把全球的交流渠道打通。我们希望，在聚合智能产业刚开始发展的时候，就具有全球合作的属性。我们应把它放到全球范围内去思考，去推动全球合作。

每一个领域都有需要研究的重大技术问题、政策、标准、法规问题，就像当年推电动汽车时一样，智能聚合产业的发展也离不开技术创新、政策创新、体制创新。这些重大问题都可以拿到这个平台来讨论和研究。这样，发展快的产业、领域，就可以为其他产业、领域提供经验借鉴，减少各个产业的学习成本，节省宝贵的时间。我们期望为该行业的发展构造一个好的发展环境，推动解决产业化落地问题，如低空环节的人才培训问题、产融对接问题、地方场景落地问题等。

在产业发展初期把技术链、供应链、产业链打通，让企业能够找到更多的用户，让一个技术能够在多领域应用，解决先发展产业、后进行融合的过去产业弊端问题，尽量不走过去的弯路，创造、创新产业或新质产业发展模式，共同助力这个产业的发展，是我们打造这个平台的初衷。

积极促进低空立体交通红绿灯技术创新，推动车机一体等应用系统高质量发展

北京大学教授
程承旗

我介绍的主题是"积极促进低空立体交通红绿灯技术创新，推动车机一体等应用系统高质量发展"。

低空立体交通红绿灯的发展路径包括以下几方面。

一、打造低空红绿灯域时空理论与技术

从 1997 年开始，我们在国家高技术研究发展计划"863 计划"、国家重点基础研究发展计划"973 计划"及国家重点研发项目支持下持续研究了

夯实电动化　推进智能化　实现高质量发展

20 余年，打造了一套地球立体剖分网格模型——GeoSOT 模型，实现了地球域时空编码的理论创新。

GeoSOT 模型由 32 层立体网格及一套整型编码体系构成，已发展成国家北斗、测绘、邮政等国家标准，基于这套标准，可将被楼宇、电线、树木及飞行器占据的网格，包括政策不允许飞行的网格标为红色，我们称之为"红灯"；未被实体占据且具备飞行条件的网格标为绿色，称为"绿灯"，加上时间编码，成为构建低空红绿灯系统的数字化基础。未来无人机及飞行汽车需要这套红绿灯导航系统支持，实现飞行器实时导航、及时避让其他飞行器及低空障碍物。

二、建立低空立体交通红绿灯工程系统

依托北斗网格码相关国家标准，打造低空红绿灯系统的工程创新体系。目前我们已在天津、成都、衢州、十堰等国内多个城市试点，按米级和 10 米级立体网格，将空域及地面三维空间数字化，建立低空立体网格图。不同性质的网格标识出不同颜色（红灯网格不能飞，绿灯网格能飞），在立体网格图上建立低空红绿灯管控系统，形成空中高德式的导航服务。

在低空立体网格一张图基础上，不同部门可以统一实现低空的精细化、网格化管理，配备 5G、北斗精准定位、气象等保障条件，实现低空三网一中心一平台（航路网、设施网、信息网、低空数据中心及低空监管平台）协同管理，核心是构建低空网格路。在网格路上行驶的就是无人机和飞行汽车，各主管部门可以基于这套红绿灯系统制定低空交通管理规则、监管规则和运营服务标准等，支撑千企百业开展低空场景运营服务，这将为政府建设"管得住、放得开、用得好"的基础设施提供底层支撑，也为未来低空经济安全健康发展提供核心基础。此外，基于这样一套低空红绿灯系统，还有利于为城市的地上、地面、地下及室内的全域空间飞行管理提供一套统一的技术方法。

三、车机一体系统是低空立体交通红绿灯基础设施的重要应用方向

车机一体系统是将无人机发展成汽车的标准配件，其中低空立体交通红绿灯图系统将成为车机一体系统的核心部分，利用红绿灯导航图为车载无人机提供实时路线规划，可以随时随地指引无人机到达指定地点，未来每辆汽车可能都要装载一套低空红绿灯导航软件。

目前，北斗伏羲等企业已经在近十个城市开展低空红绿灯系统验证系统建设，车机一体化系统也开始在邮政快递等领域开展拓展应用。

具身智能：驱动产业进化新范式

北京航空航天大学机器人研究所名誉所长、中关村智友天使人工智能与机器人研究院院长
王田苗

我分享的主题是"具身智能：驱动产业进化新范式"。

首先，从未来世界发展格局与我国引领优势产业发展的需求看，智能制造既是世界经济发展的重要驱动力，也是我国构建产业优势可持续发展的底座。与此同时，智能制造既迎接着颠覆性科技浪潮的推动力，又深度服务于面向企业端、面向用户端以及面向政府端的大市场，尤其在智能汽车与具身智能领域展现出不可替代的产业价值。其中，具身智能狭义理解是智能机器人或仿生机器人，而广义理解是 AI 赋予物理载体大、小脑的功能，它可以是机器人、人形机器人，也可以是制造装备、无人机，还可以是可穿戴设备。更重要的是在宏观产业生态层面，具身智能的服务对象、技术体系、制造供应链与新能源汽车产业存在多重可直接协同的基础，具

备通过聚合进化共同发展前沿产业的机会。

当前，具身智能的本体形态已呈现多元化发展态势：轮式、足式、臂式、复合型及仿生型机器人，正以其差异化的形态优势叠加新一轮 AI 创新浪潮，向工业、服务、特种等场景渗透。未来十年，以"高效封闭自动化装备 +AI"为核心的技术范式，将有望覆盖 70% 以上的生产场景，在无需额外增加安全、效率与其他经济成本的前提下，人类与物理世界的协作边界就会被重塑。在此进程中，以智能汽车、低空出行、机器人为代表融合为的"聚合智能产业"已出现，并呈现出"多元交错"与"技术统一"的辩证关系：一方面，差异化的场景需求，导致终端形态、功能要求高度分散化、交错化；另一方面，底层核心部件（如端侧芯片、垂类模型、大模型），则有望实现从分散到收敛的技术统一。百年汽车产业的演进逻辑，或将在聚合智能产业复刻。

面对全球科技竞合，中国能否从过去的"追随者"变为科技革命的"引领者"？过去，中国科技创新的底层逻辑曾长期依赖"论文—关键技术示范—转化"的线性路径，或者通过名校项目"嫁接"到上市公司实现局部突破。但以 2025 年为起点，中国科技的崛起开始影响世界科技的发展方向，甚至是股价的波动。经过研究分析，我认为推动中国科技创新的关键因素包括生态、人才和需求三个因素。

一、推动中国科技创新的关键因素：生态

一个国家，创新的生态和土壤能决定企业形态，也能决定创新项目的推进进程。

在国家要富强，要建设形成鼓励高科技成果转化（产教研融合），创投生态风险投资，IPO（首次公开发行股票）上市，为"小天才"或"企业高管"提供创新土壤，这都是"国家逻辑"所赋予的。

与之形成协同效应的是由"市场逻辑"引领的产品创新生态，它将牵引出以用户需求为核心的技术突破与产品迭代/服务迭代。而新型研发机构、孵化器则加速推动了技术成果和企业之间的转化效率和转化效果，这

些探索共同推动了行业繁荣创新。

二、推动中国科技创新的关键因素：人才

人才是教育体系派生出来的，人才需要有雄心壮志，需要有商业思维，需要有团队精神。

关于人才，我们知道很多科学家在创业，很多国家重点实验室也在国家的推动下创业。无论是院士还是杰出青年，只要不是全职创业，拥有再多的资源其本质都是在做孵化器。如果院士或杰出青年孵化出的创业项目未来希望做大、做强，这个项目就需要被剥离出来，因为它的底座最初并不是企业。

三、推动中国科技创新的关键因素：需求

需求包括人性的需求、企业的需求、国家的需求。

由于有生态因素、人才因素，特别是工程师红利和统一大市场红利，未来十年我认为中国真的有望诞生出世界型的具身智能领先公司。

四、观点总结

第一，当前具身智能领域呈现出技术体系与应用体系均在分散发展的状态，若能在迭代过程中形成"菱形结构"（顶层是模型；中间层是芯片、多元垂直模型；底层是核心部件），我觉得这个体系有望参考汽车产业实现规模性成长。

第二，我们相信具身智能是一个软硬结合的逻辑，并且能充分发挥中国先进制造再升级的有利优势，所以中国依然会创造下一个奇迹。

夯实电动化　推进智能化　实现高质量发展

从"新三大件"到端到端、高效、高质产业创新生态体系建设

XbotPark 机器人基地发起人、深圳科创学院发起人和院长、香港科技大学教授
李泽湘

我的分享主题是"从'新三大件'到端到端、高效、高质产业创新生态体系建设"。

近年来，在中国电动汽车百人会的推动下，国内"新三大件"eVTOL、eYacht、eBot 取得了颠覆性的发展。与此同时，我们也在思考怎样构建新的产业创新体系来支撑更多颠覆性创新在中国出现。这些年，我们探索并构建了一套称为"1 地 +1（N）校 +1 平台 +1 园区"的科创生态模式，助推教育（新工科）、人才（创业者）、科技（科创）机制体制一体化发展。

一、传统 / 现代工程教育：G.Brown 模式（科学主导工程）

1992 年，我加入香港科技大学。香港科技大学把美国工程教育体系搬到中国，这个体系在 20 世纪 50 年代麻省理工学院经过大量探讨最终成形，其主要目标是为研究机构和大企业输送人才。学生要学数学、物理、化学、生物学，在毕业设计时整合知识，这需要学生具备分析、解决问题的能力，但学习过程中发现、定义问题的环节却严重缺失。这直接反映了工程教育转化成果的一个核心指标是创业浓度（即以联合创始人的身份创业并获得社会资本投资的毕业生人数 / 毕业生总数）。目前世界上传统工程教育高校中该指标最高的麻省理工学院也不到 1%。排在第二位的斯坦福大学是 0.5%。多年的探索让我意识到这套体系存在问题，大学的研究成果走出去极其困难。

二、基于机器人比赛的项目制课程（2004—2015 年）

2004 年，为参加亚太机器人大赛 Robocon，我在香港科技大学开设了一门机器人项目制课程。通过这门课程，有两个学生学会了创业的硬功夫，他们就是后来创办了大疆创新科技有限公司的汪滔和马墨。同时，我也通过开设机器人比赛对新工科教育有了新的认识，其核心是从产品设计、制作、调试中了解供应链以及产品快速迭代问题，毕业设计时学生自己定义问题，而不是由老师给问题，这带来了很大的改变。学生的未来发展由出国就业变为国内创业，因为中国的发展机会远超国外。

三、哈尔滨工业大学深圳研究院（2004—2009 年）：自动控制与机电工程学科部（CoME）

2004 年，有感于固高科技服务有限公司创办过程中高端人才短缺的困境，我和王树国在哈尔滨工业大学深圳研究院进行了研究生改革。其间，我们带动一批学生创办比锐精密半导体封装设备公司，该公司最初发展很好，但后面很遗憾因为团队意见不一致，没能持续发展。但幸运的是一年后 8 个同学创办了 8 家公司。从 2004 年至今，哈尔滨工业大学六届教改班 300 名毕业生共创办了 48 家公司，总估值超过 680 亿元，其中 3 家已上市，且大部分为 2B 公司，他们撑起了中国半导体封装设备的半壁江山。

四、XbotPark 与广东工业大学粤港机器人学院（2014 年至今）

2014 年，我们想到大湾区制造业"微笑曲线"两头在外，有没有可能抓住这两头，在 C 端培养一批学院派创业者、以 to C 为主的国际品牌。在东莞市政府的支持下，我们在东莞松山湖成立了 XbotPark 机器人基地，并与广东工业大学合作成立粤港机器人学院，通过"打猎模式"与"大田模式"相结合，培养学院派创业者。松山湖机器人基地从 2014 年到 2020 年吸纳了 60 多个探索团队，经初步统计，这些团队的存活率达到 80%，其中

15% 更是发展成为独角兽或准独角兽企业，成为全球细分行业的领军企业，排名靠前的几家公司的估值超过 100 亿美元。广东工业大学粤港机器人学院的毕业生很多成为这批初创公司的核心骨干。经过几年的企业磨炼后，其中几位也走上了自己的创业旅程。

五、欧林工程学院

美国新工科教育的先锋欧林工程学院，其课程体系就是培养产品经理和创业者。学生首要要发现和定义问题，其次用项目带动数学、科学、工程学习，最后融合实践与理论，创业过程与学习过程同步，其创业浓度是斯坦福大学的五倍。虽然是一所起步时间不长的学校，但其教育模式与我们的理念极为契合，我们多次前往欧林工程学院学习，引进了相关课程，并在此基础上不断迭代课程。

六、The XbotPark Model：从新工科教育到新质生产力

以前的产业创新是线性模式，从基础研究一步步实现产品规模化。乔布斯第二次回到苹果公司悟出了新模式，即从市场需求出发，发现、定义问题，了解供应链，再用项目研究新的科学、技术、人文，然后孵化落地，这相比传统大公司的效率可能快十倍、百倍。XbotPark 体系正是在探索构建一个能够提升成果转化效率和满足社会需求、从横跨基础研究到量产的新型科技创新生态。

七、"1 地 +1（N）校 +1 平台 +1 园区"科创生态模式

2018 年至今，我们已经在东莞松山湖、宁波、常州、重庆、深圳、中国香港等地构建了"1 地 +1（N）校 +1 平台 +1 园区"的科创生态新模式。在地方政府的支持下，与当地高校合作，截至目前，各基地已取得显著成果。自 2021 年起，累计已有探索期团队 137 个，天使期团队 59 个，天使轮后期（含天使轮 +、preA、preA+）团队 12 个。天使期及天使轮后期公司在 2024 年销售额已达 2.13 亿元，2025 年预估到 7.12 亿元，共获得融资

约 8.66 亿元，总估值约 52.09 亿元，展现出强大的发展活力和潜力。

检验科创教育的硬指标是 Kauffman 基金会定义的创业浓度，即以联合创始人身份创业并获得社会资本投资的人数除以毕业生总数。传统（现代）工程教育的最佳数据仍是麻省理工学院，但也仅有不到 1%，第二名是斯坦福大学（0.59%），第三名是以色列的特拉维夫大学（0.39%）。新工科教育的先锋欧林工程学院用不长的时间创造出高于第二名斯坦福大学 5 倍的数据（2.77%），让我们初步认识到新工科教育对于培养拔尖创业人才的重要性和有效性。经历了多年的探索和迭代，常州基地的常州大学教改班毕业了三届共 72 名学生。这批学生的创业浓度达到了 11%，重庆大学明月教改班第一届 20 多位毕业生，创业浓度更是达到了 21%。我们相信，将有更多的毕业生持续加入创业行列中。

像人类一样踢足球：人形机器人的腿部具身智能

清华大学教授、机器人控制实验室主任
赵明国

我汇报的主题是"像人类一样踢足球：人形机器人的腿部具身智能"。

一、机器人世界杯：人工智能的标准挑战（RoboCup: A Standard Challenge of AI）

RoboCup 是人工智能的标准问题。1997 年，人工智能挑战和人下国际象棋就是一个标准问题，这个问题解决后下一个标准问题是什么？有些学者提出来用人形机器人踢足球。于是 1997 年，我们马上开展了机器人踢足球的比赛。

当初，有对比人工智能在下国际象棋和用机器人踢足球时的五个方面，来说明它们作为挑战问题的合理性，即环境、状态的变化，信息的完整性，传感器和控制的方式。而这些内容恰好是我们现在要发展的具身智能和人形机器人的主要内容，也是主要难点。

为什么当年 IBM 要用深蓝战胜人类？我的观点是，先在国际象棋领域完善技术，然后把机器人从认知中得到的新技术应用到医疗方面。不过后面推出的 Watson 系统，虽然试图在医疗领域解决重大问题，但是由于各种原因没有完成；之后 DeepMind 重复同样的模式已经成功——先在围棋领域用 AlphaGo 取得突破性成功，然后 AlphaFold 在 2024 年获得了诺贝尔奖，而且 Hassabis 宣称未来 10 年 AlphaFold 可以大大缩短基因工程里的问题解决时间。这两个模式完全相同，只不过一个没有取得探索成果，另一个成功了，这是非常重要的一个范式。

用机器人踢足球就是要解决人形机器人的基础问题，这个问题在标准平台上得到解决之后，再把它拿出来应用。如果其他条件都具备，就可能实现重大的社会应用。我个人觉得这可以解决"银发经济"问题，如工厂制造。不过我们首先应该获得技术，这个技术的获得是复杂且艰难的。

二、人形机器人联盟成人组 @ 机器人世界杯 2024（Humanoid League AdultSize@RoboCup2024）

DeepMind 的一个研究小组，2023 年、2024 年在《科学》(*Science*) 上发表了一篇文章，机器人通过学习完全可以完成找球、踢球、跌倒爬起等基本的动作。这值得我们借鉴，现在很多人形机器人想直接进工厂，解决社会问题，但是我觉得方法不具备或者技术探明不清楚的情况下直接应用，可能存在问题，所以我一直在各种场合推广这个理念。

我们希望通过一个标准平台，解决整个足球比赛里面遇到的各种各样的问题，如运动、感知、自身决策、队员决策、对方有对抗队员时的决策问题等。

在这个过程中，不可能一步到位解决所有问题。现在很多机器人是有人遥控的，原因之一是在足球场上，机器人虽然可以自主完成踢球和对抗，但是一旦走出场外，它就会停止运行，因为算法里很难对整个自然环境建模，并设定角色规则。原因之二是它的决策相对简单，如何像人一样和多个队员配合，和对手对抗，并据此调整站位、决策，目前机器人还很难自主做到。因此我们发展出一个 AI 和人遥控混合的新方式，机器人还做不了的决策由人控制遥控器来做，而近距离的控球、踢球是机器人和 AI 比较擅长的。

2024 年，受整个国际技术形势发展趋势的影响，我们的想法发生很大的变化，我们希望机器人全部变成自主的。要实现自主能力必须完成下面的功能设计：理解舆论能力、环境感知能力、队员合作和对手对抗的正确决策能力。目前，在这个足球比赛中还很少有机器人能达成这一目标。因此，目前机器人后面会有人一起，因为每个参赛队的机器人都很宝贵，一旦损坏，比赛和研究工作就都没办法进行，所以加了一个 Handle。我们最大的目标是把 Handle 去掉，然后把二对二的比赛拓展到三对三、五对五，有了更标准的平台就可以做更多的工作。

对于单个机器人来讲，需要控球的很多技能，如行走、场地定位、其他球员位置感知，也需要配合性的技能动作，包括踢球、避障、带球、过人、传球。

另外，对机器人来讲，如果要达到实用，在比赛场上的稳定性非常重要，机器人经常会由于对抗、自身稳定性或可靠性原因出现问题而摔倒。这个问题不解决，就没办法在更复杂的场景中应用。

因聚合而生，为具身而长

地瓜机器人 CEO
王　丛

我的汇报主题是"因聚合而生，为具身而长"。

一、因车与机器人的聚合而生，为智能化诉求的落地而长

2024年地瓜机器人从地平线机器人公司独立出来，地平线机器人公司仍然沿着智能驾驶的赛道继续服务消费者和OEM。地瓜机器人既承载了地平线机器人公司的初心，也要做机器人时代的母生态，打造整个机器人时代的芯片和软件的基础架构。

二、地瓜机器人：业内唯一面向机器人市场，打造软硬件通用底座的全能提供商

虽然仅仅成立一年，但凭借过去在地平线机器人公司的积累，我们取得了一定的成绩。我们现在有大几百万的芯片出货量，下游机器人品类接近100种，符合聚合智能的主题。我们的芯片可适配天上飞的、水里游的、地上跑的，各种形态的机器人我们都有，同时我们还在机器人开发者生态上做了很多工作。现在有200多家创客、200多家高校都与我们有合作，有将近10万的开发者在使用我们的平台。我们立志做生态服务型的优秀供应商，业务涵盖整个软件和硬件、芯片和软件的基础架构，服务整个行业。

三、具身智能行业痛点：行业极其分散，亟待更标准的软硬件平台支持，推动产业加速发展

机器人行业现存很多问题。一方面，机器人为了满足各行各业不同的生产效率，注定会有不同的形态。未来机器人的品类一定是多种多样的。这样一来，不同赛道、不同形态的机器人公司的数量也会很多，这样的市场会很分散，产业集中就会是个大问题。如果要把这么多家机器人公司都服务好，我们相信一定要有一个能够做好基础底座、芯片硬件、上游传感器、软件的基础架构的公司，否则行业没法快速发展。

另一方面，整个本体没有标准、成本居高不下、数据难以采集、训练成本高、没有专用的开发工具，是现在整个机器人行业面临的巨大问题。不过相对来说，中国有得天独厚的优势。因为中国做零部件、电机、本体的公司非常多，相信凭着这些公司的努力，供应链马上会被打通。但与此同时，做一个符合机器人市场专用的处理器、AI芯片，以及符合机器人市场专用软件的底层工具，这样的公司很少，所以地瓜机器人想把这件事做好。

四、产品解决方案：从芯片到开发平台，软硬一体，端云协同，为行业打造范式产品

地瓜机器人目前工作的核心是芯片，也致力于研发机器人操作系统、核心算法和开发工具。

五、产业聚合创新者：生于车，长于机器人，软硬件技术聚合创新赋能

地平线机器人公司是我们的母公司，我们可以把地平线机器人公司过去在自动驾驶领域积累的技术、生态，灵活迁移到机器人研发领域。

六、商业验证领导者：商业化成熟已覆盖多机器人品类，触达开发者人数不断刷新

目前，我们已有很多的客户的产品实现了量产，今年有很多搭载我们芯片平台的人形、四足狗等多样的机器人品类出现。

七、生态构建陪伴者：持续投入开发者生态建设，助力高校开发者更快成长

我们现在已经和很多高校和生态开发者做了非常多的基础工作，致力于创造机器人+时代的无限可能。

八、高阶具身探索者：大算力产品，服务机器人高端智能应用

到 2025 年年底，我们会推出大算力平台。这些算力不仅用在具身智能上，也应用在 eVTOL 等低空领域的产业。我们推出了 100T 左右的算力，2025 年年底还会推出 500 多 T，甚至更高算力的平台，希望能够满足不同的具身算力需求的机器人。

以车企优势赋能人形机器人发展

广汽集团机器人研发团队负责人
张爱民

我汇报的主题是"以车企优势赋能人形机器人发展"。

一、广汽人形机器人整体构架

广汽的机器人是行业内首创的可变轮足人形机器人。现在国内机器人大多是做足式机器人，这一创新主要基于行业内的痛点诉求。人形机器人落地必须要满足几点要求：强安全、高效率、长续航和低成本。

我们的机器人主要结构包括"大脑"、"小脑"和执行器。"大脑"使用英伟达公司的 Orin 芯片，主要负责任务级交互、感知、规划；"小脑"使用国产嵌入式芯片，用于机器人的运动控制；执行器是全栈自研的，这样便于满足性能和成本需求，主要有电机、驱动、灵巧手和机械臂。

二、人形机器人 = 汽车软硬件 + 人工智能 + 人形本体

站在车企的角度来看，汽车和机器人类似。电气构架方面，汽车有域控制器，人形机器人有"大脑"、"小脑"、执行器，构架基本一样；感知方面，二者都有激光雷达、电机、视觉等器件，汽车跟人形机器人基本一致，这也是广汽做人形机器人的优势所在。

不过人形机器人对算法、算力的要求比汽车更高，它对云端服务的要求更高；功能服务方面，汽车有智驾、智慧座舱，人形机器人则主要是具身智能。

三、平台技术赋能：汽车平台软件赋能人形机器人

汽车的系统平台给人形机器人的制造与技术发展提供了非常大的优势。首先，二者的底层传感器很多都类似；其次，人形机器人的"大脑"、"小脑"等都采用车规级芯片，而且底层操作系统也是用的汽车的实时操作系统；最后人形机器人的系统中间件部分，如图形引擎、系统诊断、ROS 通信等也是采用的汽车的构架。

四、AI 技术赋能：AI 大模型 + 人形机器人，展示强大活力

车企在很多单点技术上可以赋能人形机器人。我们汽车的智能座舱交

互包括语言视觉大模型，其交互功能和人形机器人基本类似。另外智驾包括感知、规划、决策、执行、控制等，其实现方法与人形机器人基本相同，但机器人比汽车的复杂程度更高，因为机器人不光要有移动能力，还要有服务能力。从场景来说，人形机器人也比汽车的使用场景更复杂。

五、关键技术迭代赋能

从长远来说，本地部署大算力不现实，最终算力肯定都要部署到云端，在这些技术上，汽车跟机器人可以共同迭代、进步。

六、产业赋能

（一）协调创新技术

首先，新能源汽车的电池技术（如固态电池）为机器人提供长续航支持；其次，汽车零部件的轻量化经验能助力机器人降低能耗并提高其灵活性。

（二）核心零部件共用与车规级标准

硬件共享：广汽将智能网联新能源汽车的成熟供应链资源（如车端芯片、激光雷达、传感器等）直接应用于机器人研发，实现对其核心零部件的共用。

车规级标准：核心芯片、关键零部件达到车规级。

（三）生产制造与成本控制

供应链协同：广汽利用汽车产业链的规模效应，分摊机器人零部件的研发与生产成本。

制造经验：汽车制造中的精密加工和装配技术被用于机器人生产。

七、应用赋能：广汽具身智能人形机器人的应用场景广阔

人形机器人市场是一个具有巨大潜力的市场，随着科技的不断发展，

人形机器人在产线应用、汽车后市场、安防服务、家庭服务等方面的应用场景也在不断扩展。

八、市场赋能：广汽拥有强大的销售渠道＋维保服务

广汽的汽车 4S 店可以作为机器人的展示中心，同时也是一个庞大的应用市场。而且以后 4S 店可能不光修车，还能修机器人，为客户提供机器人维保、售后服务。

九、前瞻技术赋能："机＋场＋云"一体化协同，与机器人单体智能相辅相成

"机（器人）+场（景）+云"协同是由智能机器人、场景设施、云端平台、基础支持平台、通信网等组成的。机器人智能体是"机(器人)+场(景)+云"一体化的基础，场景和云端可以为机器人提供更好的补充和升级，场景、云端和机器人是相互促进的。

08

第八篇
PART 8

市场新物种与消费新价值

对当下汽车消费的市场分析和政策预期

国务院发展研究中心市场经济研究所副所长
王 青

我想和大家分享的内容是"对当下汽车消费的市场分析及政策预期"。

一、市场仍然是结构性增长和政策驱动

结构上，新能源汽车和出口依然是支撑汽车增长的引擎。无论从汽车总销量还是从国内销量看，2024 年新能源汽车对总销量和国内销量的贡献率分别达到 251% 和 837%；出口对总销量增长的贡献率也高达 70.7%，都是绝对的主力。支撑动力上，2024 年 7 月以后，随着消费品以旧换新加力扩围，国内乘用车销量增速拉升立竿见影，对全年市场增长发挥了关键作用。

整体来看，当前我国汽车市场还处在 2019 年以后的调整周期。我的基本判断是，从 2019 年到现在，汽车市场增速在向潜在增长率回归，近两年增速也会围绕潜在增长率波动。

二、消费大盘：长期视角与边际变化

我们需要从长期视角来看待目前社会上所谓"消费降级"。依据全球消费增长的典型经验，消费率和居民消费倾向一般随着人均国内生产总值（GDP）的增长而呈现 U 形轨迹。2010 年，我国消费率和居民消费倾向基本迈过了 U 形曲线的底端，从 2010 年开始呈现明显的回升态势，这是长期的大方向。2019 年后受各种因素影响，居民商品消费出现回落，服务消费增长也受到抑制，我认为这是暂时性的特征，这是消费者对宏观经济、就

业预期、家庭财富等调整的适应。一旦内外部环境改善，经济、就业和预期回升，消费依然会沿着上升轨迹演进，因为居民消费结构升级、居民对商品服务"从有到好"的需求不会逆转，这是大逻辑。

从短期看，目前消费大盘或者消费市场整体处在企稳回升过程中，2025年春节以来出现了一些明显边际改善的迹象，DeepSeek、《哪吒2》等热点爆点事件，对激发消费热情、改善资本市场和企业预期，都产生了积极效果。消费者信心指数、就业满意度指数、社零总额增速，都连续2个月实现回升。下一步还有赖于政策持续精准加力和整个宏观经济的恢复。

三、对当下汽车市场和汽车消费的分析判断

从最近的情况看，乘用车国内零售销量、限额以上企业汽车类商品零售额增速都出现回落，平均每天以旧换新补贴申请份数也出现降低，似乎预示政策效应出现边际弱化。我的判断是，这主要是短期提前消费和政策跨年出现衔接问题所导致，最起码从2025年看，汽车以旧换新政策仍会有较为明显的政策效应。一是政策会持续刺激需求而增强市场和企业信心。加力扩围后政策覆盖面扩大到约2500万辆乘用车，预计2025年拉动汽车报废/置换的新增需求仍将超过200万辆。二是新能源汽车购置税优惠退坡，将会与以旧换新政策相互叠加放大政策效应，释放更多可换可不换的消费需求。三是在调研中，我们发现一些地方，特别是中西部地区和下沉市场的消费者仍对换新政策不了解。随着宣传深度和消费示范效应扩大，下沉市场和中西部地区的市场潜力会持续被激发出来，梯度拉动以旧换新需求。

2025年市场还存在几个需要探讨的热点问题。

一是换新政策是否导致大量潜在需求被提前释放。我们也做了一些测算，总的判断是2025年尚无明显的提前消费效应。2020年以来，市场被抑制需求大致有270万辆，即使考虑到汽车流通协会测算的政策额外拉动销量增长160万辆的因素，2025年仍有50万~100万辆被抑制需求会逐步释放。但2026年是否会有透支效应，还需要进一步观察和分析，判断增速大

概率会较 2025 年有所回落，但仍会实现正增长。

二是新能源汽车市场扩张和燃油汽车市场萎缩的关系问题。前面说过，新能源汽车是支撑市场增长的重要因素之一。在国内汽车销量增速只有不到 2% 的情况下，新能源汽车国内销量仍然保持了 30% 以上的高增长。我们分析测算，2024 年新能源汽车对燃油汽车的替代效应大致是 98%，新增效应不明显，也就是说基本上是此长彼消的关系。简单说，新增效应是有些车主本来没打算买车，但因为有了新能源汽车才决定买车；而替代效应是本来就准备买车或者换车的车主，只不过是在新能源还是燃油车之间选择了前者。判断 2025 年新能源汽车总销量有望接近甚至达到 1700 万辆规模，而其国内市场占有率将接近 58%。从目前到 2027 年，尽管提升幅度会有所回落，但新能源汽车市场占有率还会保持较快提高。

三是 2025 年厂商和经销商还会不会像 2024 年一样"卷"。总的判断是，汽车产业组织将进入深度调整的窗口期。一方面，新能源汽车国内市场占有率超过 50% 以后，增速会逐步回落；另一方面，燃油汽车市场继续收缩，市场竞争会更加激烈。当增量变小后，企业日益转向争夺存量市场，结果就是兼并、重组、退出更加频繁和加快。但在汽车市场日益细分和技术迭代加快的情况下，市场对新能源汽车企业和品牌的承载力也会提升，换言之就是新能源汽车市场上可以生存发展的企业数量，比燃油汽车时代更多，关键是能否获取在某一个或某几个细分市场的技术优势和消费者认同。

在最后，也说一下我们对 2025 年汽车市场增速的判断：在不出现新的内外部扰动因素的条件下，2025 年国内汽车销量增速大致在 3%~4%，相较其他协会、机构和专家的预测，我们的预测结果相对居中且略微乐观。

夯实电动化　推进智能化　实现高质量发展

2025年中国新能源车新增32%

乘用车市场信息联席分会（乘联分会）秘书长
崔东树

很高兴跟大家讨论我们对中国新能源汽车发展的判断。

一、DeepSeek引领新一轮开源技术革命

中国创新式发展的DeepSeek带来了2025年开局以来中国人自豪的全新发展，带动了整个大模型创新的发展，尤其是其在萃取大模型下，成本较低，使用便利性强，给大家带来了良好的使用感受。

二、多家车企深度融合DeepSeek，部分企业坚持自研大模型

在DeepSeek推出两个月以内，很多企业都陆续接入大模型，尤其是主力车企，包括吉利、奇瑞、比亚迪、长安、广汽、长城、东风、零跑、奔腾、一汽红旗等现在已经全面接入大模型，使车真正成为人的沟通伙伴与助手。这实现了人、车之间的智能座舱无缝衔接，带来了更好的驾乘体验，使智能化真正地服务于车，使智能座舱成了真正有温度的产品，也让部分国际车企的产品与我们的自主品牌有了断代式差距。

三、智能座舱的构成分析

我认为在智能座舱新技术应用方面，中国自主车企的确领先世界。尤其是在自动驾驶方面，中国自主车企全面发展，以华为、大疆、地平线等各类领头企业为代表，整体推动了智驾发展的巨变。

四、研发范式变革：从自动驾驶 1.0 到自动驾驶 3.0

不过电动化是全场景竞争，新能源车的竞争没有上半场和下半场，因为电动化带来的是产业链的全新革命。电池对整个产业链有深度影响，电动车以电池为核心发生的全新转变，将使中国对世界汽车工业产生巨大的影响，而且是数十万亿元（数万亿美元）的影响。

现在制造大国多在进行制造业革新，而制造业争夺最核心的一点就是新能源车产业链的争夺。未来十年以内，世界新能源产业链的竞争将极其激烈，而中国必将取得优异成果。

五、空中升级带来自主与合资体验的剧烈差异

电动化未来几年甚至十几年将全面颠覆世界汽车的格局，而智能化是锦上添花。自主、合资在空中升级，在智能化方面我国也取得了巨大成就。

2024 年自主空中升级达到 4000 次，合作空中升级达到 400 次，这证明自主品牌在语音搜索、地图、生态、系统设置、车机补能、智能驾驶等方面实现了日用日新的良好发展，为车市发展带来巨大推动；新势力企业，问界、理想、华为、赛力斯、比亚迪、吉利、腾势等态势极其良好；同时智驾平权带来全新发展，这是电动化带来的出行新体验。

六、电动化带来出行新生态

油车电动化和纯电动车共同带来一个全新的智能化世界，便利出行、旅游、娱乐等各方面的体验。电动车智能电动化必然使中国汽车颠覆世界的发展，中国将助力世界绿色发展的良好态势。未来汽车的功能也会有巨大变化。

（1）电动车是高效率、低成本的出行工具。

（2）电动车是独立的第三空间生态。

（3）电动车是分布式能源体系的储能单元。

夯实电动化　推进智能化　实现高质量发展

把握智能化发展大势　推动组合驾驶辅助发展跃迁

岚图汽车科技有限公司 CEO
卢　放

我来分享一下岚图汽车的一些思考和实践。

一、组合驾驶辅助正在成为新能源汽车的核心竞争力

在过去十多年，我国走过了电动化的"上半场"，通过更换赛道获得先发优势。

电动化的普及，为智能化奠定了坚实的基础。随着人工智能、大数据、5G 等技术的快速发展，智能化成为竞争的主战场，新能源汽车进入了智能化的下半场，产业涉及面更广，技术复杂程度更高，生态主体更多元，重塑了汽车的产业链、供应链和价值链，对汽车形态、生产方式和商业模式带来了深远影响。

首先，创造了新的汽车物种。汽车不再是简单的交通工具，已经进化成为集交通工具、智能终端、移动通信及储能装置于一体的新物种，成为移动的第三空间。

其次，改变了汽车的生产方式。借助于深度学习等人工智能技术，汽车企业得以提升生产效率、优化生产流程并降低碳排放，汽车传统制造正向智能制造转型。

最后，催生了新的商业模式。组合驾驶辅助把汽车与用户之间的价值链从一次性销售变为全生命周期服务，为车企带来更多的市场选择和发展机会。例如车企可探索订阅服务等新的盈利模式，提供汽车共享等新型出行服务，改变了销售和服务模式。

二、组合驾驶辅助正在重塑新能源汽车的消费逻辑，深刻改变汽车消费的格局

组合驾驶辅助重新定义了出行生态，让出行变得更加高效和安全，人们可以选择在车内工作、娱乐或休息，拥有更多的自由时间，享受"松弛感"。

（1）组合驾驶辅助提升了出行体验。在我国，71%的驾驶里程和90%的驾驶时间都发生在城市，组合驾驶辅助能减少90%以上由于人为原因造成的交通事故，提升30%以上的交通效率和3倍的道路承载能力，降低10%的油耗。通过驾驶辅助系统，用户可以减轻驾驶疲劳，在拥堵时刻减少焦虑，在特定场景下实现高阶驾驶辅助，出行体验更加愉悦。

（2）组合驾驶辅助优化了购车决策。越来越多用户购车时不仅关注车辆的性能和续航，更把组合驾驶辅助作为重要的选车标准。特别对年轻用户来说，智能化的体验甚至超越了传统汽车的性能指标。数据显示，在智能网联新能源汽车最吸引用户的因素当中，90%的用户愿意为高阶组合驾驶辅助服务额外付费，30%以上的用户愿意支付费用在1万元以上。

（3）组合驾驶辅助推动了消费升级。随着技术的不断进步，新的消费场景不断出现，高速NOA、城市NOA等功能趋于普及，预计2025年乘用车的NOA渗透率达到20%以上，车企不断推出更智能的产品，满足用户消费升级的需求。

三、岚图汽车创新组合驾驶辅助技术，为用户提供高品质智能网联新能源汽车

岚图汽车积极拥抱智能化"下半场"，构建领先一代的创新能力，为用户带来真正安全舒适科技感的组合驾驶辅助新体验，让组合驾驶辅助好用、易用，让用户敢用、爱用，为用户创造超越期待的价值，享有现代的美好汽车生活。

（1）岚图汽车坚持正向自主开发，实现智能化关键技术全栈自研可控。岚图融合模块化、通用化的理念，改变了传统硬件架构的造车理念，打造

全球首个多动力的原生智能电动架构（ESSA），从造车底层逻辑上实现了创新突破，打造了领先的中央集中式面向服务架构（SOA）电子电气架；同时，支持软件更新和硬件扩展，真正实现软硬解耦，推动汽车从传统的"功能机"进化到"智能机"。

（2）坚持组合驾驶辅助"平权"，实现"超级+普及"。岚图全品类车型搭载华为乾崑智驾，2025年年内将全部上车。同时我们不断升级自研的鲲鹏驾驶辅助和逍遥座舱，满足不同用户的高端智能出行需求，实现辅助驾驶的"超级"组合。岚图还坚持技术普惠的理念，为美好生活赋能，让更多的家庭享受到技术进步的红利，享受到高质量的组合驾驶辅助体验，实现组合驾驶辅助的"普及"。

（3）坚持安全平权，不断提升安全的上限。岚图坚持把安全作为最大的豪华，融合行业领先的主动安全、被动安全技术，为用户提供全方位安全保障；首创全时速、全方向、全目标、全天候、全场景的"智驾安全五星标准"，努力推动行业安全标准化规范化。我在封闭测试路段蒙眼挑战全新岚图梦想家130千米/小时自动紧急刹车系统（AEB），岚图梦想家成为全行业首个可在130千米/小时下刹停的量产多用途车型。但这是在封闭场地测试的，大家不要模仿体验。蒙眼挑战不是噱头，也不是为了吸引流量。蒙着眼睛体验人在大脑一片空白、失控紧张的状态下，车辆在人来不及反应的时候，在最短的时间内提供最安全的解决方案，通过这种方式我们向用户讲清楚什么是安全组合驾驶辅助，让用户明白组合驾驶辅助的真实能力和边界，增强用户的安全认知，提高安全的上限。

（4）坚持开放合作，率先打造了"智能架构+智慧能力"的模式。"智能架构"即岚图的整车智能架构，岚图自研的原生智能电动架构和中央集中式的面向服务架构。"智慧能力"即组合驾驶辅助、智能座舱技术，可实现城市与高速自动辅助驾驶导航全覆盖及车位到车位的全场景组合驾驶辅助功能。全新岚图梦想家等车型将整车智能架构和组合驾驶辅助深度融合，实现了"智能架构+智慧能力"软硬协同创新。上市后，全新岚图梦想家连续数月获得销量冠军，在全国35万元以上的高端多用途汽车市场中，平均每卖出三台就有一台岚图梦想家。迄今为止，岚图梦想家累计销量已经突破 10 万辆，成为高端新能源多用途汽车市场上的爆款产品。

探索全生命周期体验　创造用户新价值

极氪科技集团副总裁
赵昱辉

我分享的主题是"探索全生命周期体验 创造用户新价值"。

一、纵向产业链整合 + 横向生态协同拓展

2025 年 2 月 14 日，在吉利控股集团《台州宣言》的指引下，极氪与领克战略整合完成，双品牌协同，实现 2024 年总销量超 50 万辆，其中极氪单车均价近 30 万元。

高价值产品背后的底气来源于极氪纵向的产业链整合和横向的生态协同拓展。产业链整合方面，极氪三电全栈自研自造，800 伏金砖电池开创了磷酸铁锂超快充时代，千里浩瀚拥有行业最大的软硬件带宽，全球首款搭载英伟达索尔芯片的量产车型领克 900，也将搭载自研的千里浩瀚辅助驾驶。极氪科技集团将从三电硬件到 AI 智能化多个维度进行整合，全面赋能双品牌发展。

二、极氪科技集团超快充补能网络

生态协同拓展维度最有代表性的是超快充补能网络的协同。

提前布局 800 伏全生态解决方案，实现 "3 个 800"：既有 800V 的车，

也有 800V 的电（动力电池），更有 800V 的网（补能网络）。极氪科技集团希望用户通过买一辆好车，满足其未来十年对美好出行生活的向往，为用户带来全生命周期、全生态的价值体验。

三、用户补能焦虑依旧

虽然用户对新能源汽车接受程度越来越高，但其补能焦虑依然存在，这一点尤其制约着纯电动汽车的发展。在车主实际用车生活中，补能是高频的刚性需求，补能体验不是车辆的附属品，而是影响用户出行体验的重要因素。

新能源车企构建补能网络，将是现阶段将用户关系转换为生态能力的重要布局，也是与用户全生命周期连接的又一座桥梁。

四、超快充的引领者：极氪科技集团

2021 年极氪能源成立，领先行业两年布局超快充，首根 V1 极充桩落地便是 360kW。随后三年里，极氪能源 V 系列极充桩完成从 360kW 到 600kW 再到 800kW 的升级，桩桩超快充，代代都领先。

截至 2025 年 3 月底，极氪科技集团极充站达 860 座、极充桩数量超过 4100 根，并将在 2026 年内实现"千站万桩"的网络布局。为了进一步让用户告别里程焦虑，极氪科技集团积极打通外部补能生态网络，第三方充电桩合作规模突破 112 万根，覆盖全国 337 城，实现补能生态资源共享，为用户提供高效、便捷、安全的超快充补能体验。

五、参与超快充标准制定　推动行业高质量发展

2024 年 3 月，极氪参与编制中国标准化协会标准《电动汽车公共充电站运营管理服务导则》，明确行业超快充定义，推动超快充行业发展。

六、智能化赋能车桩联动

基于车桩联动的思考和智能化赋能的探索，极氪将智驾技术与 800V 超

快充生态优势融合，2024 年 8 月发布了全球首个实现代客泊车辅助和自动充电结合的智慧充电解决方案，可实现车辆在有监管情况下辅助驾驶至自动充电车位，由充电机器人完成充电，实现智能便捷的充电体验。2025 年，在 AI 的时代浪潮下，新能源汽车领域的"人工智能 +"全面爆发，极氪科技集团也将在充电补能方面展开更多想象，持续深入探索，为用户带来更智能的补能体验。

通过体验赋能、AI 赋能，补能将成为未来场景下用户运营的重要突破点。在燃油车时代，车辆交付后，车企很难再与用户建立持续高频的联系；在新能源时代，充电补能网络为车企和用户建立了一个平等持续的沟通平台。用户高频的补能需求，也可让车企收集到大量的用户反馈，这些信息可以为车企未来的产品升级、服务升级提供指引。车企在产品研发阶段便可拉通车桩两端，实现更多车桩网智能化联动的可能，从而使用户与车企之间形成一种继续进阶的良性循环，让用户体验持续升级，拓展行业发展的想象空间。当补能网络具备车企品牌属性时，它就能更好地满足用户对充电服务一致性、确定性的需求，有利于行业和社会的稳定发展。

因此，新能源车企构建补能生态，是能提供社会价值、实现多方共赢的重要举措。

用技术创新 打造令人尊敬的世界级品牌

比亚迪集团品牌及公关处总经理
李云飞

我分享的主题是"用技术创新，打造令人尊敬的世界级品牌"。

夯实电动化　推进智能化　实现高质量发展

一、行业宏观情况

第一，我国市场无疑是全球最大的新车市场，而且遥遥领先，多年在全球市场都持续保持规模的领先。

第二，我国汽车的出口量已经连续两年拿到了全球第一，特别说明一点，这是我国地区销往海外的出口量。但是从全球市场的份额上来说，欧美日韩很多品牌在全球化的工厂布局做得很多，也做了很多年，我们的汽车品牌还要继续努力。2023年，比亚迪进入了全球汽车品牌的前十，2024年吉利也进入了全球前十。

第三，我国车企海外的销量持续增长，第一梯队是奇瑞和上汽，比亚迪是第二梯队。我们要向奇瑞和上汽多学习。

第四，我国汽车在电动化转型方面全面领先。具体表现在三个维度。

（1）新能源汽车的渗透率全年是47.6%。特别是2024年的下半年，6个月里有5个月都超过了50%。我国的前六大动力电池的供应商装车量在全球的占比达到69%，也是全球最高。

（2）我国地区在公共充电桩的数量，2024年达到358万个，全球最高。

（3）我国在电动化和智能化方面，消费者的认知度非常高。

二、比亚迪微观情况

我们提出的观点是"用技术立品牌"。

我们用技术来定战略，技术可以让我们看得更远、看得更深。集团已成立31年，因为前面没有任何参照，我们要确定一些技术路线。2002年，比亚迪确定了磷酸铁锂要作为电池的路线；2004年，比亚迪确定永磁同步电机作为电机的技术路线；2005年，比亚迪启动了半导体的研发，我们将绝缘栅双极晶体管（IGBT）功率芯片作为我们未来主流的一个方案。电池路线上，2024年磷酸铁锂技术路线的占比是74%，永磁同步电机国内市场的搭载率是95%，IGBT功率芯片现在已经全面应用。

比亚迪是一个非常重视技术研发的企业，目前比亚迪的技术研发人员 12 万多人，是全球车企最多技术研发人员的企业。在技术研发投入上，2024 年研发投入了 542 亿元。在 A 股的 5000 多家上市公司里，我们的研发投入最高。我们累计研发投入了 1800 多亿元，过去的 14 年里，有 13 年的研发投入都超过了当期的净利润。截至目前，比亚迪全球的专利申请 59 000 多项、授权 35 800 多项，2024 年平均每个工作日申请 45 项技术专利、授权 20 项。

正是得益于这么多的研发人员、这么大的技术投入、这么多的技术专利，我们有庞大的"技术鱼池"。过去几年，我们发布了一些重磅技术。2025 年，比亚迪用技术开年，陆续发布了"天神之眼""灵鸢"车载无人机，包括超级平台，还有刚刚上市的仰望 U7 也搭载我们最新的云辇 -Z。我们用自己的技术打造全新的品牌，希望能够像德国的大众、日本的丰田一样成为国民品牌。

比亚迪一直坚持的一个观点是什么？最好的流量就是技术，比亚迪最大的财富就是工程师，我们有 12 万名工程师。我们一直倡议以领先的技术打造新能源汽车这张"中国名片"。

三、技术要创新，营销要守正

第一，整个行业应该为消费者负责，我们要拒绝夸大式的宣传，因为如果做夸大式宣传，最终可能会受到市场的反噬。

第二，建议是以量产为准，拒绝透支性的营销。

第三，要比技术、拼产品。

第四，要维护清朗的网络环境，要打击造谣、抹黑这种黑公关性质的活动。我们正在通过法务等各方面对此进行打击。

夯实电动化　推进智能化　实现高质量发展

AI 科技大爆发元年，中国汽车将以"新物种"之姿领航新时代

东风柳州汽车有限公司总经理
林长波

我分享的主题是"AI 科技大爆发元年，中国汽车将以'新物种'之姿领航新时代"。

东风柳汽在 AI 科技大爆发下，给出汽车"新物种"的答案——不只有技术力，更要有生命力。依托东风集团，我们实施了"龙行工程"战略，东风柳汽以抢技术高地、场景穿透力、生态开放性三大实践为核心，打造更具情感共鸣与科技温度的人车生活体验场。

一、抢技术高地：用"硬核科技"构建护城河

我们深知续航自由是用户的核心诉求。风行星海 S7 增程版搭载了先进的马赫超感增程系统，拥有四大能量管理模式，包括强制纯电、纯电优先、油电混合、燃油优先，实现了纯电续航 235 公里、综合续航 1250 公里，馈电油耗 4.89L，精准覆盖城际通勤与长途出行的多样需求。

我们率先布局下一代线控底盘技术。星海 V9 将搭载电子机械制动系统（EMB），作为全球首款 MPV（多用途汽车），进一步抢占底盘技术的价值高地，让每段旅程更安心、更舒心、更开心。

（1）安全，守护家庭的底线。电子机械制动系统的 2.62 米制动距离缩短，不仅是技术参数，更是对家人安全的承诺；面对复杂路况，电子机构制动系统的四轮驻车功能，让车辆在任何坡度、路面都能稳如磐石，想停就停、想走就走。

（2）舒适，犒劳奔波的身心。告别噪声与震动，让每次紧急制动都变

得温柔而平稳；电子机构制动系统的智能调头功能，让驾驶更加轻松便捷，即使是新手也能在狭窄空间里游刃有余。

（3）乐趣，重燃心中的梦想。电子机构制动系统的"一键漂移"，让驾驶乐趣轻松驾驭；电子机构制动系统的线控融合技术，让驾驶者在复杂路况下也能轻松掌控，让你稳步前行。

二、场景穿透力：从"功能汽车"到"情感伙伴"

东风柳汽敏锐捕捉到市场的变化趋势，推动汽车从单纯的出行工具向生活方式的载体转变。以风行星海新能源序列为基础，东风柳汽布局了差异化改装车型，抢占"功能+情感"双维赛道，开辟了品牌发展的新路径。例如，星海 V9 露营车和福祉车的推出，充分体现了"场景化改装"的理念，精准切入户外生活、无障碍出行与年轻潮流多元出行场景。

为了让用户尽情享受露营体验，星海 S7 特别推出尾门窗帘和自动充气露营床垫。露营时可随时惬意地躺在星海 S7 中，透过 1.9 平方米的观云天幕，漫天星海尽收眼底。

三、生态开放性：在海外再造一个柳汽，构建全球化发展观

东风柳汽作为东风集团"1+n"研发体系的重要组成部分，始终"开足马力"进行技术研发。过去三年，我们在新能源汽车产品研发领域的投入超过 100 亿元，未来还将坚定不移地推进新能源产品和技术的研发，加快产品迭代，基于现有产品，持续推出更多适应不同使用场景的新车型。

此外，东风柳汽积极拓展海外市场，深度融入"一带一路"倡议，目前销售渠道已覆盖六大洲，产品出口至 80 多个国家和地区，拥有近 200 家经销商。过去三年，海外出口年平均增长率超过 100%，新能源汽车的增长率更是高达 300%，在自主品牌中取得了显著成绩。

东风柳汽以"龙行工程"战略证明：唯有以技术包容性应对多元需求，以生态开放性融入全球竞争，方能在这场"新物种"角逐中立于潮头。让我们以创新技术为舟，以用户体验为锚，共同驶向汽车强国的星辰大海！

夯实电动化　推进智能化　实现高质量发展

Hi4 为用户创造最大化价值

长城汽车技术中心副总经理
王　超

我给大家分享的内容是"Hi4 为用户创造最大化价值"。

一、新能源发展预测

基于新能源发展趋势，从 2024 年的销量来看，小型车用途为城市代步，从补能、经济性和便利性上都更加友好，因此，A0 级别的车全部采用纯电。随车型增大，插电式混合动力汽车（PHEV）占比增加，D 级车插电式混合动力汽车占比达到了 92.67%。从用户实际调研来看，车型增大，出行半径拓宽，插电式混合动力汽车因不存在补能焦虑，是当下新能源的最优解。

因此长城汽车预测，未来的小型车多采用纯电作为驱动，而大车会更加倾向发动机加电的泛内燃机化趋势，来满足用户的更多场景的出行价值。

从用户出行多价值需求出发，长城汽车围绕着插电式混合动力汽车开展深度布局，坚定的选择多挡串并联路线，以实现全场景的高效能、强动力。

二、为家庭主力车打造 Hi4

Hi4 主要针对家庭主力车打造。双电机构型创新，实现 Hi4 新能源时代，长城公司在双电机构型上推出了 Hi4 架构，把驱动电机放在后面，既能实现发电，又能实现驱动，通过机电耦合的装置，实现了双电机四驱的 Hi4 架构。

Hi4 融合大模型智能能量管理能耗进一步优化，我们的车越来越智能，做能耗不光靠硬件架构，还有基于大模型的智能能量管理，如预测能量管理、智能能量回收。现在的能量回收基于雷达和摄像头自动调节，不用再补脚油或者补脚刹车，而且做了智能能量管理，离家还有 0.5 公里时，可以提前把空调能耗、电池加热能耗这些降下来，这些都基于智能能量管理。

Hi4 智能四驱更安全。Hi4 产生的动力性更好、油耗更低，改变了大家对以往四驱的印象。车对用户最大的价值是安全，我们使用相同架构的产品，达到了四驱的状态。四驱车相对于两驱车，在低速、过弯的情况下，其安全性能不用多说。

三、为中大型车车打造 Hi4 性能版

另外，针对中大型的家庭主力车，我们在 Hi4 模块化的基础上，打造了 Hi4 性能版。由于大车质量的增加会导致车辆动力性和经济性的下滑，因此我们为这种大车提供的是动力性比常规的家庭主力车还要好一些的四挡设计，整体的加速性能相比纯用二挡的 Hi4 也提升很多。这让中大型车提速更快、超车更安全。

Hi4 性能版通过多挡配合，在高速循环的场景下，既能让发动机的效率处于最高区，同时用多挡直驱的动力，由发动机直接经过齿轮到车轮，传递效率一般情况下是 96%~97%。在相同场景下，如果对比采用增程模式和用 Hi4 性能版高速巡航时，采用高效直驱，能耗可降低 2L~3L。这让中大型车能耗更少、续航更长。

四、为泛越野打造 Hi4-Z

长城汽车做的较多的是越野车型，在大量的越野数据中，我们发现越野车用户虽然向往越野，但在使用中还是以城市用车为主，因此我们打造了 Hi4-Z，企业内部定义为"泛越野"。

让越野更多用。Hi4-Z 采用创新型的功率分流 + 三挡串并联架构，模块化可选 2.0T、3.0T 的动力，使用三挡，再加上功率分流。前桥是 215 千瓦的大功率电机，后桥是 240 千瓦大功率电机。它的最大的好处是纯电感

特别好，除了可以去越野，也可以在城市驾驶。

让越野更持续。基于大量的用户数据统计，我们发现如果一台车的充电续航达到 200 千米，在城市使用时，一周充一次电完全够用；Hi4-Z 搭载 59 度电的大电池，WLTC 纯电续航达到 200 千米，在城市里就完全够用了，一公里 6 分钱。因为使用了三挡 + 功率分流的结构，任何情况下发动机的功率都能直接驱动车轮，并且通过功率分流来发电。在城市即使亏电的情况下，一台 3 吨重的越野车，油耗也能达到 7L 的级别，在高速的情况下是 9L 的水平。

让越野更强悍。经常自驾游或越野的人会发现，越野车中尤其是插混车最怕亏电，因为无论是驾驶质感还是动力性，相比于有电时，亏电后性能会变得特别差。Hi4-Z 引入功率分流，让它在任何越野场景下，都具备车轮既让发动机驱动又能边发电的功能。

当然还有泛越野，在沙漠时，因为功率大，车辆的性能也是非常强的。采用了功率分流以后，它在沙漠整个跑下来，电量的消耗是 1.5 度电，如果把功率分流的功能屏蔽掉，只需消耗 3 度电。之前在宣传时，坦克 500Hi4-Z 在包力道锅连续 22 圈直拔，动力无衰减。

我们采用了大电池，Hi4-Z 只有电池的放电功率就能达到 600 千瓦。这个车 0~100 加速能实现 4 秒级，即使亏电的时候也能实现 5 秒级的 0~100 加速的性能。

五、为强越野打造 Hi4-T

长城做越野起家，也有强越野车型，使用的是并联架构 Hi4-T，是机械的非解耦四驱架构。

它和泛越野的区别是，泛越野在一些城市道路、铺装道路、沙漠时性能非常强，但强越野是雪、泥、沙、山全场景覆盖，最典型的是强越野的 Hi4-T 在强越野、山地攀爬时，表现出的性能比泛越野强很多，也更加安全。

它的最主要的特点是，通过一根传动轴，将前后轮机械地连在一起，当越野时前轮悬空，前轮不会飞转速，因为通过机械连接，四个轮连在了一起。它的全车的动力通过机械连接，能将所有的动力通过物理的形式传递到一个轮。在越野攀爬时碰到大的交叉轴，它将所有的动力都能集中在一个轮上，能够非常从容地脱困。

六、Hi4 技术体系为用户创造最大化价值

正是因为长城以满足最大化的用户需求为核心，因此，我们打造出了Hi4 技术体系，针对家庭主力车、中大型车及不同越野属性车型，量身定制智能四驱方案，进一步实现"动力更强、越野更猛、安全无忧、能耗更省"的全维度价值。

深耕用户数智化服务场景，共筑汽车消费新生态

京东汽车副总裁
陈海峰

我分享的主题是"深耕用户数智化服务场景，共筑汽车消费新生态"。

接下来我从"新保障、新模式、以旧换新"几个方面给大家介绍京东汽车在新能源车主产品和服务体系上的布局和创新。

一、新保障

基于翼龙项目，京东的新能源车主精准人群已经超过 2000 万人。京东 App 即将上线新能源车主专属阵地，用户只需搜索"京东汽车""新能源""养车新能源"等关键词便可直达新能源车主频道。这让车主能够更加便利高效地获取车型匹配的相应产品以及服务。

京东同时也在不断完善和夯实新能源相应的养护，这是诸多中国车主的一大核心痛点。提供全球、本土各大品牌新能源的电动车车胎、新能源蓄电池等丰富的产品和供应链保障，是我们服务新能源车主的基石，也是我们积极与各大行业伙伴共建的基础。这些年我们主动寻求与主机厂在新能源配件、原厂官方授权方面达成战略合作。

2025 年京东与宁德时代共建的五星级新能源大店正式开业。在北京，京东汽车实现线上线下围绕新能源包括传统燃油车全系列、全方面、全品类维修改装以及洗美服务。京东汽车、京东养车始终从保障车主需求的核心出发，构建领先的养护体系。

二、新模式

我将从新模式的维度着重介绍汽车后市场，尤其核心品类。我们与德国马牌在 2025 年战略升级发布会上率先发布了行业的"轮胎秒送马上装"，车主可以在京东秒送平台像点外卖一样购买对轮胎的即时服务需求。我们的蓄电池 28 分钟晚必赔，保障车主在各种环境或者紧急情况下的紧急需求。

以上的领域拓展基于整个集团在数智供应链核心的能力，我们致力于为消费者提供更全、更快、正品保障的产品和服务。

三、以旧换新

在 2024 年全国 1500 亿元、2025 年 3000 亿元大政策的驱动下，我们始终积极与政府和行业伙伴们一起创新，努力更好地服务车主。当下我们已经与全国的多地政府以及品牌合力推动以旧换新，针对整车以及养车包括车品全品类设置了以旧换新政府补贴活动会场。当下，我们已经在广东广州、江苏宿迁等地推动了产品的落地，接下来，将会继续在多个地区不断打造更好的以旧换新会场和产品，让用户可以在线上完成购车以及养车。相信我们会带给用户折上折、低价质优的产品和服务，保证主机厂和行业价值链，确保我们的以旧换新活动能够更好地大力开展。

"以车主信赖为基础，以技术为驱动力，携手合作伙伴创造美好车生活"始终是京东汽车的愿景，我们坚持以用户为中心，联合合作伙伴们给中国的车主创造实实在在的新价值，打造更多的新产品和新物种。

人本生态　智驭未来

支付宝数字车生活总经理
韩振威

我分享的主题是"人本生态，智驭未来"。

一、车营销

整车市场已经走向了存量市场，趋于成熟。

1. 增换购、油换电与下沉

2025年，整个乘用车65%的市场份额来自增换购，欧美市场将近80%是增换购，这可能是一个更成熟的市场，找到存量车主就有机会面向未来的增量转化。这个背景下，隐藏着油换电趋势。谁能够触达大量的油车车主，服务他们的日常用车，洞察他们的增换购需求，谁就有机会引领这个市场。

支付宝在这方面有得天独厚的优势，我们在1.5亿车辆里识别出有1.1亿辆是油车，1.1亿辆里又有近9900万辆是三年以上的燃油车，这些车主中有油转电需求的将近3000万人。在行业的竞争转化中，支付宝基本可以看到30万的精准成交用户，不过这需要和车辆合作伙伴联合运营和触达。

2. 数字车企全链路营销

基于此，我们推出了数字车企全链路营销方案。当拥有8年车龄的油车车主开车到达商场，停车场的杆一停，我们的停车助手履约态就会出现在支付宝首页，包括手机硬件、出场信息、停留时长、缴费信息，这些是用户履约过程中最关注的信息，支付宝很好地解决了用户需求。中国的数字化停车场有16万个，我们接入了12万个，这是数字化服务的基盘。

这个场景下，我们可以下发10元的当次可用停车权益红包，那它怎么领取呢？加入跟车企的联合会员，现在很多新势力的体验店都在商场里，10元的停车券可能就带来一个到店顾客。这是精准化触达权益，实现了高效转化。

体验更多是基于租车业务的深度试驾，后面的成交、"小定"、"大定"又跟支付宝相关。在成交之后，车主会在3到5年内在支付宝上使用用车服务，然后又到增换购的循环。

二、车流通

1. 探索媒介流量到车交易新流通模式

与成熟市场相比，我国市场最大的差异或机会是融资租赁模式。对比成熟市场、欧美市场，我国的金融渗透率（贷款需求）已经非常高。但它为什么没有进一步提升？不是人们不想贷款，而是授信比例的问题。如果顾客是小工商业者，没有稳定的工资和社保就很难授信，这压抑了汽车分期的需求。欧美成熟市场的融资租赁模式是非常好的在B端做金融的方案，让用户实现了分期体验。信用授信已经到一定的渗透率，我们需要更多元的持车方案。

2. 深度试驾到品牌订阅到长租再到购车

在智能化的发展下，未来车本身资产的所有权和使用权也许是剥离的，这是车流转。我们做了一个案例研究，两年前赫兹租车集团（Hertz）跟特斯拉做了一个合作方案，赫兹持有10万辆特斯拉，车辆资产本身梯次利用：其一，有短途业务。其二，有融资租赁业务。其三，残值达到一定合适的程度，面向网约车做平台租赁。其四，再到一定残值水平，跟美国最大的在线二手车零售商合作，进行二手车交易。车辆资产做了梯次利用，这是全生命周期管理，背后是一站式租赁平台。

短租、订阅、以租代购、二手车交易，这是完整的全链条解决方案。一站式租赁平台可以衔接汽车的前后市场，这是长期有效率的优势。

3. 一站式租赁平台与支付宝的相关性

支付宝接入了神州、一嗨、小桔平台，甚至是平台的平台，目前已经是最大的线上短租平台之一。支付宝对资产和金融有深度的理解和洞察，在租赁领域的思考与经验已经成型，我们有机会进入这个市场。

把握打造世界领先中国汽车品牌的历史机遇

里斯战略咨询全球 CEO
张　云

我分享的主题是"把握打造世界领先中国汽车品牌的历史机遇"。

无论是国家的商业实践还是企业的商业实践，品类创新都是最根本的战略。里斯是品类创新理论的开创者，也是实践者。在过去的十几年里面，我们有幸和中国的汽车产业导入了品类创新理念，也取得了显著成就。

回顾新能源汽车的上半场，处处可见品类创新的胜利——特斯拉是电动汽车、智能汽车的开创者；比亚迪凭借超级混动成为全球最大的新能源车企；理想开创增程式家庭车；小米在主流市场打造了数十万级电动超跑……

我认为下半场品类创新的机会是超级智能和超级功能。

一、超级智能

大家对智能化的趋势方向已经没有任何疑问，那当所有的汽车企业都使用了华为、初始速度科技有限公司（Momenta）的智驾系统之后，未来大家的差异是什么？先进的智驾系统只是补齐短板，下一阶段的竞争在于怎么做出不一样的智驾。这是智能化上创新的重要方向，车企要有差异化表现，不能依托标配别人的系统来赢得竞争。

2024年我们协助小鹏打造了P7+全球第一款AI汽车，使用全系标配策略，不选装、不收费，全系标配。这个策略使小鹏P7+成为第一个拥有全系标配车型，让每个车主都可以体验AI智驾，这是品类创新的思路和方法。

AI汽车一定是未来的趋势，还会分化出很多新品类，这对于中国车企是重要机会。无人驾驶汽车也是未来十年确定性的新品类，结合无人驾驶汽车一定会诞生新的重要的新品牌。

二、超级功能

超级智能对应的是人类从来不变的对车辆乘坐的基本需求。无人驾驶汽车在解决"坐"的问题的同时，还涉及"开"的问题。部分消费者喜欢驾驶的乐趣，所以超级功能也会是新方向。

电动时代不仅涉及能源转换，而且会涌现出很多新的技术体验，仰望的原地掉头、应急浮水就是新的技术和汽车的结合。特斯拉的Cybertruck的推出预示着新能源车的品类创新从城市迈向野外，走向全场景。如果电动车一直在城市和城际场景，那么它永远替代不了燃油车，这是功能化之下重要的方向。

小鹏的分体式飞行汽车是新物种，它将汽车和飞行器结合，解决了普通人想要简单飞行的问题，这就实现了品类创新。结合更多的功能创新、多元场景，未来会诞生越来越多的基于功能的新品类。

超级智能解决乘坐问题，超级功能解决驾驶问题，这将是未来10年、20年甚至30年，新能源汽车电动车创新两大重要的机会。

平权时代：智驾商业落地的破局之路

中国平安财产保险机构代理部总经理
朱成成

我与大家分享关于智能驾驶商业化的一些思考与实践。

我们四方联合，共同撰写了《中国智能驾驶商业化发展白皮书（2025）》（简称白皮书），通过对2600多位用户的线上调研，分析了用户对智能驾驶功能的认知、使用体验和付费意愿，并结合国内外车企案例，对智能驾驶产业商业化进程与面临的挑战进行深度剖析，揭示了智能驾驶如何通过"政策－商业－服务"三位一体变革，将其社会价值转化为可持续商业动能。

白皮书研究表明"单车智能"与"车路云协同"相辅相成。在技术方面，智能驾驶短期以单车智能路线为主导，长期演进为车路云协同是必然趋势。单车智能是发展智能驾驶的基础，具有形成规模化和商业化周期短、投入相对较少的特征，更强调车本身的感知和算法水平，不依赖路侧和云端的数据协同，可以有效解决车路云协同前期基建投入大、见效慢的痛点。而车路云协同是智能驾驶模式的升级，其具备超视距感知和群体协同决策等优势，助力单车智能解决广域的交通信息交互需求（例如，了解几公里外的桥梁坍塌、快速疏通拥堵路段等），弥补了单车的局限性，拓展了自动驾驶的运行设计域。

中国汽车零部件工业有限公司分析发现车路云协同正在将车、路、云端信息打通，协同感知决策，而这也会成为具有中国特色的智能驾驶。

研究表明由于研发周期长、投入高、变现难，从"烧钱"到"造血"，智能驾驶技术商业化闭环任重而道远。智能驾驶产业如今的困境也显示出，光有技术的快速迭代与创业者的热情并不足以支撑其商业化落地，除此以外还需要政策制度、商业模式、配套服务三大核心要素的完善与共同支撑。

在政策制度方面，我国与智能驾驶相关政策的未来主要发展方向是推广应用。目前我国自动驾驶政策正在加速完善，国家和地方政策并行推进，国家层面制定整体政策框架，各地根据实际情况细化落实。汽车工业和智能化产业较发达地区的政策通常会更加宽松，例如北京、上海、广州、深圳、武汉、重庆等地区，政府支持力度较大，同时也作为试点推动全国性政策的完善。未来单车智能路线将延续"松绑"的政策基调，为智能驾驶车辆从试点测试、示范应用到上路通行依次"打开绿灯"；车路云协同路线建议采用"扶持"的政策基调，由道路基础设施升级改造工程带动车路云路端建设、推动车载终端设备"上车"、鼓励探索新型商业模式。智能驾驶涉及多个利益方，为了确保发生事故或违法行为时能够迅速厘清责任主体，避免出现责任推诿以及法律责任不明确的问题，建议制定行业统一的智能驾驶车辆事故责任认定标准，明确汽车制造商、智能驾驶系统开发商、运营商等各主体的责任范围，解决当前在定责、定损中的实际操作难题，为智能驾驶车辆事故处理提供清晰可行的依据。

在商业模式方面，北京大学光华管理学院思想力课题组针对智能驾驶商业模式发展落地进行分析，在以单车智能为主的技术路线中，又呈现出渐进式和激进式两种发展路径。渐进式发展路径的主要落地场景是面向用户端为主的私家车场景，关键玩家为车企。其中一类玩家是智能驾驶技术较为领先的车企，通常采用全栈自研的方式提供智能驾驶解决方案，比如率先推出端到端算法、被认为是智能驾驶技术行业风向标的特斯拉、新势力造车中以技术实力作为核心竞争力的小鹏汽车；另一类玩家是通过与智能驾驶科技企业合作来提升智能驾驶表现的整车制造企业，其中最为引人瞩目的是通过与华为合作而提升车型品牌与产品竞争力并斩获市场销量的华为鸿蒙智行生态联盟的合作车企。激进式发展路径的主要落地场景是面向企业端为主从L4高阶智能驾驶入手的无需人类司机驾驶的出租车服务出行平台场景，其中的关键玩家常以车企—智能驾驶科技公司—出行平台商这样的"金三角"合作联盟方式出现，以期在等待社会接纳程度有更大提升和监管政策更大程度开放的为时不短的时间段内，共担费用和风险，共享技术、数据和收益。对于车企来说，可以以多种方式参与无需人类司机驾驶的出租车服务场景下的合作，除了参股和合资等资本运作方式，在业务合作模式方面广汽集团的做法具有代表性，即通过广汽埃安深度参与无需人类司机驾驶的出租车服务前装量产车型的研制生产，通过如祺出行实现传统网约车和出租车等出行服务与无需人类司机驾驶的出租车服务出行服务的混合经营，为未来高阶智能驾驶商业化谋求在产品和服务端的先发布局和积累。

基于以上对智能驾驶商业化趋势和行业格局的判断，白皮书提出以下建议，供车企参考，以调整自身战略定位并在不同市场环境中寻找新的增长机会。第一，车企应将智能驾驶置于战略核心地位，紧跟智能驾驶发展步伐，从而在"智驾平权"时代持续提升品牌竞争力。第二，头部车企要有开放的格局，处于追赶阵营的车企要有开放的心态、合作的智慧。第三，车企通过提前布局和参与合作来捕获后续市场放量时的新增商机，根据自身优势，扮演生产制造商或出行服务商的角色。

从配套服务的建设与发展来说，中国平安作为保险公司，是新能源汽车生态中负责风险把控的那一环，我们有义务也非常愿意用分担风险的方式去解决信任和试错的问题。中国平安产险首创了市场上的智能驾驶整体解决方案，希望能够通过这套方案，帮助整个智能驾驶行业持续、健康、快速发展。

面向未来，围绕智能驾驶商业化闭环所需的三大核心要素，我们有以下建议。政策层面的加速完善是推动智能驾驶产业快速发展的基础；商业模式的创新与适配是智能驾驶实现可持续发展的关键；保险服务的创新将是智能驾驶产业顺利过渡的重要支撑。尽管面临多重挑战，但智能驾驶的发展与繁荣仍是未来坚定的方向。随着技术的不断进步、政策的逐步完善、成本的持续优化以及社会接受度的提高，智能驾驶必将迎来更加广阔的发展空间，为人类社会带来更加安全、高效、便捷的出行体验。

虽任重道远，仍未来可期，我们将以积极开放的心态，寻找自身定位积极布局，发挥合作的智慧，抢占先机，迎接未来的巨大机遇。我们也希望通过政府、车企、科技公司与学术界协同，通过各方努力，让智能驾驶成为消费者敢开、能开、愿开的安全出行方式。

09

第九篇
PART 9

商用车可持续发展之路

醇氢电动开创中国特色新质生产力

远程新能源商用车集团 CEO
范现军

商用车作为经济发展的重要生产工具，不仅连接着国计民生，更是实现国家能源安全战略、双碳战略的重要抓手。我们认为只有将醇电结合，才能加快商用车新能源化的提升。

一、醇氢电动是最符合中国国情、能源现状、能源安全的新能源商用车技术路线

从能源的角度来看，我国"富煤、贫油、少气"，导致我们的石油对外依存度超过72%，每年消耗掉的石油中有51%用于货车，同时排放了全部汽车56%的二氧化碳，以及全部汽车PM污染物的80%，因此商用车的减碳势在必行。

甲醇是全球公认的新型清洁可再生能源，具有绿色零碳属性。甲醇也被称为液体的"氢"、液态的"电"。我们可以通过电解水制氢，然后加二氧化碳合成甲醇，甲醇和风电、光电、氢气之间有很好的能源转化关系，所以甲醇不仅是风光电的最佳载体，又是氢基的新能源，因此甲醇也被称为"醇氢能源"。

当前我国的甲醇占全球产能60%，我国是全球最大的甲醇生产国和使用国。我国还具有价格低的风光电资源，同时又有丰富的工业集中排放的二氧化碳资源。甲醇可以作为保障我国国家能源安全，实现能源转型的优质能源。我们如果将绿色甲醇规模化应用于商用车，既解决了国家能源安全问题，也可以快速解决商用车减碳难的问题。

二、醇氢电动是能够满足商用车全场景、全工况需求，尤其是低温环境下续航的稳定性，同时能兼顾环保和安全性的新能源商用车技术路线

醇氢电动技术是甲醇和电驱各自优点相结合的成果。它在纯电动架构的基础上，把甲醇作为能量来源，高效率增程器随时在线补电。相较纯电车型，醇氢电动不仅解决了里程焦虑、电池自重问题，在提高装载量的同时还降低了整车成本。

醇氢电动技术路线特别适合北方极寒天气，因为甲醇的冰点为 –97℃，沸点是 64.7℃，它的温域是所有能源燃料中最好的，适合所有工况、所有天气，可以克服纯电冬季电池衰减严重的问题。同时其长续航、能耗低的优势也决定了它是能够满足所有场景、所有工况的最佳新能源商用车解决方案。

搭载醇氢电动的远程新能源商用车，可以覆盖中国的所有使用场景。目前，我们已经推出了醇氢电动重卡、轻卡、客车、VAN 等产品，技术成熟度及投放规模均处于国际领先水平。

三、醇氢电动是能够持续为物流行业提质增效、发展新质生产力的新能源商用车技术路线

2024 年我国物流成本占 GDP 的 14.1%，大约是欧美等发达国家总和的两倍。醇氢电动技术能耗成本低，将为公路运输降本增效提供一个最佳的解决方案，是新质生产力的代表。

我国在传统汽车动力系统上已经实现全球最完备的产业布局，醇氢电动汽车能够将传统汽车产业的动力资产几乎全部利用起来，并且能够实现绿色转型，是最有效的保值增值方式。

甲醇加注可以在汽柴油加注站基础上改造利用，每座改造费用约 10 万元。汽柴油运输、储存等设备也都能再利用，这是对油车时代基础设施最大限度的保值增值。

四、醇氢电动是能够为客户带来综合解决方案最大化，带来更好收益、更优 TCO 的新能源商用车技术路线

新能源商用车作为生产工具，用户购车的核心诉求就是盈利。醇氢电动的车辆，燃料使用成本进一步降低。

醇氢电动 49 吨重卡，百公里醇耗 72 升，按醇价 2 元 / 升计算，百公里成本 144 元；49 吨氢燃料电池重卡，百公里消耗氢气 8 千克，按照氢气价格 35 元 / 千克，百公里 280 元；49 吨纯电重卡，百公里电耗 120 度，按照度电价格 1.2 元，百公里也是 144 元。但是，醇氢电动重卡的购置成本，相比于后两者却有着明显优势，氢燃料电池重卡购置成本约 120 万元，513 度电的纯电重卡购置成本约 65 万元，而醇氢电动重卡购置成本约 55 万元。

另外，醇氢电动重卡一次补能续航超 1500 公里，自重比氢燃料电池和纯电重卡小、载货多，运营效率提升 30% 以上，相当于额外再节约费用 30%。

五、醇氢电动是能够解决现有多种能源技术路线的痛点和瓶颈的技术路线

主流的新能源商用车技术路线无法实现各个维度的兼顾。例如：纯电动续航里程短，尤其在极寒天气；而混动产品购置成本偏高，运营成本又降低的太少；氢能虽然相对理想，但是制氢 - 运氢 - 储氢 - 加氢全环节的高昂成本，高压安全性，及运行装备的复杂性，让氢燃料汽车的推广困难重重。

醇氢电动相比纯电补能更便捷灵活，免去充换电站高昂的投资成本和漫长的回收周期。相比氢气补能，储运加注成本低，且醇氢电动汽车技术专利、供应链更多掌握在中国企业手里，相关产业具备全球竞争优势。

截至目前，国家部委及各省市已出台 50 个支持醇氢电动汽车推广应用的政策。为了更好的推动醇氢电动，远程也制定了"1.2.3.3"生态战略，从绿醇制备到甲醇加注到醇电汽车三位一体协同发展，为商用车新能源化开

辟出一条更具中国特色的技术路径，为行业可持续发展和国家能源转型贡献力量。

探路先锋，电池寰球

三一集团高级副总经理、重卡事业部总经理
罗畅国

我分享的主题是"探路先锋，电池寰球"。

一、行业趋势

目前，我国的乘用车市场已进入淘汰赛阶段，新能源重卡整体落后乘用车一个周期，目前还处于军备竞赛阶段，不断有新势力和新资本涌入。预计2026年行业内卷开始加剧，新能源重卡市场洗牌，将进入淘汰赛阶段。

从车型结构和规模来看，未来牵引车比自卸车和专用车的新能源增长空间更大。

在电量趋势方面，大电量趋势明显，但电量不会无底线叠加。按市场运距进行划分，短途市场体现不出油电车的差别，经济效益一般；中长途市场经济效益最优；长途市场是未发掘的蓝海。现阶段，800度电可以覆盖单程500公里以内的运输已覆盖70%以上的市场。

在技术方面，未来新能源技术的发展还有很大空间。伴随着半固态电池、固态电池的成熟，充电效率提升，电控、热管理技术提升，新能源重卡在中长途领域渗透率会得到进一步提升。

二、三一低碳化战略

在重卡领域，三一集团已经布局了很多新能源产品，包括道路运输类的牵引车、自卸车、搅拌车、起重机、泵车、环卫车等，并通过核心三电技术自研、全面电控策略，打造出了低能耗、高出行的爆款产品。

在工程机械、港口机械领域，三一集团推出了新能源宽体车、挖掘机、装载机、正面吊等产品，也处于行业领先。

未来三一集团将基于单设备的电动化、智能化以及AI驱动的远程控制等技术，实现多设备协同作业，为客户提供综合智能的新能源解决方案。

另外，在运营方面，我们搭建了三一重卡智运通平台，基于大数据对车端采集的数据进行解析、清洗、存储及应用，通过车队管理大屏和车队管理小程序，为客户提供电量、轨迹、故障预警等多维度实时监控数据。

三一集团在布局新能源产品的同时，也在积极打造新能源生态，例如三一重能事业部的风电、三一硅能的光伏、三一锂能的电池储能、换电站，以及三一的制氢、加氢等，形成了风、光、电、储、氢一体化生态网络，通过技术融合和生态系统助力新能源产业快速发展。

创新发展，共建智慧低碳物流新时代

长城新能源商用车有限公司董事长
唐海锋

我分享的主题是"创新发展，共建智慧低碳物流新时代——长城商用车高效物流创领方案"。

中国不缺商用车企业，但缺真正能解决行业痛点的高端产品。长城商用车不做表面文章，聚焦技术创新与场景深耕，为物流客户制造"用得省心、跑得高效"的好车。同时，长城商用车一开始就锚定国际市场，实现国际国内同步发展。

基于场景用户需求，长城商用车坚持场景化造车，提供场景下的产品解决方案，目前已经构建混动、纯电、氢能三大技术路线并行的产品矩阵。

2025年7月1日即将实施的重型商用车第四阶段油耗限值标准较上一阶段加严了12%~16%，当前市场现有的P2架构混动重卡节油率约5%，但与15%节油率的要求仍有一定距离；同时，受制于补能设施缺失、氢价高、换电设施建设周期长等因素，纯电车型及清洁燃料车型在长途运输场景尚未发展成熟，长城商用车用3年多时间完成了阶段性低碳混动技术攻克和高效物流解决方案的实践。

在《节能与新能源技术路线2.0》的指导下，针对500千米以上的场景需求，长城商用车开发出适合我国干线场景的混动架构，自研了双电机混动专用变速器、芯片级集成的九合一动力域控制器、三合一智能网联域控，与头部合作伙伴联合定制开发混动专用发动机、超高充放电倍率的混动专用电池和小速比驱动桥，形成重卡行业首个超级智能混动系统Hi4-G，实现10种混动模式灵活切换：低速用电，能避开发动机低效区；高速用油，可发挥发动机高速省油优势；滑行时能量回收给电池，完成电池充电。该技术打通了整车到零部件、硬件到软件策略间的隔阂，节油率可以在第四阶段油耗限值标准基础上再优化15%。

长城重卡通过搭载Hi4-G混动系统，综合最大马力可以达到1050ps，起步快、超车快、匝道加速快，通过智能分流技术实现全速域油电协同，加上基于全栈自研的技术体系，实现了100%自主标定、场景标定。该款车真正做到了"更快不费油，一样快更省油"。

在绿色转型方面，为了加速干线物流的绿色转型，团队经过的大量调研与试验，将纯电场景扩大到300~500千米的快递、快运支线场景。长城重卡通过自研的九合一动力域控制器、商用车双电机电驱桥及高能比短刀电池，能够做到自主标定、集成管控，使电耗更低、补能更快、寿命更长。

在成本方面，相较燃油车，运营成本下降 52.9%，每公里成本降低 1 元到 1.2 元，底置电池设计，整车不挑挂、不亏方；在补能方面，充电效率高，可满足社会桩的双枪充电、液冷快充，充电时效能够提升 30%~40%；在续航方面，整车契合支线快递运输场景续航需求，平衡了场景内"续航 - 补能 - 成本"三者关系，多拉快跑，可以让更多物流企业选择接受零碳转型。

在氢燃料产品方面，长城商用车和未势能源合作，在氢能商用车及燃料电池、储氢等技术领域关键部件实现完全自主开发，拥有液氢、气氢牵引车、氢能轿运车、翼展车、环卫车、轻卡等车型，目前已在唐山、天津、保定等地建成大规模氢能示范运营项目。

在智能化方面，通过端云协同的 TSP 系统，实现盘活车辆的运行数据，实时管理运输线路、司机驾驶行为、整车动力和载货情况。一方面，可以将云端数据进行指标化，实现驾驶状态评估指导，提高司机驾驶水平，改善油耗状况；另一方面，可以满足客户车队的管理需要，提高车辆资源的协调效率，并对车辆状态进行分析，远程 OTA 优化车控系统，减少车辆进服务站的维修次数，让用户边用车边省钱。

在智能驾舱方面，长城商用车率先搭载 7nm 车规级 8155 芯片，实现 86 项智控及交互功能的超高算力核心，让操作更省心；同时搭载商用车 W-HUD、AVM360 环视系统和 DMS 驾驶员状态监测系统，有效规避司机驾驶盲区和疲劳驾驶带来的安全隐患，让驾驶更安心。

在智能驾驶方面，长城商用车以 1V3R 的多模态传感器感知技术实现前向碰撞预警、车道偏离预警、自动紧急制动功能以及更多高阶辅助驾驶功能，如速域自适应巡航、车道偏离抑制、交通标志识别、超速报警、智能限速和侧向雷达盲区监测，满足用户安全驾驶的需求，有效避免驾驶分心，缓解长时间驾驶疲劳，有效降低事故率；同时，长城商用车完成了 V2X 车路协同软硬件的技术储备，未来可应用至多车协同、编队行驶中。

在高阶辅助驾驶方面，通过对长城乘用车底层技术及硬件的复用，基于场景化开发，下一阶段长城商用车将实现高速干线商用车 NOA 场景落地，打通端到端辅助驾驶场景，通过单车智能与云平台深度结合的方式，缓解当前物流行业面临的驾驶员短缺及运营成本高企的痛点。

在客户试用方面，我们邀请了物流行业龙头企业和各地区优秀的承运物流公司进行产品体验。混动车型当前已累计行驶了超 500 万千米，客户运输时效平均提升了 15%，减少二氧化碳排放约 592 吨；纯电车型已累计行驶了超 200 万千米，时效平均提升 10%，减少二氧化碳排放约 1320 吨。在节能方面，混动车型的平原工况，如临沂到上海的路线，车货总重 28 吨，平均车速 86km/h 的情况下，做到了平均油耗 19.9L/100km；复合工况，如上海到成都的路线，车货总重 30 吨，平均车速 82km/h，做到了平均油耗 22.4 L/100km；山区复合工况，如昆明到上海的路线，车货总重 37 吨，平均车速 80km/h，做到了平均油耗 25.1 L/100km。纯电车型的平原工况下，高速工况可达 1.1kWh/km，山区及盆地为主的高速工况可达 1.2 kWh/km。

根据能耗测试结果，可以得出结论——用户已经认可长城商用车的混动及纯电的整车解决方案。

在生态建设方面，长城商用车积极开展用户共创和产业链共创。在用户共创方面，从研发设计到生产试用，长城商用车秉承用户共创的理念，从 2019 年至今持续开展了遍布南北百城，行程过万公里的用户共创活动，收获了一大批共创伙伴。在产业链共创方面，长城商用车持续推进与上游供应链、物流企业、战略性新兴产业等深度共创，在新能源与绿色节能货车、ESG、数字化等方面创新合作模式，打造现代物流新质生产力的标杆。长城商用车将连接一切为客户创造价值的伙伴，共建阳光生态，为物流客户降本增效、节能降碳赋能。

最后，长城商用车作为低碳智能化进程的倡议者和践行者，为行业发展提出以下几点建议：第一，加速混动技术在商用车领域应用；第二，挖掘商用车领域车联网多维度价值；第三，推动新能源重卡高速路权全国互通；第四，搭建零碳物流产学研平台。

新力量·新范式·新航程：智能新能源重卡的破局之道

安徽深向科技股份有限公司董事长、创始人兼 CEO
万　钧

我要分享的主题是"新力量·新范式·新航程：智能新能源重卡的破局之道"。

一、正向设计是躯壳

正向设计主要是指车身部分，这里我们遵循第一性原则和以终为始两个原则，它们是正向设计的两个核心支柱。

（1）第一性原则。应根据电机驱动车的需求去设计车的构造，而不是让现有车辆的发动机去适应电机。

（2）以终为始。要实现智能化，必须在开始就让整体车辆具有线控的智能化底盘底座。

DeepWay 深向设计并推出了中国首款全正向设计的智能新能源重卡，其采用流线型车身、电池底盘一体化、分布式驱动。到今天，该设计已经变成重卡设计的主流路线。智能驾驶的底盘要有全新的 EE 架构，实现软件冗余、硬件备份和功能安全，能支撑不同级别的智能驾驶功能。从 L2 到 L2 Pro，再到 L3，一直到最后完全的无人 L4，都需要线控底盘基座。

二、液冷超充是脉络

液冷超充是未来的脉络。如今换电重卡占比会减少，充电越来越多。我们认为随着电池技术的成长发展和电网本身容量的扩增，支持的能力越来越强，未来液冷超充会是终极解决方案。当然未来还会有固态电池，但在中短期内，液冷超充这个技术是成熟的，能够支持电动重卡从固定场景走向更宽广、更高覆盖率的场景。

DeepWay 深向在这方面做了很多工作，2024 年实现了 1.2C 的快充。2025 年，我们要全面实现 2C 的超充。超充对整车电池热管理有非常大的挑战，需要在车端、终端做很多协同，这都是 DeepWay 深向的原创技术专利。

三、智能驾驶是灵魂

实现智能驾驶，我们认为这是一个循序渐进的过程。

即使是 L1 级的智能驾驶（辅助驾驶），也已经对于司机的安全度提升、疲劳度降低、驾驶舒适性和工作满意度增加都有所帮助。它将进一步使司机驾驶专注度提高，降低安全事故，从而优化成本。

DeepWay 深向自己开发了天玑系统，针对的是 L2-Pro 的方案。这个驾驶体验和乘用车相当，至少在高速上如果不变道，车可以在直道一直正常行驶、自主变道。在高速和重卡这个组合场景里，我们还是希望做到拨杆变道，让司机参与一部分的控制。

我们认为 L2 从大规模量产到无人驾驶之间会有过渡阶段，那就是编队行驶。编队行驶应用场景有限，最好是在高速上或在相对封闭的场景里。编队行驶的核心是前车有人、后车无人。现在我们的主要核心路线是不依靠路测设备，因为路测设备不可控。我们希望编队本身至少做到 1+3，即一辆有人、三辆无人。

L4 无人驾驶的确需要比较长的时间，但我们相信它一定会到来。对于 DeepWay 深向来讲，我们的规划非常简单，目前标配 L2-Pro 智能驾驶，在特定场景里使用编队行驶，通过所有数据的积累和算法迭代实现最终的无人驾驶。

发展超快充产业生态，推动商用车新质生产力

华为数字能源智能充电全球业务总裁
刘大伟

我汇报的主题是"发展超快充产业生态，推动商用车新质生产力"。

华为全液冷超快充解决方案可解决商用车补能效率和成本这两大难题。

第一，补能效率。针对不同的电动重卡车型，我们有不同的解决方案。1C 充电倍率重卡，可以配置一个 720kW 主机 +3 个快充双枪终端，双枪快充最大输出功率 480kW，60 分钟可以充满电；2C—3C 充电倍率超充重卡，可以配置一个 720kW 主机 +2 个液冷超充终端，双枪超充最大输出功率 720kW，30 分钟可以充满电。面向大规模即将上市 3C—4C 充电倍率的兆瓦级超充重卡，可以配置 2 个 720kW 主机 +1 个双枪兆瓦级超充终端，最大输出功率超过兆瓦级别，15~20 分钟可以充满电。兆瓦级充电技术的突破，使得重卡作业场景可实现中短距向中长距（500 公里以上）突破。

面向未来华为超快充的可持续演进、主机的平滑演进，我们只需调整终端，就可以支持未来 10 年电动重卡的车型演进，提供更高的补能效率。

第二，成本问题。按照 5 年 TCO（Total Cost of Ownership，全生命周期成本）来算，兆瓦超充成本是 450 万元，相较于换电站的 1195 万元（包括电池）大幅降低，这使得超充站在建设初期就具备了更高的经济性，降低了企业的投资门槛。另外，换电站要占更大面积才能服务相同车辆，土地使用成本会更高。同时兆瓦超充还具有高兼容性、"零"维护、多功率池化技术使兆瓦超充站的电力容量需求小于换电站和快充站，所以我们认为液冷超快充，尤其是兆瓦的超充是未来技术的必然选择。

夯实电动化　推进智能化　实现高质量发展

2024 年，我们已经协同客户伙伴，完成 20 多条中短距物流超充绿廊的建设，无论是经营效果，还是司机反馈，两大难题的解决成效都非常显著。2025 年，我们希望打造"疆煤外运"超充绿廊。未来，华为数字能源将在全国打造超 100 条兆瓦级超充物流干线、中长途超充物流干线三条、800 千米长距离的超充干线一条，不断突破长途干线场景，全力推进重卡"全电物流"进程。

随着兆瓦级超充时代的到来，我们将携手车企、电网、运营商、伙伴，共同打造开放、合作、共赢的商用车超充生态圈。

商用重卡自动驾驶驶入快车道

智加科技 CEO
容　力

我分享的主题是"商用重卡自动驾驶驶入快车道"。

一、商用重卡自动驾驶技术发展的路径

我们认为商用重卡自动驾驶必然发展的阶段如下：

第一个阶段是技术的产品化。技术的产品化即实现自动驾驶重卡在高速公路主路的实际运行。这个技术本身能够以产品的形式，而不是以一种演示的方式展现给用户。

第二个阶段是产品的商业化。从一个收费站到另一个收费站的路段上实现自动驾驶，让客户感觉到它带来的便利性、有效性，这是对物流的降本增效。当然，未来需要实现从一个物流仓到另一个物流仓全无人驾驶，

才能真正带来物流行业天翻地覆的变化。

第三个阶段是在行业内实现规模化应用。目前全无人驾驶只能做演示，未来能不能做到商业化应用，还需要法规的支持。至于法规方面能不能支持，还需等待技术真正成熟，因为技术成熟必然会推动法规的变化。

二、商用重卡自动驾驶技术提供商如何实现商业化价值？

自动驾驶技术如果要实现商业化价值一定会经过两个阶段：从技术到产品，再从产品到商品。技术要转化为产品还要经过很多打磨，产品要转化为商品其必须要有商业价值。这个价值的实现要通过从事自动驾驶技术研发的公司与主机厂、运力方合作沟通。

三、商用车自动驾驶技术的降本增效必须在实际应用中得到实际验证

在实际应用中，我们不仅要得到数据，还要得到用户的认可。产品要得到打磨，让自动驾驶所产生的社会价值更加实际，才能推动技术的进一步发展。

实现仓到仓的无人驾驶是我们的目标。要真正做到无人驾驶，我们不能完全依靠地图。

干线物流无人驾驶虽然只是未来的一个设想，但我们也需要坚持做。我们认为未来能给物流行业带来天翻地覆的变化的一定是无人驾驶技术。

超级充电网搭建商用车生态，液冷、兆瓦超充双驱动

湖南京能新能源科技有限公司副董事长
孙茂建

我汇报的主题是"超级充电网搭建商用车生态，液冷、兆瓦超充双驱动"。

商用车有很大机遇，政策因素与刚性需求将驱动商用车的新能源化。商用车新能源化破局的关键就是打造一个超充网络。超充网络不是只把充电桩简单叠加起来，而是要合理布局。单点补能到网络可以解决车－桩－网－云协同的问题，我们要加大针对商用车，特别是重卡以上大吨量车的超快充布局。

一、超级充电网的双轮驱动

超级充电网是商用车生态的基石，高效充电布局是"三横三纵"战略的关键，三横是干线（高速）－支线（国道）－末端（园区）全覆盖，三纵是车－桩－云的数据贯通。

怎样促进产业链协同发展，实现能源+数据的双轮引领？能源侧需要峰谷套利、绿电交易；数据侧需要车联网平台赋能保险、金融等增值服务；模式创新需要光储充一体化，例如在物流园区屋顶加装光伏，解决绿电问题。

京能新能源很早就推出了液冷超充、兆瓦级充电，可以实现油电同速，大大提高了充电速率。

超充赋能不仅可以与绿色能源深度融合，而且可以助力智能驾驶，为车机终端赋能，还可以结合AI进行运维方面的探索。同时，它还可以打造一体化的解决方案，将超级充电与绿能、智行融合，为物流企业提供一站式的新能源物流解决方案，提升企业的综合竞争力。

我们在多元技术下，实现了超级充电创新，在混合动力商用车和纯电动商用车方面进行探索；在纯电动商用车的充电、换电、储能板块中，都进一步实现了融合发展。

二、超级充电网生态落地路径

1. 政企协同：从"政策驱动"到"价值共生"

政策前期可起到引导作用，最终还是需要市场化。超充站对于储电的要求比较严苛，需要整块的大规模土地，政府已给出超充用途的土地的优惠政策。采取电网接入的措施就是希望获得试点充电路权的优先权。同时，我们与企业、主机厂共同探索商业模式，实现了数据共享，以服务于整个电网板块。

2. 场景穿透：按"场景需求"定制技术方案

我们致力于对封闭式场景进行穿透，开拓开放式的干线物流，并与仓库到仓库的城市配送公司合作，以定制化方案满足设备需求。

3. 技术协同：构建"充电网－能源网－数据网"三通

充电基础设施的定义是技术服务车、服务大众，构建充电网、能源网到数据网的三通。2023年左右，我们有了整个充电板块的超充标准，2024年年底，又有了2015+的国家标准，二者进一步统一为现在的超充标准。京能新能源2024年就推出了兆瓦超充，2025年将会推出兆瓦超充2.0。削峰填谷的峰谷套利在一些园区、矿山可以得到很好的利用；数据共享贯通了车企、物流等数据，实现了充电的预测需求，可助力智能驾驶。

现在国内的乘用车和商用车的发展都比较迅速。世界物流增长非常迅速，意味着未来商用车会有很大市场。我们也在东南亚制定了差异化、本地化的策略，并进行了布局。随着新能源重卡、新能源工程机械在东南亚地区的普及，我们在这些地区投入了大量充电基础设施建设，并根据各个国家的需求提供了定制化的技术方案。

三、多元市场及超级充电前瞻

依托京能新能源的技术，超充技术实现出海，联合东南亚国家的运营商实现共建，我们的目标是搭建从国内到国外的超级网络。

实现跨界智联超级充电要做到以下几点，第一是 V2G 技术的深化，第二是智慧城市的协同发展，第三是与跨行业领域探索光储充或"能源岛"综合能源站。

未来我认为以超充为支点，我们可以引领全球绿色物流与智能商用车的变革。只要把这张网搭建起来，就能有效助力商用车，特别是重卡新能源化的高质量发展。

10

第十篇
PART 10

动力电池技术创新与产业化

电动交通动力电源的挑战与创新发展

中国科学院院士、厦门大学教授
孙世刚

我的发言主题是"电动交通动力电源的挑战与创新发展"。

电动交通的动力电源包含动力电池和燃料电池,它们在驱动电动汽车、电动船舶和电动飞行器方面不可替代。

一、燃料电池

燃料电池的系统比较复杂,除了化工常讲的"三传一反",还有电子传递、离子传递。因此,其特征是三相界面、五类传输通道。从原子级催化剂,再到三相界面、催化层、膜电极、单电池、电池堆,燃料电池系统是多尺度、多场耦合的能源装置。

车用燃料电池最核心的部件是催化剂和质子交换膜,但这两方面的国产材料还没有达到商业化程度。商用车燃料电池要求催化剂具有高催化活性、高稳定和长寿命等特点。目前运行的燃料电池汽车用的还是铂族金属催化剂。但受到铂族金属资源稀少、分布不均这两个限制,而且我国铂的储量很少,仅占全球铂储量的 0.4% 左右,因此,资源稀少、价格昂贵是大问题。

目前车用燃料电池催化剂被少数几家国际公司垄断。催化剂的发展很重要,现在国家大力支持催化剂研发,我们不仅要开发拥有自主知识产权的高性能催化剂,还要努力实现其商业化。

我们要保证它的催化活性、稳定性,并且在保证其活性水平的同时,减少贵金属用量、降低成本。从催化剂活性来看,要提高铂族金属的性能和利用率，当前的商品铂炭催化剂的粒径一般在 3~5 纳米，进一步提高其活性还要关注其化学结构、表面结构、电子结构、纳米结构，同时可通过研发稳定的合金催化剂来减少铂族金属的用量。

我们可以探索和开发非贵金属催化剂，不一定要用贵金属，可改用丰度高、价格便宜的金属，如铁、钴、镍等，这需要解决很多基础的科学问题。

电催化反应主要发生在催化剂表面，因此表面结构是决定电催化剂活性的关键因素。从原子排列结构层次的基础获取电催化剂的构效规律，有助于理性设计和调控催化剂的表面结构。这不仅能显著提升电催化剂的性能，还能控制纳米催化剂的尺寸，从而使其可被有效应用到燃料电池领域。由这种高指数晶面结构碳载纳米铂催化剂构建的燃料电池，输出功率比商品铂炭催化剂燃料电池更高。通过进一步调控它的电子结构、减少铂的用量，我们可以得到效果更稳定、寿命更长、活性更高的催化剂。

非贵金属催化剂的核心同样是认识它的活性位点的结构和性能。目前主流的非贵金属都是单原子催化剂，在提升活性、稳定性方面，我们通过设计高活性位点结构、提高其表面浓度，构筑反应界面、强化质荷过程，调控传输通道、强化传输过程，从而在非贵金属燃料电池的输出功率性能方面一直保持世界领先。

二、动力电池

动力电池要从六方面提升性能：高能量密度、高功率密度、高安全性、长寿命、极端环境适应性、低成本。

动力电池体系发展的首要任务是提高能量密度。电池的能量密度主要由电极材料的储能容量决定。从电极材料的容量的理论方程可知，容量与其电极反应转移的电子数、材料的摩尔质量、活性物质化学式量有关。因此，设计和开发高容量的新型电极材料是有效提升动力电池能量密度的关键。

下一代动力电池：锂 – 硫电池。锂 – 硫电池的理论能量密度可以达到 2600 瓦特小时 / 千克，但也存在很多亟待解决的问题，如应对多硫化物的穿梭效应、解决硫的导电性和提升其反应性能等。怎样使硫的转化反应更有效发生，催化剂很重要。例如，我们在 N 掺杂的石墨烯上引入 Mo 原子簇催化中心，显著提升了锂 – 硫电池稳定充放电循环性能。

下一代动力电池：金属 – 空气电池。锂 – 空气电池的理论能量密度可以达到 3500 瓦特小时 / 千克，具有明显的优势，但也存在很多需要面对的挑战，如过电位高、容易衰减，需要给它不断提供氧气，电池体系结构复杂，等等。我们的一个尝试是，利用不同价态锂氧化物之间的可逆氧化还原反应，构建出封闭的电池体系，这样就可实现长时稳定的充放电循环性能。

动力电源驱动的汽车、飞机、船舶和飞行器在电动交通、低空域经济等领域发挥着重要作用，也是实现碳中和的重要途径。无论是燃料电池还是动力电池，都面临着不断提升能量密度、功率密度、安全性、使用寿命、极端环境适应性和降低成本的重大需求和挑战。要解决这些问题，我们需要进一步创新发展，加强基础理论研究，发现新机制、开发新材料、构筑新体系，从而不断提升其性能，满足各种场景和极端条件的应用需求。需要强调的是，除了工程技术发展、产业发展以外，我们还要更加关注其基础科学问题的研究和进展。

OMNI 全能电池

亿纬锂能副总裁、电池系统研究院院长
江吉兵

我主要向大家汇报亿纬锂能坚持和发展大圆柱电池的初心以及它带来

的价值。

我将结合汽车工业的几大特征，解释为什么大圆柱电池是新能源汽车电池的最优解，以及它的价值是什么。

一、标准化，完美契合了汽车工业的效率要求

新能源汽车电池产业面临的主要问题是产能配置错位问题，整个电动汽车从燃油车改装到电动车，到全面电动化平台，再到底盘平台化，过去的电池多样性是限制新能源汽车发展的重要瓶颈，大圆柱电池因其从制造工艺到系统设计的标准化，可以实现效率的不断提升。

大圆柱电池300PPM的制造效率是方形电池的10倍。在制造工艺方面，我们进一步缩短到10道工序，从而让电池的在线时间缩短到7天；在系统设计方面，从标准零部件到标准存储工艺让整个电池配置也变得标准化。这样一来，我们就可以在产品迭代升级过程中面对更多样化的场景需求和性能要求，不断让标准化发挥魅力，再让效率诞生更大的价值。

二、原位升级，以不变应万变

因为市场的灵活需求，汽车的迭代升级越来越快，如何在标准化前提下快速升级汽车的功能性要求？

大圆柱电池以不变的尺寸，用成熟的材料化学体系实现不同电量匹配续航，用不同的快充时间及功率满足汽车的使用要求。因此，我们可以让新能源汽车在电池环节的研发时间缩短到3~6个月，整个研发费用进一步下降80%。在原位升级、以不变应万变的逻辑之下，整个电池业的发展会提升到一个新的高度。

三、零膨胀，让应力管理成为过去式

基于阿基米德螺旋曲线和圆形结构，圆柱电池从生命初期到生命末期的应力分布非常均匀，没有向上膨胀，而方形电池因膨胀让应力管理、系统存储变得复杂。

在汽车行业里，全部汽车零部件都是标准件、直接集成，不存在应力管理这一环节。从行业统计数据我们可以了解到，在方形电池的售后问题中，膨胀直接或间接引发的问题占比超过一半，而大圆柱电池因零膨胀可以做到全生命周期始终如一，从而让应力管理成为过去式。在这个层面上，我们认为圆柱电池更契合汽车零部件的要求。

四、本征安全，随心而性

相比传统汽车，新能源汽车的保险出险率高出10%。很重要的一个原因是新能源汽车底盘下的诸多电池，在不同路况下，因底部磕碰引发的电池故障甚至安全事件都大大增加，对于消费者而言，他们不仅要担心产品质量，还要为因此产生的费用忧心。

因为大圆柱电池采用钢壳，强度达到550兆帕，而方形铝壳的强度只有95兆帕，从强度而言，大圆柱电池是方形电池的5.6倍。我们采用双层热磁金刚，强度达到1500兆帕，在整个底部空间及强度方面做到了1000焦耳的磕碰性能，这是国标150焦耳的6.6倍，让新能源汽车能无惧复杂路况。大圆柱电池从本质上解决了安全问题，让每位驾驶者都能随心而行。

以上就是大圆柱电池是新能源汽车电池最优解的原因：一是效率层面，其标准化更高效，更契合汽车工业的要求；二是性能层面，大圆柱电池原位升级，以不变应万变来满足汽车快速迭代升级的需求，研发性能具有灵活性；三是零膨胀，让应力管理成为过去式，让其质量符合高质量发展要求；四是本征安全，为消费者保驾护航。

固态电池产业进展及技术创新

合肥国轩高科动力能源有限公司首席科学家
朱星宝

我想与各位分享"固态电池产业进展及技术创新"的相关内容。

一、国轩高科固态电池进展

（一）半固态电池

国轩高科自 2017 年开始半固态电池技术的研发，并于 2022 年推出首款半固态软包产品，该电池能量密度达 360Wh/kg，续航里程可达 1000 千米。

（二）硫化物全固态电池

2024 年 5 月 17 日，我们发布了电芯容量为 30Ah 的硫化物全固态电池技术，并开展了硫化物全固态的 PACK 设计。在研发过程中，我们发现硫化物电池存在一个关键问题：小容量的模具电池表现良好，功率达标，循环寿命可达数千圈以上；然而，当电芯容量提升至 30Ah 时，电池的工艺参数和性能指标发生了显著变化。因此，在全固态电池电芯开发过程中，随着容量、尺寸放大，电池制备的工艺参数和实际性能都需要重新评估，这一过程的难度系数呈指数级增长。

（三）锂金属固态电池

国轩高科在锂金属电池领域也有所布局。目前，我们研发的 20Ah 的锂金属电芯已完成 400 多圈循环测试，容量保持率在 90% 以上。该电池并非完全意义上的全固态电池，而是采用了半固态电池技术，通过在锂金属表面进行保护处理，使用局部高浓度电解液以及其他添加剂，最终实现了电池的优异性能。目前看来，单纯依靠固态电池技术难以解决锂金属的枝晶问题。

（四）高安全电池

国轩高科计划于 2025 年持续发布固态类电池新品，主打高安全性。公司技术战略明确将电池安全作为核心目标，无论是半固态、凝聚态还是全固态电池技术，其最终目标都是提升电池的安全性。

二、技术难点聚焦

（一）固态电解质材料的本征缺陷

固态电池研发面临诸多挑战，其中材料体系的缺陷是主要难点之一。正极、负极和固态电解质材料均存在显著问题。氧化物材料存在碎裂风险以及制备工艺放大困难，硫化物材料在空气中稳定性欠佳，聚合物材料离子电导率较低，硼氢化合物化学稳定性不足，卤化物材料存在制备工艺复杂和稳定性问题。薄膜电池是固态电池中最早研发成功的类型，技术相对成熟，但其膜层极薄且需原子沉积，难以实现大规模生产。

（二）半固态电池的工程化挑战

半固态电池的研发也同样极具挑战。一方面，半固态电池采用了多种复合工艺，需要在安全与性能之间寻求平衡。以高镍三元电池为例，针刺测试难度较大。国轩高科的研发流程首先是进行高温热箱和针刺测试，通过这一环节后再评估性能，进而实现两者的平衡。另一方面，此前业界提出的半固态电池工艺，绝大多数都难以实现大规模生产，直通率极低。对于企业而言，低直通率意味着无法将产品推向市场。因此，提高良品率、降低成本，使半固态电池真正实现市场化，是当前亟待解决的问题。

（三）硫化物全固态电池的科学难题

在硫化物全固态电池领域，电池内部的应力、应变以及界面问题是值得关注的科学难题，也是全固态电池面临的最大挑战。我们需要探索科学方法来解决这些问题。对于全固态电池研发而言，企业当前在大力推进工程化放大的同时，也急需协同高校、科研院所等深入研究这些科学问题，寻求理论突破。

国轩高科在固态电池技术研发和产业化方面取得了多项重大进展，但在产业化过程中仍需攻克诸多技术难点。我们会持续加大研发投入，通过技术创新，努力解决材料、制造、工艺和成本问题，以推动固态电池技术的进一步发展和市场化应用。未来，国轩高科将继续致力于提升电池性能和安全性，为新能源汽车和储能等领域提供更优质的技术、产品和服务。

创新驱动新能源进步——AI 赋能动力电池产业高质量发展

欣旺达动力科技股份有限公司研发体系副总裁
李阳兴

在人类追求可持续发展的历史进程中，全球汽车产业正经历从"燃油驱动"向"零碳未来"的跃迁。新能源汽车凭借电动化平台与智能化技术的协同优势，通过降低用户使用成本、提升交互便捷性，逐步成为推动消费体验升级的核心力量。2024 年全球新能源汽车销量突破 1885 万辆，其中中国销量占比接近 70%，近 1300 万辆。随着补贴退坡后市场持续增长，产业重心正从政策驱动转向市场驱动。根据相关的市场机构预测，2030 年海外新能源汽车需求量有望首次超越中国，达到约 2366 万辆，全球新能源汽车超过4600万辆。这一变化不仅意味着技术竞争加剧，更将推动全球供应链区域化重组、能源体系转型，以及用户价值从产品向服务延伸。

从全球新能源市场格局来看，中国、美国、欧洲三大市场依然是核心驱动力。据相关机构预测，2030年全球新能源产业总装机量超过3万亿瓦时。中国在动力市场和储能市场领域仍占据领先地位，而欧洲和北美等海外市场呈现出强劲的增长态势。其中，动力与储能电池年复合增长率分别达16.2%和18.1%，新能源电池产业有望成为新经济引擎。这种供需结构的深度变革正推动全球能源革命进入新阶段。

在碳中和目标下，新能源行业呈现出百花齐放、海陆空多维突破的态势。这种"需求分层、技术分阶"的演进逻辑，正推动全球新能源电池企业从单一赛道竞争转向生态化布局。欣旺达已建立全场景电池解决方案矩阵包含HEV、PHEV、EREV和BEV，为不同细分市场提供精准适配的创新产品。

然而，人类技术文明的演进轨迹绝非单一线性的递进，而是多元技术流在时空维度上交织共振的复杂动态网络。人工智能作为这一网络中的关键脉络，从1950年图灵测试起步；1956年约翰·麦卡锡（John McCarthy）、马文·明斯基（Marvin Minsky）、克劳德·香农（Claude Shannon）、艾伦·纽厄尔（Nathaniel Rochester）等在达特茅斯会议将其生成为独立学科；1986年多层感知器（MLP）、BP网络出现；2016年AlphaGo击败围棋世界冠军李世石，出现首次机器打败人类的案例；2017年，Transformer架构问世，不仅革新了自然语言处理范式，更催生出Stable Diffusion、ChatGPT等生成式AI模型，推动AIGC技术走向成熟；2011年启动的材料基因组计划率先将AI引入锂离子电池研究；2023年欧盟推动AI与材料科学的深度融合，两大技术体系形成协同创新态势，持续驱动能源转型进程。

近年来，针对锂离子电池研发的不同大模型各司其职，协同驱动技术创新。首先，扩散模型（Diffusion Model）结合变分推理与马尔可夫链，能够在原子层面虚拟构建新材料，用于高离子导电电解质与极片候选筛选，显著缩短了实验周期并降低了成本。其次，混合模型将Transformer与

CNN、RNN、GNN等网络融合，对SEM图像、工序传感器时序、晶体结构等多模态数据进行端到端建模，实现涂布、辊压、干燥等关键工艺的最佳参数预测与优化，提升良率与一致性。在运行管理环节，基于自注意力机制的Transformer可捕捉电流、温度、荷电状态等长序列依赖，用于构筑高精度的SOC/SOH在线预测与异常检测系统，实现电池全生命周期智能监控。与此同时，语言模型在知识管理方面发挥重要作用：BERT通过预训练-微调和掩码语言模型，高效提取文献中的材料性能与工艺参数，支撑数据库与知识图谱构建；GPT系列凭借其自回归生成能力，可自动撰写实验报告、技术方案与专利文案，提升文案产出效率；T5将文本任务统一为"文本到文本"格式，既能够执行跨语言文献翻译，也能完成工艺方案摘要与参数预测，适配多样化下游需求。综合来看，合理匹配模型功能与研发场景，不仅可在材料设计、工艺优化、管理监控和知识挖掘各环节实现协同增效，还将大幅降低成本、提升效率，为下一代锂离子电池技术的突破奠定坚实基础。

在全球化趋势下，SEVB通过AI技术推动全场景应用的技术创新，涵盖乘用车、商用车、船舶、储能、低空飞行器等多个领域。其构建的数智化平台整合了材料管理、电芯设计、智能仿真等系统，依托智能化、模块化、标准化特性，提供高效的技术解决方案。

SEVB借助AI深度赋能锂离子电池前沿材料攻关，通过机器学习提升计算效率，进行高通量的材料配方筛选，同时通过专家系统辅助决策，解决能量密度、材料结构等核心问题；通过构建"工程-实验-仿真"循环，结合计算平台、实验验证平台和工程应用平台，实现从材料设计到工程落地的全流程优化，高效攻克锂离子电池材料研发的技术难题。在需求提出阶段，使用AI智能解析市场需求并预测技术瓶颈；在方案制定阶段，生成式设计帮助开发新材料；在实验验证阶段，数字孪生预演实验并实时调整；在体系迭代阶段，AI通过多目标优化、平衡性能并进行动态反馈；在产品导入阶段，使用AI预测放大效应，优化工艺与供应链。全流程AI驱动使研发从"经验试错"转向更加精准的计算驱动模式。

同时，AI助力SEVB锂离子电池智能制造升级，涵盖鹰眼系统、制程大数据预警、智能工厂管理和机器人工厂等领域。AI技术将缺陷分类准确率提升至99.99%，检出率≤1DPPB，显著增强了生产监控、预警分析与自动化水平，推动锂离子电池制造向高效、精准的智能化方向发展。

SEVB率先于2022年发布闪充电池，并在2024年百人会上预测"2024年将是行业的超充元年"，迭代闪充电池3.0代，随即宁德时代、比亚迪等头部企业纷纷加入这场补能革命，助力产业迈入"油电同速"新时代。6C欣星驰和欣星耀电池分别能在10分钟内充电，补能500千米至700千米，解决了里程焦虑问题。AI赋能技术创新，通过多物理场模型降低析锂风险，结合AI技术延长电池寿命，优化锂离子扩散提升倍率性能，并强化热管理确保安全。通过以上创新，从充电时效到安全问题，助力消费者实现全方位的"无忧"体验；同时，625Ah欣岳电芯，精准2度电。通过AI"闪叠"技术，达成高能量密度与极致安全性。通过机械件设计降低内阻，利用LSTM算法预测电池老化问题，结合多目标优化提升性能，并通过高通量筛选与涂布缺陷检测，全面优化电芯设计与生产。每项技术的突破都为打造更高效、更安全的电池产品提供了有力支持。

产业与科学未来范式——打造锂离子电池通专融合大模型：底层整合材料、电芯、工艺等数据库，构建行业知识图谱；中层通过多模态模型（文本、图像等）支撑电芯设计与寿命预测等分析；上层借助AIGC生成设计方案，进行性能预测与缺陷检测，优化电池全生命周期管理。全流程AI驱动，让锂离子电池的研发、生产与应用更加智能。

面对产业的变革，新能源汽车市场已从政策驱动转向市场主导，海外需求结构剧变要求我们既要巩固本土优势，更要以前瞻视野布局欧美市场，重构全球化供应链体系。借助AI技术深度赋能锂离子电池产业，打造锂离子电池通专融合的大模型，开放合作，实现共赢。尽管欧美在AI领域暂时领先，但我国凭借完整的产业链与制造根基，定能借力技术融合实现产业升级，在绿色能源浪潮中持续引领全球价值链跃迁。

高比能"问顶"硅碳方形电池研究进展

瑞浦兰钧能源股份有限公司副总裁
侯　敏

我分享的主题是"高比能'问顶'硅碳方形电池研究进展"。

一、电池能量密度提升路径

我们公司聚焦于新能源行业痛点问题，在高比能方向，着重研究电化学体系优化、极致轻量化和独创的问顶技术三个方面。首先我们将常规的电化学体系逐渐升级为多电子反应体系。超高镍的三元材料和硅碳负极是目前高比能电池快速产业化的首选材料。其次在极致轻量化方面，我们应用复合集流体、减薄结构件，这是电芯实现轻量化及低成本的有效途径。最后，我们独创的问顶结构技术全面提升了产品的能量密度。

二、高能量关键结构技术－问顶®电芯技术

问顶结构攻克了近百项工艺难题，2024年全面实现了产业化，并且在动力跟储能、商用车等领域全面得到了应用，目前每个月的出货量达到2亿瓦时。问顶结构改变了传统方形电池的工艺，从设计上避免了极耳冗余下沉的问题，同时也提高了壳体内部的空间利用率、电芯的能量密度，缩减了50%左右的极耳长度，降低了电芯的内阻和发热量，提高了电芯的能量效率，不管是在储能还是在动力方面，产品的电性能测评都表现得比较优异。

除了结构创新，我们也深入研究了高面密度、高压实、高克容量的工业界面技术，将结构创新和电化学体系创新有效结合。

三、高比能关键材料技术 – 高镍/超高镍NCM化学体系核心技术

在化学体系升级中，高镍三元材料表面包覆和掺杂了一些材料，热性能表现良好，同时采用了气相沉积硅碳材料，通过多孔碳基质，缓解硅颗粒的体积膨胀，维持其结构的稳定性。

高稳定的安全隔膜对高能量密度的电芯至关重要，通过基膜改性和表面涂覆物的升级，有效地减少了高温下的热收缩力，同时也降低了电芯的热失控概率。复合集流体一方面可以降低整个电芯的重量，另一方面也能够有效地提升电芯的安全性能，避免电芯内部热的扩散。我们研制了半固态电解质，生产工艺相对简化、制造成本低，能有效提高高能量密度电芯的热稳定性。

四、硅负极开发进展

在高镍、超高镍化学体系中，硅的化学特性作为设计的主要侧重点，与其匹配的各类化学元素均需做出相应调整。有些设计思路和纯石墨的特性相反，所以对应化学体系调整缩小了加工窗口，这样做有利于在性能和生产加工窗口之间达到一个平衡。在硅材料的选择上，生物类的硅碳价格比较低，动力性能也较好，更适于低硅体系。在中高硅的体系中，石油焦类和树脂类的硅碳更符合设计要求。同时从量产的角度来考虑，石油焦类和树脂类的硅碳更容易控制批次的稳定性，各家的硅负极厂对提高硅碳的性能有差异性的技术路线。针对硅碳的不同性能，我们也针对性地开发了不同的评测方法和标准，形成了系统的评价体系。

全固态电池产业化技术进展

宁波容百新能源科技股份有限公司副总裁兼中央研究院院长
李琮熙

我将以"全固态电池产业化技术进展"为题进行演讲。

尽管全固态电池被认为能够解决当前锂离子电池的缺陷，但仍面临成本压力和技术瓶颈的挑战。

一、全固态电池的产业化障碍：成本

在成本端，硫化物固态电解质的关键原料——硫化锂的价格是液态电解质的 150 倍，但当下通过利用硫化氢等化学转化工艺技术使得生产工艺大幅简化，硫化锂的生产成本正在迅速降低。随着硫化锂和硫化物固态电解质的规模化生产、干法电极技术的引入、材料和零部件的简化，预计到 2035 年，电芯 BOM 成本有望降至 0.4 元 /Wh 以下。

二、全固态电池的产业化障碍：制造工艺及设备

全固态电池产业化的技术瓶颈集中在加压工艺。在加压工艺上，为解决全固态电池特有的界面接触性较差问题，需借助能实现高温高压的等静压机，但这类设备以液体为压力介质，需加入密封工序，仅这一工序用时就需要 30 分钟。不过近期业内除了均匀加压设备，还创新性地引入了食品行业中的真空设备工艺进行多方面尝试。最近有成功案例显示，新型设备可以成功制造压缩率在 40%、厚度偏差在 2.5% 以内的全固态电池电芯，与传统温等静压机效果相当。

三、全固态电池的产业化障碍：技术及科学问题

1. 界面层面

正极、负极与固态电解质间的高界面阻抗是当下生产全固态电池面临的最大的技术瓶颈，高界面阻抗形成的原因之一是材料接触界面存在不可避免的微观孔隙，导致电化学不稳定性增高。在充放电过程中，电极体积膨胀引发的界面分离也是原因之一。

针对这一问题业内正在尝试解决。相关人员正在通过固态电解质改性，采用高温高压工艺，扩大有效接触界面以及在正极采用氧化物涂层技术，在负极中引入中间层多维度等方案努力攻克该课题。

2. 极片层面

在全固态电池领域，干法电极技术虽被视为关键工艺，但其使用的聚四氟乙烯（PTFE）黏结剂作为全氟化合物，已被证实对环境和人体有害。目前欧美国家正在讨论对其限制使用。为此，行业正积极推动替代黏结剂的开发，寻找在降低聚四氟乙烯用量的同时可以确保离子电导率不衰减的解决方案。

四、容百科技固态技术：8系、9系正极材料

容百科技正积极推动硫化物体系全固态电池正极材料、固态电解质的产品开发与产业化布局。在正极材料开发上，我司携手多家客户共同开发8系、9系产品，以及适用于全固态电池的富锂锰基正极材料。

8系产品生产成本与现有材料体系相当，其循环性能达到行业领先水平。值得关注的是，我司率先实现了全固态电池用大单晶技术的商业化，能够确保更高的容量压实密度和更长的循环寿命；面向全固态电池开发的9系三元材料已实现单晶与多晶的双路线布局，在超高镍产品上即使采用单晶结构，仍可实现230mAh/g以上的超高容量，自去年起单晶和多晶产品均已实现对国内外头部客户的吨级出货。

容百科技正在开发的第二代产品是超高镍三元材料，容量可以达到

240mAh/g。第三代产品是基于富锂锰基技术，容量超过 300mAh/g 的超高容量产品，该产品目前已经进行了前期开发。

五、容百科技固态技术：电解质材料、硫化物电解质性能

容百科技的固态电解质业务聚焦在硫化物与卤化物两大技术路线。我司第一代硫化物固态电解质产品在成本、空气稳定性、粒度、离子电导率等多个关键指标上实现了行业领先，我们计划 2025 年完成中试验证，并于 2026 年建成量产线。我司第一代卤化物固态电解质产品在离子电导率、对正极稳定性等指标上已实现突破，我们计划 2025 年完成低成本小试定型。

safe+ 固态电池解决方案

**重庆太蓝新能源有限公司董事长兼 CTO
高 翔**

我将围绕"safe+ 固态电池解决方案"主题与各位分享。

一、车用电池需求及痛点

当前，动力电池已经进入了技术攻坚阶段，然而现有的动力电池技术却深陷安全、成本和里程的所谓"不可能三角"困境。技术创新、突围迫在眉睫，这同时也是固态电池破局的重要方向。

二、太蓝 Safe+ 固态电池技术

太蓝新能源通过在材料工艺和界面结构的关键技术上进行创新，实现

了以安全为基础，同步解决里程焦虑、成本可控的方案，为实现破局"不可能三角"探索到有效的解决方案。

1. 太蓝"4-3-2-1"减材制造路线，固态电池 R&D 新范式

太蓝新能源在业内首次提出了"4-3-2-1"减材制造的核心理念，推出了无隔膜固态电池技术。传统的液态锂电池由正极、负极、隔膜、电解液四大主材形成。第一步，减掉隔膜和部分电解液，这是半固态电池阶段，该电池将应用于新能源汽车、大规模储能应用市场；第二步，完全减掉电解液，这是全固态电池阶段，将应用于细分的专业市场，如低空飞行器、具身智能机器人等；第三步，进一步减掉负极，相对原有的液态锂电池只剩下正极材料，这是太蓝未来的全固态无负极电池技术。"4-3-2-1"减材制造路线在每个阶段都随着锂电池结构的组成发生根本性改变，电池材料成本逐渐降低，能量密度和安全也梯次提升，减材制造为动力电池技术创新提供了新的范式，为新能源汽车技术攻坚和快速持续发展提供了技术保障。

2. 无隔膜技术加持本质安全，固态电池安全指标跨越进阶

太蓝即将量产的无隔膜半固态电池，这是一项具有高材料兼容性的平台技术，其特征是在成本可控的基础上实现了安全性能的提升，同时还可根据客户对具体的应用场景的特殊需求进行定制。

基于国家和行业相关的标准，我们开启了一系列的安全测试。通过测试，无隔膜半固态电池的三个关键指标——耐挤压、耐过充和耐高温方面都取得了全面的安全效能提升。这意味着车辆在实际使用中，发生机械冲击、高温环境、意外过充这些情况时，电池可以具有更高的承受力和安全边界。

3. 太蓝首创 ISFD 技术，破解固—固界面问题

太蓝首创的原位亚微米工业制膜技术（ISFD），集成了多项关键材料、工艺设备创新等核心技术。首先，在固态电池材料方面，基于氧聚复合体系和界面柔性材料，通过自主开发，固态电解质层实现了高机械强度、高化学稳定性、高速离子输运性能的突破。其次，通过独创的 ISFD 技术和界面柔化技术的综合运用，成功克服了固态电池的界面问题，包括界面阻抗、

界面应力，还有界面的化学稳定性等。

通过 ISFD 技术，在极片表面导入一层超薄的固态电池层，通过不断的开发迭代和技术攻坚，我们已成功实现亚微米级别的高精度控制、高良率控制，并且兼容卷对卷工艺的自动化生产需求，这些正是太蓝能够有效地控制生产制造成本的技术保障。

在无隔膜半固态电池当中，太蓝基于独创的 ISFD 技术，实现了超薄固态电解质层对传统的液态电池当中部分电解液和隔膜功能的替代，超薄固态电池层不仅具有高的机械强度和化学稳定性，同时具有优异的耐热性能，原来锂电池的短板变成了长板，所以从根本上解决了由于隔膜失效诱发的电池热失控产生的安全隐患，从本质上提升了电池的安全性。

ISFD 技术能兼容多种正负极材料，甚至是固态电池材料，为客户具体场景下关于产品性能的需求提供了多样性选择。我们坚信，安全是固态电池的第一使命，其他性能的提升应该建立在安全的基础之上。在一段时间之内，固态电池推动锂电池根本性的材料组成、结构创新设计，能够打破现有液态锂电池"跷跷板"效应的困境，能够在安全和使用效能方面做到同步提升。半固态电池是固态电池规模化应用的开篇，冲击更高能量密度是全固态电池的天职，它将打开崭新的应用场景。

三、太蓝 Safe+ 固态电池解决方案

太蓝 Safe+ 解决方案以安全升级为基准，可针对客户的特定需求，搭配超快充、高比能、长循环、超低温等不同的特性，对应产品能够满足乘用车、低空飞行器、具身智能产品及储能等不同应用场景需求。

固态电池的应用潜力不仅限于乘用车，除了地面移动出行的场景，太蓝也将 Safe+ 固态电池产品开发与应用拓展至水面和低空三维立体交通以及服务机器人等新兴领域，并且 Safe+ 固态电池产品与光伏、户储、分布式智能家居等家庭智慧能源生态相结合，可以推动家庭绿色能源的自给率提升，构建出行、户储、家居功能充储互联的闭环生态。我们相信，未来，固态电池将成为动力电池生态的基石，推动多行业协同进化。

钠离子电池的探索与实践

北京希倍动力科技有限公司创始人兼总经理
杨道均

我分享的主题是"钠离子电池的探索与实践"。

一、钠电探索——希倍动力在高功率钠电池领域的技术优势

我们在大功率钠电池领域的核心技术有 4D 离子通道、超薄复合电极、纳米复合正极材料等。基于这些核心技术,我们目前开发出的希倍动力第二代钠离子电池,可以实现 250C 的充电和放电,充电可达 60%,放电可达 70%,而第一代钠离子电池是 25C 充电、100C 放电。同时,高功率钠离子电池的低温性能非常优异,在零下 20 摄氏度的情况下可支持 15C 的放电,在零下 40 摄氏度的情况下还可支持 7C 的放电。

这应该是目前在锂电、钠电等电池领域的最高功率指标。目前,电芯 250C 充放,还没有合适的应用场景,但基于这个超高功率的平台技术,已经衍生出一系列高功率电池产品。

1. 希倍动力高功率钠电池的实践 1:轻混重卡路试适配性优异

该路试在 31T 混动重卡上进行,主机厂用同一款车在同一路况、同一工况下,一辆车装配 25Ah 的 8.3 度电钠电池,一辆装配 17.2 度电的磷酸铁锂电池,在同样的结构效果下,装配锂电池的车只耗用了一半的电量。

目前钠电池成本高于锂电池,对主机厂来说,花一样的价钱,装配钠电池的车辆售价是否可以是装配磷酸铁锂电池的 2 倍?

2. 希倍动力高功率钠电池的实践 2:公交路试节能效果显著

该路试在重庆市每天运营的公交车上进行,装配 28.2 度电的钠电池,

它给主机提供的也是混合动力解决方案，目前各种联合工况都经过了测试验证，节气率大于 25%。

3. 希倍动力高功率钠电池的实践 3：启停电源路试表现突出

在商用车、工程机械、重卡领域搭载钠电池，制作启驻一体的电源。在零下 20 摄氏度的情况下，其还能支持 1000A 的大电流瞬时放电，可以替换铅酸。

4. 希倍动力高功率钠电池的实践 4：工程机械的绿色动力

目前在高功率钠电池这一领域，希倍动力不仅在重卡、启停上搭载，也在宽体矿卡、挖掘机、甲醇增程轻卡、装载机上搭载应用，都能给主机降低油耗，提供更好的经济性。

二、钠电探索——高比能无负极钠离子电池

钠电池有一个短板，即比能量较低，对此希倍动力做了很多研究，开发了一个高比能无负极的钠电池。这个钠电池负极只有集流体，没有活性材料，相比现有的钠电池来说，它可以提升 70% 的质量能量密度和体积能量密度，而且它和我们目前的生产线高度兼容。我们预测这个电池完工成本在 0.25 元 /Wh 以内。它涉及很多核心技术，如高熵层状氧化物、无负极亲钠层优化、3D 厚电极取向控制。

在 2024 年 11 月份，希倍动力发布了一个 230Wh/Kg 的钠电池，应该是目前钠电池领域已发布的被认证的最高比能量钠电池，同时也是全球最大容量的无负极钠电池，它的比能量已达三元电池的水平，同时在零下 20 摄氏度的情况下还有 200Wh/Kg 的比能量，低温效果非常好。

随着钠离子电池的比能量做到 200Wh/Kg 以上的等级，能达到和锂电池一样的比能量，而且成本较低，它在未来的应用场景会非常多。我们预计这个产品在 2026 年量产，有望在纯电动汽车、航空航天、低空以及智能设备上使用。

三、钠离子电池未来展望

虽然说钠离子电池目前还存在很多问题，推广也受到限制，但是我们对其未来的发展充满信心。

技术提升方面，我们兼顾功率和能量，优化材料和工艺，同时进一步提升安全性，研究制造固态化电池；成本控制方面，随着行业大规模的钠离子电池材料的规模化生产，我们也通过改进原材料工艺，降低成本；市场拓展方面，我们希望从政策驱动到市场驱动，未来在电动汽车领域、储能领域都能使用钠离子电池。

钠离子电池产业化进展

山东零壹肆先进材料有限公司董事长兼总经理
宋 杰

我今天汇报的主题是"钠离子电池产业化进展"。

一、钠离子电池的三条技术路线

钠离子电池从正极材料差异的角度可分为有层状氧化物、聚阴离子和普鲁士蓝三条技术路线。

层状氧化物是类似于三元的电极材料，能量密度较高。它的瓶颈是需使用30%以上的镍，高温烧结材料成本高。其量产产线相对兼容，三元正极材料层状氧化物的售价在5万~6万元每吨，成本较高，2024年的出货量在2亿瓦时左右，对应6000~8000吨的出货量。

聚阴离子是基于焦磷酸铁钠的技术路线，使用寿命长，其主要瓶颈是能量密度相对低，克容量只有 100 毫安时/克左右，基本是磷酸铁锂体积能量密度的一半，在系统整体的成本上面临挑战。聚阴离子有两个路线：一是和磷酸铁锂类似的焦磷酸铁钠。该材料克容量在 100 毫安时/克左右，优势是能量利用效率很高，按预测常温循环可以做到 10 000 次以上的长寿命，但体积能量密度基本是磷酸铁锂的一半；二是硫酸铁钠。其原材料很便宜，可以用硫酸铁和硫酸钠低温烧结来制作。该材料的定位为 3.7 伏、克容量为 90 毫安时/克，相对较低。这条技术路线在四轮低速电动车市场上有一定应用。

从成本和性能上看，普鲁士蓝综合性较佳，其主要元素是钠、铁、锰、碳和氮等不太贵重的元素，合成只需低温烧结，无须高温烧结，不足之处是压实密度相对较低，只有 1.8 克/立方厘米左右，体积能量密度也相对较低。普鲁士蓝是很经典的化合物。从产业链来说，它的生产原料是甲烷、氨或者轻油，合成氰化钠后，再合成黄血盐钠。我们制作的正极材料起源于黄血盐钠，它是食品添加剂，生产过程中不接触任何有毒氰化物，经过沉淀反应后干燥、收集，得到普鲁士蓝的正极材料。它的克容量可以做到 160 毫安时/克，放电电压平台是 3.5 伏，几乎和磷酸铁锂接近。这条路线最大的技术难点在于，材料结构晶体的完整控制和结晶水的去除，现在山东零壹肆先进材料有限公司解决了这个材料问题，一些电芯工艺也取得很多突破，已经量产出货。

二、钠离子电池负极材料：硬碳

负极材料也是钠离子电池的优势，它可以使用大量生物质的原材料如竹子、秸秆，碳排放少是其优点。其面临的挑战是生物质原材料本身的一致性和稳定性控制相对有难度，现在国内有 30 多家企业在做硬碳负极，主要使用椰壳，大部分进口于东南亚，这样一来刚开始起量，成本就上升。我们认为竹子特别适合做硬碳原材料，我国竹子产量丰富，生长周期短，性能也可以做到跟椰壳接近。

三、钠离子电池电解液

钠离子电池的电解液和锂离子电池基本类似，因此可以借鉴锂离子电池的整个工艺链，二者的差异主要是盐。现在因钠离子电池的电解液生产规模小，相对于锂离子电池的生产成本还是偏高，但钠离子电池在电解液里可以做到低浓度，钠离子电池有基于电解液上的一些优势。

11

第十一篇
PART 11

新能源汽车新生态

线上线下协同的新能源汽车运行安全检验实践

公安部交通管理科学研究所副所长
俞春俊

我跟大家汇报一下"线上线下协同的新能源汽车运行安全检验实践"。

一、检验背景

基于研制背景和检验背景，我们提炼出一些问题：

1. 新能源汽车的风险机理不明；
2. 新能源汽车的隐患辨识不清，安全隐患和风险快速识别技术不足；
3. 新能源汽车的检验手段及配套的检验设备、检验标准都不完善。

二、检验技术

针对以上问题，公安部交通管理科学研究所在 2020 年开展国家重点研发计划项目"新能源汽车运行安全性能检验技术与装备研究"。我们突破传统汽车运行安全检验模式，通过线上大数据和模型的建立，对动力电池、电安全进行研究，研制系列检验装备、标准和规程；线下对新能源汽车的安全性进行严格把关，建立标准、研制装备；最后构建线上诊断预警、线下确认检验的新模式（见图 11-1）。

这个项目已经提前完成并通过验收，且在全国 7 个省市的 30 多个安检机构、车管所、汽车修理厂和 4S 店进行示范应用。

我们在线上大数据平台的基础上，加入我们的模型，完成线上检测并生成检测报告。年检有时间周期的要求，在临近时间周期结束时，将车辆安全性能的检测报告反馈给一体化平台，一体化平台把信息推送到线下安

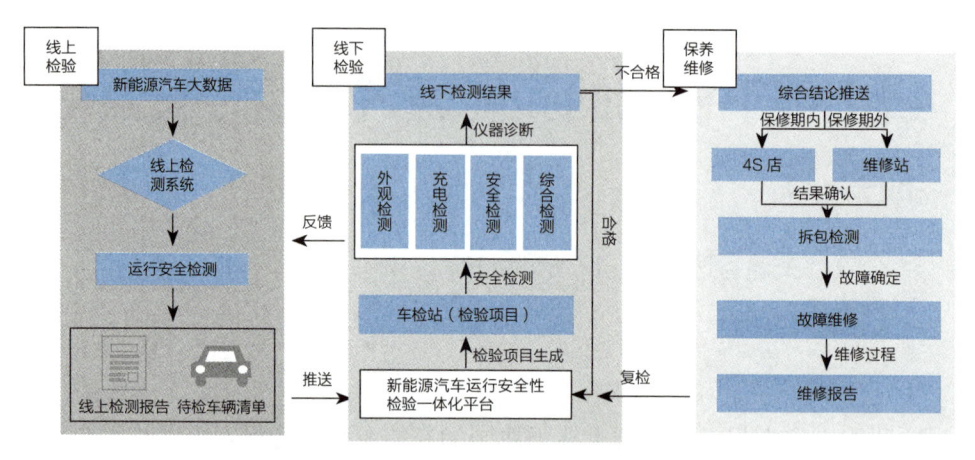

图 11-1　检验技术

检机构，由安检机构进行检验。如果结果不一致，则以线下为主，并反馈、修正线上模型的信息。经过不断迭代、优化模型，现已基本实现线上检测后，线下部分项目可免检，检验不合格的车辆会推送给维修站、4S店、车厂。

三、检验标准

标准是检验最起码的准则和门槛。线下检验需符合国家强制性的标准GB 38900，该标准对新能源汽车检验限制较少。因此我们针对保证新能源车运行安全制定了一个检验标准体系，该标准体系包含五个方面：基础标准、检验技术标准、检验设备标准、检验管理标准、事故处理标准。

（一）新能源汽车运行安全性能检验规程

我们的制标准定原则是聚焦安全性、体现针对性和突出可操作性。目前我们制定了一个面向纯电动、混合动力，包括增程式汽车的检验标准（见表11-1），但对于氢能汽车的检验还没有考虑。

最终结果怎样体现合格与否，我们与电池企业、整车企业、电池制造商经过充分讨论，列出了新能源汽车运行安全性能检验项目参考阈值（见表11-2）。

表 11-1　新能源汽车运行安全性能检验项目表

序号	检验项目			适用车型		
				载客汽车		货车（三轮汽车除外）、专项作业车
				非营运小型、微型载客汽车	其他类型载客汽车	
1	动力蓄电池安全	充电	动力蓄电池最高温度	●	●	●
			单体蓄电池最高电压	●	●	●
			单体蓄电池电压极差	●	●	●
		放电	动力蓄电池最高温度	○	●	●
			单体蓄电池最低电压	○	●	●
2	驱动电机安全		驱动电机温度	○	○	○
			电机控制器温度	○	○	○
3	电控系统安全		DC/DC 交接器温度	○	○	○
4	电气安全		充电插座绝缘电阻（直流）	●	●	●
			充电插座绝缘电阻（交流）	●	●	●
			电位均衡（可导电部件与电平台）	●	●	●
			电位均衡（可导电部件间）	●	●	●

注 1："●"为应检项目，"○"为选检项目。
注 2：动力蓄电池安全（充电）不适用于无直流充电口的车辆，电位均衡（可导电部件间）不适用于仅有一个充电口的车辆。

线上检测分析结果显示动力蓄电池、驱动电机、电控系统等异常时，对相关选检项目仓应进行检验，未能提供线上检测分析结果的，进行全项检验。

表 11-2　新能源汽车运行安全性能检验项目参考阈值

序号	检验项目			参考阈值
1	动力电池安全	充电	动力蓄电池最高温度	三元锂电池≤ 60℃ 磷酸铁锂电池≤ 65℃
			单体蓄电池最高电压	三元锂电池≤ 4.5V 磷酸铁锂电池≤ 3.85V
			单体蓄电池电压极差	≤ 0.3V（同类型电池）
		放电	动力蓄电池最高温度	三元锂电池≤ 60℃ 磷酸铁锂电池≤ 65℃
			单体蓄电池最低电压	三元锂电池＞ 1.8V 磷酸铁锂电池＞ 1.5V

续表

序号	检验项目		参考阈值
2	驱动电机安全	驱动电机温度	≤ 175℃
		电机控制器温度	≤ 95℃
3	电控系统安全	DC/DC 变换器温度	≤ 95℃
4	电气安全	充电插座绝缘电阻（直流）	≥ 100Ω/V
		充电插座绝缘电阻（交流）	≥ 1MΩ
		电位均衡（可导电部件与电平台）	≤ 0.1Ω
		电位均衡（可导电部件间）	≤ 0.2Ω

（二）新能源汽车运行安全性能动态监测预警技术要求

我们的标准制定原则是聚焦安全性、注重协调性、强化数据驱动和突出可行性。

新能源汽车的线上性能检验需要监测预警技术。

车企平台首先要按照 GB/T 32960.2 标准的要求，在动态监测时放入算法模型，对新能源汽车的整个安全性，特别是运行的隐患、故障要进行监测。监测之后将数据上传到公共平台。

公共平台要接受车企平台上传的数据，起到上传下达的作用。国家市场监督管理总局支持我们做协同平台，与公共平台进行对接，车企平台也可以跟我们对接。

在动态监测方面，一个是故障监测，延续传统车企定义的一级、二级、三级，会针对 12 个关键的要素进行报警；另一个是隐患监测，面向模型监测，对变化趋势进行预警。

如果超过阈值，就进行动态预警；如果没有超过指标，年检时可以再次使用。如果故障监测超过一级预警，要求相关车辆在 7 天内进行维修；二级预警，要求在 1 天内进行维修；三级预警，要求立马停车检查，对于同一批次生产的车辆的质量全部重新核查，甚至召回。隐患预警是同样的措施，24 小时内发生 1 次隐患预警，要求相关车辆在 7 天内进行维护；发生 2 次隐患预警，要求在 1 天内进行维护；如果同一个批次车辆隐患预警多次预警，还是希望召回同一批次生产的相关车辆。

（三）电动汽车安全技术检验专用装备通用技术要求

装备标准目前已经有团标，国标会对装备的分类、型号、技术要求、试验方法、检验规程、标识包装和运输、存储等进行要求。

对构建适应全国统一大市场建设的汽车后市场维修配件供应体系的思考

中国汽车维修行业协会会长
张延华

我就"构建适应全国统一大市场建设的汽车后市场维修配件供应体系"这一主题与大家进行交流。

要构建适应全国统一大市场建设的汽车后市场维修配件供应体系，应坚持以市场需求为导向，充分发挥市场在资源配置中的决定性作用。按照市场主体权利平等、机会平等、规则平等的原则，打破汽车维修配件流通渠道的垄断，保障所有维修企业、车主享有便捷使用配件维修汽车的权利，促进汽车维修市场公平竞争。

一、坚持创新驱动，推动汽车维修配件行业转型升级

围绕着构建适应全国统一大市场建设的汽车后市场维修配件供应体系，促进数字经济和实体经济深度融合的目标，鼓励和引导企业加强自主研发，依托大数据、人工智能、工业互联网等新一代信息技术，构建互联、数字、智能的汽车维修配件供应系统，促进资源优化配置、配件精准匹配、降低

库存和物流成本，最终实现建设"零库存风险、零等待维修、零假冒配件"的"三零"供应链，不断提升汽车维修配件行业的服务质量和竞争力。

二、推动产品认证，助力汽车维修配件市场规范发展

产品认证作为第三方的评价和公示机制，有助于提升汽车维修配件制造企业的管理水平和产品质量，提高生产效率，并为政府提供高效的监管工具，优化市场供给；同时，能够向维修企业和车主传递质量、信用等方面的关键信息，帮助其合理选购，促进消费升级。通过产品认证可以有效解决市场信息不对称的问题，优化资源配置，提升市场运行效率，促进供需良性互动。目前，中国汽车维修行业协会正在积极推进诚信汽配商认证体系建设，通过联合权威检测认证机构，对汽车配件商户开展信用评价，促进经营者诚实守信，形成良性的竞争格局。

三、建设溯源体系，实现汽车维修配件全生命周期管理

充分利用工业互联网标识解析技术提供的分散存储、快速定位、按需共享的新型信息交换模式，加快建设汽车维修配件溯源体系，以此实现行业标识互通、数据安全共享、配件供应链协同发展。这种分布式标准化的标识解析体系，可以替代汽车配件生产企业原有的非标准化私有标识管理系统，使汽车维修配件生产、流通更加透明、可控，做到"源头可查、去向可知、过程留痕、责任可溯"，真正实现汽车维修配件全生命周期管理。

目前，中国汽车维修行业协会正联合中国汽研、中天科技、深圳开思时代等几家企业协同开展汽车维修配件标识解析平台的建设工作，通过"一物一码"，实现配件全流程的精准管理，同时依据行业标准，统一编码规则，通过数据互联互通，为提升维修配件供应体系数字化水平奠定基础。

四、健全政策规则，促进汽车维修配件适配数据规范流通

中国汽车维修行业协会将配合有关主管部门制定、完善相关政策和规则，明确维修配件适配数据的确权、使用和交易规则，以此撬动汽车制造

企业开放汽车维修配件底层数据，实现汽车维修配件数据来源的正向性。同时，中国汽车维修行业协会还将携手相关行业协会，加快完善汽车维修配件适配数据流通相关团体标准，实现汽车维修配件适配数据流通的标准化，以及在合法合规的前提下，安全共享、合理交易，使汽车维修配件数据真正成为市场要素进行交互流通。

五、发挥组织优势，推进汽车维修配件行业品牌建设

从能力建设入手，中国汽车维修行业协会广泛宣传汽车维修配件行业的品牌建设理念，总结推广品牌建设的好经验、好方法，试点先行、示范引领、探索规律、循序渐进，通过品牌建设提升汽车维修配件行业的服务质量和效率，进而增强全行业的整体竞争力和综合实力。与此同时，我们还要建立健全科学的评价机制，对参与建设的相关企业品牌影响力进行评估，以此衡量其是否满足适应全国统一大市场建设的汽车后市场维修配件供应体系的要求。

总之，构建适应全国统一大市场要求的汽车后市场维修配件供应体系是一个渐进的、可持续的过程，只有充分认识规律、尊重规律、按规律办事，持之以恒，久久为功，科学有序地建设高标准的汽车维修配件供应体系，才能为构建高水平的全国统一大市场、促进汽车后市场的繁荣发展提供有力的支撑。

汽车后市场数据融合场景应用大有可为

电子政务云计算应用技术国家工程实验室主任
连樟文

我报告的主题是"汽车后市场数据融合场景应用大有可为"。

一、聚焦新机遇：推动后市场政策制定与数据创新

当前新能源汽车产业发展已进入"下半场"，使用端的服务能力与数据应用水平将成为行业高质量发展的核心驱动力。围绕新能源汽车后市场数据应用与生态建设，我提出四点核心建议。

（1）释放数据价值：强化新能源汽车数据资产在保险、维修、二手车交易等场景中的创新应用，探索"数据要素乘数效应"，助力风险减量、车况评估与消费者权益保护。

（2）完善职业认证体系：构建以职业能力评价为核心的新能源车维修人才培养体系，建议由中国汽车维修行业协会牵头制定技师等级标准，完善职业技能培养与职业晋升通道，推动服务向专业化、标准化发展。

（3）共建数字生态：打破车企、维修企业与第三方机构间的数据壁垒，推动技术文档开放与诊断协议标准化，构建"政府引导－平台赋能－多元协同"的行业新生态。

（4）科技赋能服务：依托健康用车平台等数字化平台设施，通过 AI 辅助诊断、维修知识图谱等技术，提升维修效率与服务质量，降低消费者维保成本。

实验室长期深耕汽车后市场数字化领域，配合国家相关主管部门建设的国家汽车维修电子健康档案系统，已覆盖全国 31 个省市，融合超 10 亿条数据，为行业监管、企业服务与消费者权益保障提供了坚实支撑。未来，实验室将进一步深化与政府部门、主机厂及保险机构的合作，推动汽车后市场从"盆景"到"风景"的规模化升级。

二、从实验室到产业：创新实践成果

多年来，实验室在汽车后市场数字化领域取得了多项实践成果。

（1）实验室牵头研发的健康用车平台入选国家战略性新兴产业重大工程，通过"产品化、服务化、市场化"路径，助力维修企业提升设备复用率与首次修复率。

（2）实验室联合多地交通管理部门，推动"事故快处快赔"等便民服务落地，相关成果已融入公安部交通管理局的"12123"平台。

（3）实验室探索新能源汽车电池风险防控与残值评估模型，为保险定价、二手车流通等场景提供数据支撑，助力行业破解"投保难""估值难"等痛点。

三、共筑未来：让数据驱动行业高质量发展

实验室将持续以"连接各界、服务生态"为使命，依托"健康用车"等核心技术平台，推动数据资源与行业需求的精准对接，为汽车后市场更智能、更高效、可持续发展注入新动能。

汽车配件"三票制"流通促进汽车后市场提质增效

中国机电装备维修与改造技术协会副会长
高　强

我介绍的主题的"汽车配件'三票制'流通促进汽车后市场提质增效"。

一、关键驱动：通用配件检测标准驱动良性发展

我们统筹了现在汽车后市场配件的实际数量，大概有118种常见配件。这118种配件有35个产品，35个标准全部覆盖。经过5年时间，我们研发了20种配件标准，涉及70个配件种类，覆盖的汽车后市场配件已超50%，为行业提供了全面质量检测的依据。2025年市场认可了我们的配件标准，检测认证开始了。我们通过严控标准，组织汽车配件生产企业有序开展汽

车配件检测认证，针对不同的配件，对生产材料、配方、结构、强度、耐腐蚀性、耐高温、耐久性等技术指标进行检测。

我们通过通用的配件认证检测标准，驱动良性发展，激发汽车配件制造企业的创新活力，实现产品质量提升。目前已有30多家企业积极响应，上万种产品进入检测认证流程，1万多种产品被排名前十中的9家保险公司采购。2025年5月底，我们在江苏召开全国汽车配件流通"三票制"的发布会。

二、关键钥匙：产业创新融合开辟新型发展赛道

汽车保险行业缺乏配件质量数据，导致理赔成本高，维修返工率上升，纠纷频发；而汽车配件制造行业存在配件需求不明确、产能配置不合理、产品质量参差不齐等问题。

2025年5月底在常州召开的大会叫双产业融合发展大会，大会的目的是推动汽车保险行业和配件制造行业深度融合，促使生产制造企业依据市场需求精准定位产品，确保保险行业能够采信、选用高质量的汽车配件，为客户打造优质、廉价的服务体验。该大会有利于双方增进互信，降低配件流通成本，开辟汽车配件的新赛道。

三、关键力量："八强"创新平台严守质量底线，打通信息孤岛

信息孤岛可能是多个行业一直提到的问题。从汽车后市场来看，我关注的是汽车配件从主机厂销售到4S店的过程，汽车配件从主机厂一出门就进入到汽车后市场，而不是到消费者手里。汽车专业协会等各协会的专家应该从配件从汽车主机厂销售以后开始考虑一系列的问题，从根源解决问题。我们有国家认证认可监督管理委员会批准、备案的"八强"服务认证创新平台。最早成立时，中国物品编码中心是我们的发起单位。这个平台通过区块链、动态三维立体技术等，把大数据构建模型与汽车的行业产品、技术服务的检测、认证能力、相关的产品流通环节深度整合，实现了汽车

行业的综合服务。这个平台的发展目标就是成为国内、国际双循环综合汽车服务商，我们用了很多先进技术。

另外，汽车配件的生产企业、检测认证机构、保险公司、配件平台企业、汽车经销商、物流企业、维修企业等主体需求信息、采购信息、库存信息、三包质量索赔在平台上都能够实现互通传递。我们开通了保险公司、维修企业、检测企业等多个接口，能够看到生产企业、电话、认证与否、产品内容等。现在这个平台上约有 37 万个产品，经过认证的有 1 万多个，但是原厂配件涉及各个主机厂的 27 万多个，有七八万个配件是还没经过认证，正在认证当中。

四、关键路径："三票制"促进汽车后市场配件流通提质增效

"三票制"实际上是生产商给批发商一张发票，流通商给维修厂一张发票，维修厂再给消费者个人一张发票，这样就实现了"三票制"流通。我们效仿医药行业一票制流通、两票制流通的做法，希望通过"三票制"压低原本较高的流通成本。如日产轩逸的保险杠，重量不变，检测认证的角度乘以加工系数、乘以管理系数，最后得出来的就是价格，当然加上税收，价格大概是 135 元。

"三票制"是生产商出一张发票 135 元，全国平均运费 15 元，总共是 150 元。我们跟保险公司商量的是给其经销商 20% 的差价，大概 180 元。保险公司原定损 550 元，现在定损 180 元到 550 元之间，保险公司可以任意调整价格，最后给维修厂。原来维修厂有大概不到 200 元的利润配件管理费，现在如果再给管理费，保险公司能减少大概 40% 以上的直接配件损失。这个差距从原定 500 元到 180 元的价格区间是能有产品的，所以中间价格保险公司随意调整，具体视保险公司的经营情况而定。

所以说"三票制"完全公开了整个产品的流通过程——从生产端到使用端到消费者。

高标准、连锁化服务网络发展，助力新能源汽车使用端服务升级

京东养车连锁运营总经理
徐 佳

我的汇报主题是"高标准、连锁化服务网络发展，助力新能源汽车使用端服务升级"。

一、有保障更专业，京东养车品牌全新升级

目前，行业内很多原厂的配件并没有完全开放。不过随着新能源车辆的销售数量增长、很多品牌的融合，未来更多的主机厂将会开放授权，尤其是在三四线城市。部分主机厂品牌已经跟京东养车开展了合作。随着新能源车保有量的持续增长，我们认为新能源车的售后服务会与现有燃油车一样，更多的新能源车将流向市场，尤其是超保车辆，在4S店体系售后服务不可能形成完全的闭环。这与现在燃油车存在的价格贵、距离远等维修问题密切相关，所以在长期发展过程中，我们认为新能源汽车的配件会实现全面流通，高标准、连锁化的服务网络会成为很多主机厂和消费者的选择。

近年来，京东养车重点在做内功建设。为了在汽车服务上为用户提供更多保障，我们开展了很多优惠活动，用户不仅在买车时能享受国家补贴，而且在养车时也能享受更多的政府补贴。在广东、黑龙江等地，用户在保养时也有政府补贴的支持。在所有正品配件的销售中，我们积极参与行业协会正品配件的溯源，保证每个合规配件都能出现在平台上，从而为车主提供有保障的服务。

我们在专业方面也做了很多工作：在用户服务端，重点关注维修质量；

在专业性上，与主机厂进行配件和技术方面的合作；在技师端，投入了更多。此外，在行业协会的指导下，我们也在关注新能源汽车的售后发展。

二、立足当下，京东养车重视技术及人才建设

我们认为在新能源汽车发展的过程中，人才和技术标准是核心。

现在很多新能源汽车已被投入市场使用，未来一段时间里，每年将有一百多万辆新能源过保车辆流向市场，这些车辆会有很多养护需求，技术发展的市场需求很可观。京东养车现有的两千多家门店一方面在积极向新能源化改造，另一方面也开始承接与新能源相关的养护项目。

近几年，我们在技术标准、人才方面加大投入力度，这离不开行业协会的支持和领导。在新能源维修标准、新能源人才建设上，我们已与中国维修行业协会、百人会深度共建，现在我们的体系里有一千多名技师已通过新能源初级认证，这让很多门店的新能源维修服务更专业。

三、面向未来，京东养车面向行业拥抱合作

最近几年，我们积极与电池厂商、主机厂品牌进行深度合作。在与宁德时代的合作中，我们在新能源汽车端投入了大量的资金。2025年，双方会在北京亦庄合作开设全国最大的一家双品牌门店。在维修技术、新能源汽车和电池技术领域，双方合作程度很深。未来，用户能够直接在京东平台上购买电池的订阅服务、延保服务，新能源车主不用再担心购车后的电池问题等。在京东、宁德时代的服务体系下，这些问题可以得到一站式解决。

近年来，我们也积极与主机厂商开展合作和授权。数十个主机厂品牌会给数百家门店授权。很多以燃油车为主的主机厂，在4S店体系以及三四线城市的影响力较大。京东养车可以提供标准化、连锁化的服务网络，能够有效承接主机厂在售后方面的空白。我们希望借助现有体系，给大家提供更多便利。

从供需两方发力，构建新型新能源汽车后市场

途虎养车总裁
胡晓东

我报告的主题是"从供需两方发力，构建新型新能源汽车的后市场"。

日益旺盛的三电检测和维保、汽车美容等新兴需求，给汽车服务提供方带来新挑战。我们认为只有紧紧围绕用户需求、痛点，多角度、多层次创新供给，才能更好地满足新能源车车主的需求和期待，需求和供给需要双向驱动。

一、构建三电系统检测与维保能力

在核心的三电系统板块，我们很早就开始构建创新的能力体系，并已取得阶段性成果。

我们与整车企业、电池企业、充电桩企业达成合作，获取到专业的官方维修技术支持、原厂售后的备件供给，也在积极布局新能源汽车维修的检测工具、设备、场地。途虎养车工场店正在迈向"油电兼修"时代，更多途虎养车新能源维修中心将陆续落地。我们还在人才培养方面发力，途虎汽车学苑设有线上培训课程，帮助技师构建系统化的知识体系，并通过线下培训和"师带教"考核，完成新能源技师的合格认证。我们设置新能源整车维修、动力电池专修两条成长路径，为技师成长提供多元选择。

从用户需求出发，我们布局了三电检测、养护、维修、延保等业务。

在三电检测方面，我们针对使用六年以上新能源汽车的年检需求，携手国家数据平台、检测设备研发企业，以专业的检测能力和服务水平，推出线上云检、线下深度检测等细分业务；在三电养护方面，除了常规的油

液类养护，还推出针对三电系统、高压系统、智能驾驶系统、车身底盘的养护服务；在三电维修方面，为缓解电池维修费用高的用户痛点，我们推出了电池包开箱维修服务，这种模式只更换单个模组，相对整体更换的模式成本会大幅下降；在三电延保方面，基于检测维修的能力积累，我们与保险公司合作，同时建立基于车辆电池健康度、充电行为、路况等行为的风险模型，通过预测车辆的故障，为用户提供个性化的延保产品。

目前我们与整车企业、电池企业、保险公司加大合作力度，已成为质保期内动力电池售后网点不足的有力补充，是产业生态链中关键的一环。我们还提出质保外动力电池维保解决方案，启动免费三电续航以及故障诊断、延保、电池保养维修等服务，相关业务已在上海、广州、深圳等城市落地。

二、创新供给，聚焦用户多样化、个性化需求

在三电系统相关的业务之外，我们深度布局与车辆相关的汽车美容、保养等业务，近年来加大与产业链上下游企业协同的力度，发力服务创新、业态创新，发布混动汽车专用机油、电动车专用轮胎、一物一码正品溯源平台等新产品服务新业态、新模式，不断丰富市场选择，刷新用户的消费体验。

针对年轻车主贴膜改色等汽车美容需求，途虎养车美容中心全面升级，争做新品发布者、标准制定者、技术革新者，给用户带来个性化、高品质、高体验的车膜产品和远超行业施工标准的服务以及完善的金牌技师培训认证。2024年12月，我们与中汽中心、国检集团一起发布首个汽车膜品质验证项目，展示各类车膜在真实场景下的性能信息，助力新能源车车主的选购，引领车膜研发多元化、高质量发展。

未来我们还会基于用户洞察，继续加大需求指引供给的力度，引导源头设计生产，与厂商协同推进产品创新和升级，打造出更符合市场需求的优质产品和服务。

新能源汽车保险全流程数智化解决方案

车车科技集团副总裁
张　源

我介绍的是"新能源汽车保险全流程数智化解决方案"。

一、AI 重塑新能源保险产业链：数字化为基，智能化涌现

随着新能源汽车的兴起，车险也在发生着数字化和智能化的变革。在保险产品侧，传统车险会演变成包含智驾保险的人机智保体的融合形态，融入更多的个性化行为数据、车机实时数据的动态传输，以及新的核定规则。在理赔端，因为大量数据被应用，AI 智能理赔会促使查勘、定损、配件、核赔、支付等传统理赔流程实现智能化升级。

二、新能源车企保险管理体系

车车科技打造的新能源车企保险服务平台，能够赋能车企在新车新保、车险续保、理赔报案等场景中实现数智化流程。例如，在新车交付环节，车主通过车企的官方应用程序可直接访问 10~20 家保险公司的承保服务。在续保环节，车主通过官方应用程序可进行报价和续保。在理赔环节，当事故发生后，保险服务平台能够将车联网数据（包括碰撞数据、时间、地点等）生成事故报告，一键发送给保险公司。目前，车车科技已经与 17 家国内技术领先的新能源车企达成战略合作。

三、自动驾驶模式下投保主体发生转移

智能驾驶模式下，车辆的风险责任主体发生着变化，因此投保主体也

将发生转移。智能辅助驾驶时代，我们面临的风险集中在两个方面。

其一是技术风险。智能驾驶技术依赖于复杂的软件系统和硬件设备，如传感器、摄像头和激光雷达，如果设备出现故障，或者车辆位置、速度、驾驶模式等关键信息被恶意攻击或篡改，都可能导致严重的安全问题。

其二是操作风险。如果出现人机协作方面的失效问题，例如在紧急情况下，自动驾驶系统需要人工接管，这时就要考虑驾驶员的接管效率和驾驶能力是否能满足紧急需求。若出现事故，要区分是人为因素还是智能驾驶故障。

四、智能驾驶保险产品创新："天境"智能理赔系统

为解决上文提到的问题，我们计划推出"天境"智能理赔系统。该系统通过数值计算，可以对智能网联车事故责任进行精准判定，实现事故责任判定自动化。当发生交通事故时，系统高效收集事故相关多元数据，如行为数据、自动驾驶功能请求数据和人车交互数据等关键信息，生成鉴证报告，作为保险公司定责、定损的依据。

车车科技"天境"智能理赔系统运用区块链技术进行上链存储，实现汽车数据加密存储及交互，保障汽车企业、保险公司数据安全。同时，系统还可判定事故发生时车辆的驾驶状态，并将驾驶状态形成鉴证报告提供给保险公司，保险公司收到报告后会启动理赔程序。根据数据认定保险责任的事故，在责任认定完成后，保险公司将自动核赔，客户确认后支付赔款，全流程自动化提高了理赔的效率和准确性。这一功能有效破解了在智能辅助驾驶功能应用过程中，车主归咎系统故障、车企推诿操作失误的责任认定难题，为行业提供了高效公正的解决方案。

五、AI 驱动的智能理赔服务

相比之下，传统的理赔流程周期长，车主的理赔体验相对较差，整个理赔流程都有人工参与，容易发生骗保风险。而 AI 驱动的智能理赔服务，可以实现查、定、核、算、付全流程，一站式、一体化、一秒赔。

"天境"智能理赔系统接入 DeepSeek 等人工大模型后，将更具突破性。该系统构建了三级协同体系：基础设施层采用混合云部署与微服务架构，拥有亿级数据处理能力；数据层整合车企、保险公司的多元数据，构建出 AI 理赔智能体，能够实现秒级的定损决策；应用层贯通车主端、维修厂、保险公司的各类数据，实现全链路的自动化。

车车科技面对未来已来的车险数智化趋势，专注于 AI 驱动保险科技的创新，与合作伙伴和保险公司一起推进智驾时代的风险管理。

数字化赋能的电池资产管理生态

武汉蔚能电池资产有限公司 CEO
赖晓明

我分享的主题是"数字化赋能的电池资产管理生态"。

一、电池资产管理模式的特点与优势

我们作为主机厂细分的行业和板块，与主机厂一起推进电池资产管理模式。电池资产管理模式的特点与核心优势有三个：

（1）多样化的购车方案，可降低购车的门槛。

（2）共享基础设施，切实保障电池安全。

（3）高效利用动力电池，保供战略资源的循环。

二、电池资产管理模式的产业链

我们产业链的核心是前端电池租用（Battery as a service，BaaS）业务，跟金融机构有过深度合作；中端是电池生产商和主机厂，是消费、运营的场景；后端是电池的梯次利用和拆解回收，这些是我们主要在做的工作。

三、蔚能成果

截至 2025 年 3 月，蔚能的运营电池规模突破 22GWh，服务用户数量超过 28 万个，资产规模达到 220 亿元以上，电池服务市场占有率在 70% 左右。我们仍在不停拓展更多合作伙伴来推广电池资产管理服务。

四、锂电池运营管理服务平台

1. 使电池使用更安全、应用更高效、价值最大化

电池生产厂商擅长的是前端的研发和制造技术，实际上，对电池应用技术的开发也非常重要。

我们的用户会反馈回来很多信息，包括不同路况、不同温度、不同车主的驾驶习惯等。我们可以研究相关信息所蕴含的电池安全和效能状态。确保电池的使用寿命更长、健康状态（State of health，SOH）衰竭速度更慢，这些都是我们要做的事。

2. 集约化管理，个性化监测预警，精细化运营

集约化管理的核心是完善换电模式下的基础设施。换电站应实施智能化管理，每块电池需要怎样更换都需要有智能化管理。比如，有长距离出行需求的车主会需要换可以行驶距离较长的电池；有短距离出行需求的车主会需要换可行驶距离较短的电池。让电池的每年随车行驶里程保持在 1 万公里到 2 万公里，对电池 SOH 管理来说是最优解，这就需要我们电池资产管理公司有对电池集约化管理、智能化管理的能力。

3. 新能源电池应用的全周期管理

电池生产下线以后，我们还要保证其生命周期的价值最大化。

有很多正在服务的系统，如车载、充电、储能、电池离线检测、云平台开发、回收等，会产生大量的数据。在与别的企业合作中，我们会为其分析对应的电池、充电桩等的相关数据，这是我们的数据系统提供的服务。

目前我们已经有 7 大产品线，为 11 家客户提供了技术服务。

面向全球的新能源汽车动力电池回收利用产业布局探索

浙江华友循环科技有限公司战略副总经理
武双贺

我分享的主题是"面向全球的新能源汽车动力电池回收利用产业布局探索"。

一、技术创新

关于电池回收技术方面的路线，不管是电池厂的废料，还是售后端的退役电池，国内传统的路线都是以湿法冶金为主。过去几年电池价格波动较大，在锂电材料价格上行区间内，技术路线选择及回收率对在利润率计算中的权重较低。但是现在，特别是碳酸锂价格持续稳定并且处于低位的状态下，大家开始关注相关的技术路线革新，技术路线的选择开始更多地影响企业竞争力。

在传统湿法冶金技术路线下，大家原来不是特别关注电池的回收处置技术路线选择与来料品质的关系。但是在目前锂电材料价格处于低位的情况下，针对不同原料采用更具经济性的技术路线成为企业新的关注点。现在我们在做一些直接回收的电池技术路线，电池厂的工厂废料及品质比较好的旧电池会采用直接回收的方式；如果是使用多年的回收电池，则应用比较广的湿法冶金的技术路线。

二、构建动力电池全数据链，助力回收利用高质量发展

关于数据赋能，我们一直也在探讨。电池的整个生产制造和使用过程中产生了哪些数据？不管是梯次利用，还是再生利用，这些数据对于电池回收，能够提供哪些助力？电池回收利用本身也会产生一部分数据，这对于电池上下游企业，或整个电池的生命周期管理可以有哪些反哺？

中国围绕新能源汽车先后构建了"运行监测"及"溯源管理"平台，采集动力电池全生命周期运行动态监测数据以及静态溯源流转数据。欧盟围绕"新电池法"大力推动电池护照研究工作，国内相关机构也在开展中国电池 ID 等相关研究工作，拓展动力电池产业链、供应链数据采集。动力电池全产业数据链构建以及如何协同助力回收利用产业高质量发展成为行业的思考热点。

基于上述数据基础，在动力电池全生命周期溯源流转数据，助力退役电池定位以及高效共建共享回收网络建设；动力电池全生命周期运行监控数据，助力退役电池状态评估以及梯次产品运行状态评估；基于电池护照的产业链、供应链数据，助力构建动力电池回收利用产业碳排放权益核算及交易；基于电池 ID 的动力电池拆卸、拆解、有害物质使用等相关信息流转，助力后端企业生产效率提升等方面，行业内相关企业均在不断尝试。

三、高效经济回收体系建设

为了应对欧盟的新电池法，全球电池联盟在做电池护照，国内中汽中心、中国信息通信研究院也在做关于电池 ID、护照相关的研究，相关研究产生产业链、数据链方面的信息，或者是生产制造过程中产生的数据。目前我们可以利用这些数据去做退役电池的状态评估。当这个电池从车上退役时，通过分析其历史运行监控数据可以做电池残值评估。

电池回收体系的布局，可以借用电池的溯源管理体系。这样能够知道电池更多集中于哪个省份，例如现在广东省、江苏省的电池集中度更高，其在未来对于回收体系的布局要求会更迫切。

现在还有个热点问题是碳排放，原来很多行业专家都在讨论，新能源汽车到底能不能减排，排放的产生是否会推迟到后端处理中。现在很多汽车企业、电池企业，一直关注我们真正在后端回收利用环节，或者是处置环节碳排放的数据，我们认为这些数据是可以反哺上下游动力电池产业链的。

还有基于数据的信息流通，提到了拆卸、拆解的作业手册。今天很多新能源汽车的维修企业可能都有个痛点问题，即电池结构拆解的作业流程。这些数据基本上掌握在整车企业，或电池生产企业手里，后端维修企业很难拿到这些数据。之前国家做了一些相关的工作，比如让整车企业每一款车型设有三个公开的数据信息表，其中一个是拆卸作业手册，一个是拆解作业手册。那么这种信息如何流转？我们原来也承担了工业标识解析的相关工作，通过工业互联网的方式，通过一码产生多种行业信息的方式，实现这些信息在产业链里流通。

数据资产视角下新能源汽车行业生态赋能

贵州数据宝网络科技有限公司合伙人、轮值 CEO
肖　斌

从 2020 年开始，国家把数据要素当成第五大生产要素，陆续推动制定了一系列相关政策，同时也制定了相关法律进行约束。数据宝网络科技有限公司（简称数据宝）在执行"三法"（《中华人民共和国网络安全法》《中华人民共和国个人隐私保护法》《中华人民共和国数据安全法》）的同时，也在跟随相关的政策推动，去完成与数据要素相关的工作。

一、新能源数据资产分类与数据应用场景设计

在新能源领域中，哪些数据能成为数据要素？有数字、有信息，不等于有数据，有数据不等于有资产，有资产不代表能流通，其中一环打不通，数据或信息就无法成为数据要素和资产。数据宝认为，新能源汽车早已脱离简单代步工具，更是切入一个个人或家庭生活的"新入口"，存贮海量数据，既包括车机本身的数据，也包括关于人的大量数据，其价值广阔，但也非常考校数据管控与运营的深层能力。

数据宝与大学合作进行智能驾驶模型开发，模型中的智能驾驶方案不仅要考虑车内人的驾驶行为，更要关注车外人、车、环境的互动状态，因此需要大量的外部数据来交叉决策影响智驾处置行为；运行过程中的车机数据也同样重要，如电池数据、车辆本身的机械零部件设备数据；另外，汽车在研发周期的实验室数据，未来会转化成最终设计的产品；产品的售后服务会产生运营类数据；还有动力电池合规和安全方向的一些数据，林林总总，形成巨大的潜在"数据资产"（见图11-2）。

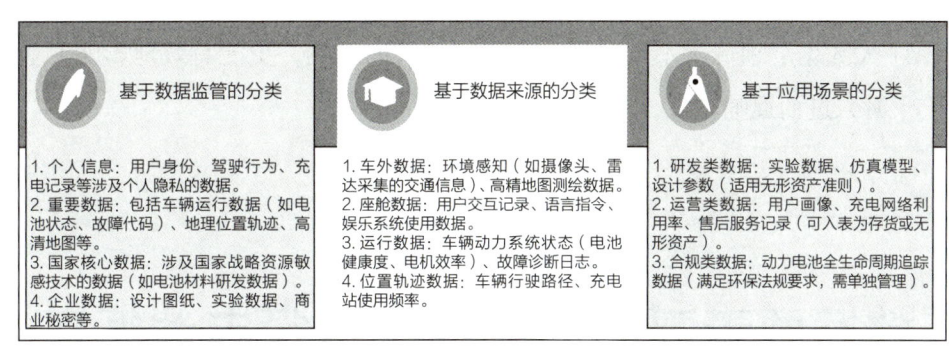

基于数据监管的分类	基于数据来源的分类	基于应用场景的分类
1.个人信息：用户身份、驾驶行为、充电记录等涉及个人隐私的数据。 2.重要数据：包括车辆运行数据（如电池状态、故障代码）、地理位置轨迹、高清地图等。 3.国家核心数据：涉及国家战略资源敏感技术的数据（如电池材料研发数据）。 4.企业数据：设计图纸、实验数据、商业秘密等。	1.车外数据：环境感知（如摄像头、雷达采集的交通信息）、高精地图测绘数据。 2.座舱数据：用户交互记录、语言指令、娱乐系统使用数据。 3.运行数据：车辆动力系统状态（电池健康度、电机效率）、故障诊断日志。 4.位置轨迹数据：车辆行驶路径、充电站使用频率。	1.研发类数据：实验数据、仿真模型、设计参数（适用无形资产准则）。 2.运营类数据：用户画像、充电网络利用率、售后服务记录（可入表为存货或无形资产）。 3.合规类数据：动力电池全生命周期追踪数据（满足环保法规要求，需单独管理）。

图 11-2 数据资产

二、战略价值

即使积累了大量数据资源，也不代表就能直接形成资产；不仅要评定数据资源的权属，更要评定其具体价值的有无。如果有价值，还需要判断价值的类型，是财务价值、业务价值还是生态价值。

比如关于减排、碳交易的政策分析。数据宝链接的大部分是国有数据，在国有数据中，生态、环保方面的数据会结合新能源车企的数据将赋能整合形成双碳交易场景的数据价值。再比如道路管理、养护、运营的规划，特别像现在上海市的低空经济研究协会就在预研未来飞行新能源车辆如何去做，其中资产、数据和路径，地面和空中，人和停机坪怎样协同，都是新能源汽车衍生大数据的"用武之地"。此外，电池的维修、保养、更换、回收或二手车的残值估计，在相关的汽车金融领域都可能应用到以上数据。

既然有大量的"价值场景"，意味着这些数据可以成为"数据资产"，那就需要把它从资产的视角来考量。如果一家车企拥有相关数据，且有应用价值，那它是否属于资产，对它来说有哪些好处？财务方面，按照财政部和国家数据局发布的政策来看，它会直接改变企业的资产负债表。原本所有数据的存储、加工、建模、应用等过程和服务器、人力等的投入，都是以成本的角度去考虑的，但是从数据资产的角度来说，是从负向变成正向，形成增量资产。业务方面，一家企业将在保持原有主营业务基础上，形成新的盈利增长点——数据资产流通收益。生态方面，这家企业将步入"AI+大数据"领域，不仅可以参与数据经济的市场，更能有效地影响产业上下游，进而反哺主业，使之健康发展。

数据要素驱动电动汽车退役电池循环再生

北京凌禾科技有限公司首席科学家
高 强

我讲的题目是"数据要素驱动电动汽车退役电池循环再生"。

从"人工智能+"到"数据要素×",这应该是2025年下半年主要的热点趋势。我们致力于研究数据要素和电池回收拆解行业的深度融合。新能源汽车未来发展的一个重要问题就是退役电池如何回收,目前新能源汽车增长的趋势就是五年后电池回收市场的趋势。我们判断,固态电池大概在2030年左右会陆续实现商业化,在此之前还是以传统的电解液电池为主,所以现有退役电池回收行业,应该至少还有15年的发展空间,这是明确趋势。

一、数据要素 × 动力电池全生命周期管理

目前我们调研了很多退役电池的现状,现存去向大致有三个方向:梯次利用、加粉修复和表面翻新。前两个是国家允许、合规的,第三个是不允许和严管的。

电池的全生命周期管理溯源系统可以解决表面翻新电池的流向,避免出现大量安全事故的隐患,完善退役电池最后一公里的管控。这既包括对于电池生产、销售、管理中的全流程标识,也包括对于电池ID、身份证、批次、型号、来源等关键信息的全方位记录。通过国家蓄电池回收利用的综合管控平台,我们可对市场上退役废旧电池的相关信息进行及时记录。

二、数据要素 × 电池循环再生产业经济性

作为技术解决方案的提供方,我们要获得行业认可,还需面临两个主要问题:其一,业主方、合作方最关心的经济性和投入产出比;其二,技术方案和设备是否先进。

关于电池回收经济性的问题,我根据近半年相关行业、企业对回收模式和成本的相关描述,总结了回收的三种模式。

(1)汽车厂回收。汽车厂、4S店、各种服务网点等天然有这样的资源。

(2)电池制造商回收。如宁德时代投资的邦普新能源项目等,它们掌握电池的去向信息,这是它们的回收优势。

(3)作为第三方的回收主体或联盟联合地方政府等进行回收。它们拥

有公交车、出租车资源，有建设费用，能引导消费者。

现有回收主体不管是小作坊也好，还是正规军也好，对于回收来的电池我们都会优先进行梯次利用，通过梯次环节，电池包能增值20%左右，不能梯次利用的电芯可以直接按废料处理，价格在7000元到8000元左右一吨。针对这种情况，测算一下进价、出价后，取半年的平均值，再统计所有招投标、收电池和人工折旧、设备成本的费用信息，毛利率在11.38%左右。梯次利用筛选后把报废电芯变成黑粉销售，我们对电池里边的铝、铜等各种粉也做了细算，毛利率大概会增加到13.5%左右。

现在碳酸锂价格较低，大家觉得动力不足。我们一方面需要降低收电池的成本，另外一方面就是要提升技术、设备及各方面管理水平。要是可以形成质量更好的极片粉，纯度做到更高，毛利率就可以达到20%~25%左右；进一步再做材料修复，毛利率甚至可以达到50%~60%。如果我们采用先进的设备和技术，提高行业的毛利率，就会让更多的人有意愿参与进来。

三、数据要素 × 电池回收拆解设备及工艺

我们的设计生产线亮点主要有三个：一是基于机器人精细化、智能化的拆解，是国内首套示范线；二是对于电解液的全回收处理，没有外排，采用超临界萃取工艺；三是对拆解电池产出的黑粉做了正、负极的双修复。

其中，电解液的超临界萃取技术可以满足环保要求，通过萃取回收，集中处理，没有对外排放，这样就不用受到化工用地的条件限制，适用领域更广；针对材料的修复再生，使得每一个环节的产出物都可以进行销售。

12

第十二篇
PART 12

绿色能源与新能源汽车融合发展

新型电力系统理念、目标、路径探讨

中国电力企业集团联合会首席专家
姚　强

我分享的议题是"新型电力系统理念、目标、路径探讨"。

一、构建新型电力系统是实现"双碳"目标的关键

"双碳"目标主要还是碳中和。作为"双碳"目标来讲，我们现在已经突破了《巴黎协定》定的目标，也就是说这个目标难以达到，我们要努力达成到 21 世纪末和工业革命之前 1.5 度的目标，保证不高于 2 度。但是我认为在这个目标之后还有另一个目标——发展是硬道理。无论从全球还是从我国来讲，发展始终是我们面对的第一要义。目前全球关注的一个重点是新能源产业链，包括"新三件"[①]，另一个重点就是人工智能。投资方也都关注这两个又宽又长的赛道，这两个赛道都是颠覆性的。新能源的转型不仅有个碳中和的目标，还有另一个目标，就是助力中华民族复兴的目标。它是党的第二个百年目标的一大助力。

二、能源安全

安全问题分为三个层面：一是战略安全，二是常规安全，三是运行安全。以前我们说能源不安全，就是战略不安全，缺油少气。常规安全这里不讲。现在我们面临的挑战还有运行安全：一个是战争，一个是自然灾害。主流观点认为，新能源尤其是以分布式为主的新能源，相对于集中的电力系统来讲，可能在运行方面更安全。新型电力系统，也就是大家关切的绿

---

① 电动总成、智能座舱和自动驾驶系统。——编者注

电的发展碰到了严峻的挑战。

三、分布式能源体系实践探索

分布式能源是未来新型能源体系的基础，而分布式能源的基础就是分布式智慧电力系统，电力系统将来是分布式能源的根基。这里有一个核心问题，我们希望在末端构建一个县域分布式能源体系，构建一个县域分布式能源体系并不是最理想的，但是又是最现实的，因为我们这种管理体系希望有一个区域代表发展前景。欧阳明高院士也讲了，在高速充电桩技术成熟以后，在高速公路服务区建高速充电站，这个想法理论上可行。我们有一个非常坚强的电力系统支撑。我还是希望在大系统的支撑下，能够在分布式能源体系里形成一种源网荷储。多能协同的体系是合理的，我们不能再回到钻木取火的年代，建造孤网。

四、源网荷储一体化

我们应在末端通过分布式体系，发展源网荷储一体化，不能再坚持过去的源网分开。电网本身也能够扩大阵地，做大规模。充电基础设施就是一个非常大的产业，现在这个产业缺的是一个成熟的场景。希望通过体制机制和技术体系的改革能促进场景的成熟。我认为这一点需要强调，在分布式能源体系里的控制逻辑和智驾逻辑是百分之百相同的，其底层逻辑是永远在非确定性环境下做即时控制，将三段式变成一段式，基于新能源的新型电力系统不确定、用户不确定，在非确定环境下做毫秒级的即时控制，这就是智驾和新型电力系统的联系。最后希望能降低成本，全社会成本最低，才是我们构建新型电力系统、绿色能源、新能源汽车融合应该共同遵循的原则。

电动车是储能，换电是桥梁

奥动新能源副总工程师
刘 炳

汽车行业的未来有一个问题——电动汽车一定是汽车吗？它是储能的吗？对此，奥动新能源的观点是肯定的。2024 年，我们已完成 12 亿千瓦风光装机的目标，达到 14 亿千瓦。波动性和随机性给我们的配电网带来了很大的问题，特别是分布式光伏的消纳问题。波动的电源只有通过储能配合才可以变成稳定的电源，所以储能是新型电力系统的支柱。

电动汽车是超大规模的储能体，它们甚至可能是全中国将来最大的储能体。过去，动力电池的装机量一直是超过储能电池的。2024 年是二者装机量最接近的一年，但是在《关于深化新能源上网电价市场化改革 促进新能源高质量发展的通知》发布后，鉴于强迫配储的需求下降，我们预计动力电池的容量还将长期超过储能电池。未来基于电动汽车的移动储能一定会成为电力储能日内调节最大的资源。站在国家能源转型的角度，这个资源显然应该被利用起来。

车能提供什么？ 电池有日历寿命和循环寿命，当二者中任何一个到达极限时，电池的使用安全性就会下降。不过当私家车的日历寿命到期时，它的循环寿命其实还剩 80% 左右，这部分资源可以拿来做很多的事，比如储能。

电网需要什么？ 电力系统的碳排放几乎全部来自火电，所以电网需要能替代火电的，清洁、大规模、高可靠、低成本、分布式的调节电源。奥动新能源在换电站里解决了风光发电的波动性和刚性电力需求之间的矛盾，从清洁、大规模、高可靠、低成本四个维度都可以满足电网的需求。

关于可靠性：电网故障和风光波动都可能导致电网调节的响应需求。

对电网来说基于普通充电桩的确定性还不够，所以今天的电网公司对基于充电桩的车网的兴趣并没有充换电行业希望的那么大。与桩不同，换电站有确定的电池、确定的电力、确定的充电机，所以我们有条件对电网实现确定性的支撑。

关于成本： 既然现在专用储能或者固定式储能都有很大的需求，那么兼职储能或者分时复用的储能也应有它的应用空间。分时复用就是让新能源充电和发电行为匹配起来，多发多充，少发少充，不发反充。多发多充、少发少充都很容易，对充电桩来说没有问题，通过调整价格就可以实现。最难的是不发反充，电网电量不够或者电网出现问题，需要向上调频时怎么支撑？这里奥动新能源有两点想法：一是给电网提供确定的功率，也就是调频，二是配合电网做调峰，这不只靠站做，而是把可变的能量，也就是车的资源充分用起来。

车网互动的思路就是让换电站真正成为储能站。我们采用双向充电机，给换电站储能提供硬件基础，开发了车网互动系统，赋予换电储能灵魂。

车网互动系统，其实就是把电网调度系统与换电站的运营系统通过数字化的方式连接起来，形成的一套数字化系统。其最终目标是在电网需要有功支持、无功支持时随叫随到，满足电网对于安全、响应速度等方面的要求。

绿色能源与新能源汽车融合发展新生态

中国电动汽车百人会低碳融合发展研究院执行院长
张　真

新能源汽车有三化——电动化、智能化，还有一个重要的方向就是低碳化。

一、如何提高新能源汽车用能"含绿率"

到 2030 年新能源汽车将成为新增且非常重要的用电负荷，无论是工业还是户用场景，我们的用电增长都是比较平缓的。但是新能源汽车使用量的增加不仅带来了用能侧增加，同样还会带来巨大的算力侧的增加，所以其将成为重要的新增规模用电负荷，因此提高它的绿色用能占比意义重大。

到 2030 年，当我们的新能源汽车规模达到 1 亿辆左右的时候，如果按慢充桩功率 7—20 千瓦估算，1 亿辆电动汽车就会对应 4.9 亿千瓦的慢充装机，占火电装机的 38%。同时其也会成为居民区最大的用电负荷，约占居民区用电负荷的 43%。此外，新能源汽车智驾算力对电力的需求也将显著增加。伴随着智能驾驶汽车渗透率的提升，单车电动需求从驱动能耗扩展到算力能耗，我们预测，如果到 2030 年我国 L4 级自动驾驶车辆达到 1000 万辆，仅车载算力需求将新增约 182.5 亿千瓦时 / 年。除了单车，更多的算力是在云端数据中心解决的，到 2030 年全球仅智能驾驶相关的算力需求新增电力就会达到每年 2000 亿 ~5000 亿千瓦时，这是相当大的规模。

所以为实现绿色能源和新能源汽车更好地融合、提高绿能的占比，源网荷储需要共同发力，构建交能融合的新型能源基础设施体系。源端要提高绿电绿氢占比，大力发展光储充换，也包括一些地方做的绿电直连试点；网端要完善配电网建设，加速智能微电网建设，打通隔墙售电；荷侧要推广智能充电技术，研究绿色专属充换电设施；储侧需要优化电网储能布局，包括车网互动的规模化推广，同时也要发挥氢能作为长时储能的价值。源网荷储四端通过一整套数字化的手段共同构建现代能源的管理体系。

（一）光储充换积极推动一体化的规模化发展

光储充换可以集光伏、大功率和快充桩和储能等可调负荷，灵活参与电网需求响应。2025 年 2 月份，工业和信息化部联合交通运输部等八部门正式启动第二批公共领域车辆全面电动化先行区试点，重点提到开展光储充放一体化、车网互动、有序用电等技术。财政部也对于百县千站万桩试点县给予了激励的政策。

（二）车网互动是真正让电动汽车成为新型电力系统重要组成部分的一个重要的路径

我们也做过相应的测算，到 2030 年，我们的电池就是重要的移动储能网，它不仅是新型电力系统最灵活的调节资源，也是最经济的资源。我们预测大概到 2030 年，电动汽车移动的储能双向充放电成本大概是每度电 0.1 元，有序充电的边际成本接近 0，它的成本是在灵活性的可调节的储能资源中最低的。国家能源局从 2024 年开始也在积极推广车网互动的规模化试点，很多地方都已经开始示范运营，重庆是第一个推出 V2G 上网电价城市，山东省也推出了 V2G 价格机制的试点。此外，车楼互动场景也非常重要，电动汽车和建筑会形成智慧的互动。新能源汽车有 80% 以上的时间都是停在建筑周边的。以居住和办公两种场景为例，新能源汽车在中午谷电时充电，下午建筑用电高峰时反向输部分电给建筑方实现调峰，其中还有一些套利的机会。新能源汽车和光储直柔的互动是一个发展方向，并且形成了一定的商业模式。

（三）发展氢能的一些难点

基础设施投资大，尤其是纯加氢站经济效益欠佳，导致其饱和率、运营效率偏低。从 2024 年开始，油气氢电服一体化的综合站成为一个重要发展方向，也是新增加氢站重要的占比。当然，氢能真正成本的降低也离不开管网的建设，客观来讲，如果想实现真正的低成本，稳定的大规模的氢能的供给，一定要有一张氢网能够大规模输送氢气。我们欣喜地看到，中石化的"西氢东送"工程两年前就开始做了很多工作，包括 2025 年康保到曹妃甸的氢气长输管道，也开始了勘测。这些都是千公里级的输氢管网，说明氢能管网建设也真正到了落地的阶段。同样，真正要实现氢能的供给体系完善，需要加速建设氢高速、氢走廊，推动氢能交通规模化发展。从近两年开始，很多行业同仁呼吁建设氢高速、氢走廊，山西、山东、吉林、四川四个省份已经推出了氢能运输免高速公路通行费的政策。伴随着氢能管网的建设，我们要依托现有的高速公路建加氢站。打开氢能比较有优势的场景是干线物流。能够真正实现的商业闭环。建设输氢管道、加氢站、氢能高速，共同打造区域的氢能走廊是行业重要的共识。

二、对发展提一点建议

基础设施肯定是重中之重。我们要加强基础设施的建设和对技术的支持，建立强制与自愿消费相结合的机制，最重要的是要健全项目的盈利模式，鼓励光储充换一体化、分布式可再生能源制加氢一体站的投资，让投资方看到盈利前景。我们要健全配套政策，例如在光储充换一体化方面，鼓励自发自用的电量，不征收相关的备用费用，允许分布式光伏余量全额消纳，有助于激励人们对基础设施的投资。在建设分布式可再生能源制加氢一体站方面，除了应简化实体流程、保障用地，建议给予一定比例建设补贴，允许分布式可再生能源余量取得优先消纳。2024年在开平的分布式能源制加氢一体站实施方案中，我们测算，如果制氢的电价比较合理，制加氢一体站的成本可以达到每千克25元，而且可以实现盈利，当然，这需要配套的政策做出优化和安排。在这里，我建议加强场景协同与认证管理，对绿电绿氢的生产端、传输端到消费端做到碳足迹的认证和管理，以体现一定的绿色溢价。

我们聊的是新能源汽车未来十年的重要的发展方向。图其致远，行则将至，我们会实现新能源汽车的更好发展。

13

第十三篇
PART 13

汽车设计破局之路

破局 / 创新：中国设计的历史使命

上海工程技术大学校长、英国皇家艺术学院荣誉博士、瑞典皇家工程科学院院士
娄永琪

我报告的题目叫作"破局 / 创新：中国设计的历史使命"。我想抛出一个观点：事实上中国已经完成了作为一个设计强国的原始积累。

我们不但要回顾过去的成绩，也要看到中国设计和汽车设计的新使命、未来我们这个行业可能还能做什么。

第一，将设计作为新质生产力和创新的引擎。2013 年，我参与了中国创新战略研究。1919 年，德国的包豪斯学院影响了全世界的设计。中国未来的设计有没有可能超越包豪斯？当时我们提到一个可能性，包豪斯是工业革命的结果，但包豪斯不一定是工业革命的原因，中国设计也许可能会成为下一轮产业革命或者说是创新的引擎。那它的源头呢？如果能够做到这样，中国设计就一定会为全世界设计的发展做出类型学的贡献。

第二，设计已经成为或者至少有潜力成为新引擎。动力越大，方向就越重要。在今天的背景下，设计应该重点考虑战略性、全局性的问题，同时设计伦理也要发生改变。原来的设计是以人为本，现在的设计往前走一步可能是要以人类为本，要考虑整个人类，再往前走一步，就可能要考虑人和自然协同。也就是说，可持续发展会变得越来越重要，中国设计要考虑如何成为推动全世界可持续发展的力量。

第三，要去实现这个使命，我们必须要有新的设计师和设计社群。设计师不仅要在行业中做好自己被安排的环节，还要进一步影响产业上下游。设计师如何成为品牌的创始人？如何成为战略投资人？当然设计师还需要各种新的技能，要多去关注可持续发展，多关注人工智能。现在看来，未来这些可能都会成为新的设计师的基本要求。

第四，推动产业转型和激发全球经济活力。尽管我们做得很大，也很成功，但日子也还是过得紧巴巴的。怎么让设计成为一股力量去推动产业转型，其实背后有很多的机会。我们在前人的基础上，在这个行业能够做出中国类型学的贡献，实际上是有机会的。车不是我们发明的，未来我们可能会在越来越多中国创造的品类创新下面引领世界。总而言之，未来我们创造的品类经济将对世界做出重大贡献。

第五，善用人工智能塑造全新范式。汽车设计在用户体验设计、交付设计等方面做得比飞机设计强。这部分知识如何流回到航空航天？你会发现这方面的知识流动有问题：一方面知识库太少；一方面知识不能到处流。知识有边界，有局限性，这时候人工智能其实是一个非常强大的引擎。我们要善用人工智能，人工智能既可以干好事也可以干坏事，整体我们要乐观看。

第六，改革设计教育与研究。我相信在行业内比较久的第一线的设计师、企业家以及各行各业的成功人士，到了一定阶段，肯定会想怎么反哺教育、改变教育。

第七，讲人人设计的设计之都，未来能够让整个社会都有设计能力，整座城市因为设计师的存在，而变得更加有光泽。人工智能设计的隐性知识是最难被捕捉、最难被标注、最难被处理的。"光泽"这个东西特别重要，每座城市不一样，各自闪着不同的光。有了设计师的存在，这个城市的光泽就会不一样。

最后，我想说，中国设计走到今天，我们共同的使命是为人类的进步做可见的贡献！

创新驱动，提升设计价值

中国一汽研发总院造型首席、中国工业设计协会副会长、汽车产业分会理事长
张　铭

无论是德国汽车的稳健与高品质、英国汽车的奢华与绅士范、法国汽车的独特与优雅感，还是日本汽车的精巧与可靠性，其设计风格都来源于它们本国深厚的文化土壤。作为中国当代设计师，我们有责任探索原创的、中国式的创新设计，提升汽车的设计价值和审美价值，实现从"性价比"到"设计感"的价值突围。

一、文化为根，诠释中国美学

文化之于设计，就如土壤之于树木，气候之于风景。那些敢于立于潮头的设计，无疑都植根于本国的文化土壤。正是其自然环境、历史传统、哲学思想等多元因素构成的不同文化，才孕育出各具特色的设计风格。回顾红旗汽车的发展历程，其每一款经典车都承载着时代的记忆与文化的烙印。红旗汽车自诞生之日起，其设计先辈们就致力于从中国优秀文化中汲取养分，并创造性地应用到造型设计之中，塑造了具有文化意蕴的中国汽车形象。2017年红旗汽车开启了新的篇章，我们仍然坚持守正创新，文化与设计融合、传承与创新并举，以"尚·致·意"为理念，打造集文化、科技之大成的"艺术品"，希望实现车主与其爱车从初次邂逅时的一见钟情，到深入交往后的两情相悦，最终达成与消费者在精神层面上的灵魂相伴——从感官、体验到情感全方位触动消费者。

为了实现红旗汽车"有文化"的设计理念，我们做了诸多研究与探索。我们与故宫博物院、敦煌研究院等文化机构展开合作，选派设计师深入学

习文化艺术、非遗工艺，沉淀之后再进行创新设计。

以红旗汽车与故宫博物院的合作为例，我们在2021年成立了"红旗故宫联合创新实验室"，历经3年时间，完成了12期专题论坛，并推出了"红旗H9＋太和版"高端定制车。这辆车从外观到内饰，每一处细节都值得细细品味，共计有自外向内的中轴布局、前脸整体的中和比例、三交六椀菱花应用、斗拱结构的格栅细节等8项设计转化。

红旗汽车与敦煌研究院的合作，同样成果斐然。早在2019年，双方就谈了合作框架，虽因新冠疫情的流行有所延迟，但疫情后迅速启动。2023年年底，我们和敦煌研究院成立了"红旗敦煌艺术创新设计研究班"，现已完成了5期专题学习，我本人也积极参与其中。我们团队人员就住在敦煌研究院，上午上课学习，下午参观洞窟，晚上做雕塑或画壁画。我们选择了敦煌学史、艺术灵感、色彩运用、文化符号、雕刻工艺5个方向进行深入研究与转化，并以"红旗天工08"为原型车，设计完成了"敦煌版"艺术车，以"时间"为主题，探讨生命之美。

红旗汽车不光研究文化艺术与设计的有机融合，也做了很多非遗工艺转化。作为文化的一部分，传统工艺承载着中华民族独有的造物思想和审美意识，相较于工业生产的大批量、机械化生产，它所具有的那种质朴、简洁以及亲近感，与现代艺术、当代设计以及流行风潮都是相当契合的。我们创新地将大漆、细木镶嵌、掐丝珐琅、云锦、粤绣等广受人们喜爱的工艺引入汽车设计中，并实现了车规级的认可。尤其是大漆工艺，我们耗费了巨大的精力，经历了多次改进，最终使其在红旗金葵花等车型中广泛应用。

经过多年的探索，在文化艺术和传统工艺赋能之下的红旗汽车，已经成为当代"中国汽车"的代表。我们在追求商业成功的同时，更应思考如何为后代留下精神财富。"中国汽车"的形象，不应由某一款车或某一个品牌来代表，而是需要我们全体汽车设计师共同努力，打造具有中国特色的汽车设计风格，才能推动"中国制造"向"中国设计"的价值跨越。

二、设计出海，见证中国高度

设计出海，远远不止于产品出海，其本质是扩大和提升中国设计的全球影响力，是向全世界展现我们的设计理念、美学理念和文化立场。中国要成为汽车大国，不仅要有传世经典的作品，还要有世界著名的设计大师。

设计出海至少要从两个维度发力。首先是要让设计师走到台前，让用户直接感受到设计师的个性魅力与激情；其次是要讲好设计故事，让设计诠释品牌价值观，搭建起用户和品牌之间的桥梁。

当越来越多的"中国元素""中国汽车""中国设计师"被标签化，被海外设计师学习、效仿之时，这就是中国汽车设计"出海成功"之时。

设计 × 科技双螺旋进化，新时代下广汽的设计探索

广汽研究院副院长、概念与造型设计中心主任
张　帆

随着汽车行业技术的发展，用户在购买产品时，越来越多从技术术语角度切入市场，比如，这是哪一级的智驾？智驾有没有搭载雷达？智能座舱用的是什么芯片？芯片和雷达是消费者真的想要的吗？应该不是。他们想要的应该只是一种优秀的体验。如何把技术和消费者的需求做好嫁接？我觉得这是设计的职责。随着技术的发展，设计的定义和外延将不断扩大。

广汽的设计团队在不断摸索和思考中形成了自己的"道、法、术"。

"道"就是我们的指导思想。新时代下，我们必须要重构价值观——设计要以用户为中心。我们要通过设计思维，打造兼具情感与功能需求的体验设计。过去这些年，我时常跟设计师说，要把自己转变为体验设计师。但只说是

不够的，实际上一个思想要落地，首先要从观念上转变，然后再全方位地进行调整。过去两年，我们也做了一些理论研究，形成了对体验、认知的"318架构体系"。说起体验，每个人都有发言权。针对造型，每个人都有发言权，大家都认为自己是专家，因为大家都可以对造型表达观点。体验更是个人的，每个人都有自身的体验。对每个人的体验做出评价，是比较困难的。构建一个可体验、可把握的架构很重要，所以，我们创建了"318架构体系"。

有了这样一个体系支撑，我们怎么去执行落地呢？要有相应的组织进化。在传统汽车组织中，有很多几十年、上百年不变的，比如前瞻设计部，说起来它的职能是做先进的、未来的探索。但具体探索什么东西？什么叫前瞻？什么叫先进？这些概念实际上是很抽象的。与其抽象，不如做得更具体一点。所以我们会把"前瞻设计部"改组为"体验设计部"，把很多门类清晰的、各自有壁垒的专业学科组织在一起，构建了一个全新的部门，采用一种全新的工作方式。组织形成后，设计师的工作思路、方法和能力也需要不断进化。我们勇于打破部门墙，打破原有固有的工作流程，用创新的理念去融合新的工作体系。

更改了"道"之后，我们也在不断地在实施"法"，在设计方法、策略，甚至在范围边界上做探索。现在新能源车面临同质化，大家都是LED和贯穿灯，如何形成各自的特点？我们希望通过"眼神"，让大灯从一个冰冷的、静止的物件变成鲜活的、有温度的物件，让车成为用户的生活伴侣，给用户提供情绪价值。

在座舱设计上，我们主要考虑人的五感体验，我们发布的昊铂HL，在视、听、触、嗅和行为直觉上都进行了体验提升。如今每台汽车的内舱都有大屏，但屏幕是否可以在不需要的时候收起来，让内舱形成更流畅的形体设计，于是我们与和康宁公司以及天马微电子联合设计了冷弯玻璃卷曲屏，营造出隐而不显的体验。

除此之外，我们在出行生态设计上不断拓展，开始介入飞行器设计。从汽车设计范式到飞行器设计，我们对无论是内饰舒适感、高级感还是外观、功能和驱动性、材质、减重、法规、成本、企业标志形象等都做了考量。两个有比较标志性的彩色环的飞行器，慢慢就成了我们的企业品牌辨识。与此同时，我们还进一步参与了非人形机器人甚至人形机器人的设计，拓展设计边界，对体验、出行需求和系统的参与度变得越来越深。但只设计这些载具是不够的，如何把这些载具有效地串起来？我们跟高校联合。我们和湖南大学一起就"立体出行"做了一本服务创新手册，我们想要把载具以系统性的服务思维的特点嵌入实际场景。我们把概念车、飞行器、机器人和整个城市的生活交通串起来，呈现出一个系统性的应用场景。大家都知道大湾区的智慧出行，我们作为大湾区主要的汽车企业，实际上也肩负着先行先试的职责。

最后讲我们的"术"，即工具或技巧。广汽应该是全球最早参与 AI 汽车设计应用探索的团队。2016 年，我们和微软亚洲研究院联合开发 AI 辅助设计软件，如今 AI 已经完全嵌入我们的设计研发流程。相信现在每个主机厂都在做 AI 应用方面的尝试。

我认为 AI 是工具的进化。30 年前，我在同济学设计时，画水彩效果图使用的是 A2 纸，得从深到浅地匀染；后来 Photoshop 盛行，大家把 Photoshop 作为新的工具。如今 AI 盛行，我认为 AI 是新的工具，新的 Photoshop。

在我看来 AI 的应用才刚刚开始，它的潜力无穷。如何探索 AI？发挥 AI 的最大潜能？我们需要更多的年轻人努力。

设计是什么？

上汽集团研发总院设计中心全球设计副总裁
约瑟夫·卡班（Jozef Kaban）

我将从跨文化观察的视角来分享个人的设计哲学。

在跨越全球三大洲的职业经历中，我逐渐形成了对设计的多维认知框架。

一、形态的哲学辩证

我们在圆形与方形间作选择，本质上是在平衡功能理性与情感诉求。以腕表设计为例，在移动终端普及的今天，其价值维度已从单纯计时工具演变为生命体征监测与环境感知的智能终端。这种进化启示我们：设计的创新往往源于对产品本质的持续追问。

二、符号的价值重构

1931年可口可乐的冬季营销困局提供了一个经典案例。通过将产品与圣诞文化符号绑定，在不改变原产品配方的情况下，成功构建了可口可乐"冬季欢乐饮品"的认知范式（见图13-1）。这证明：文化符号的精准植入，即便是相同的产品也能够突破物理属性的局限，重塑产品的价值维度。

图 13-1　可口可乐"冬季欢乐饮品"的认知方式

三、文化的镜像效应

设计本质是对特定文化语境的视觉转译。欧洲消费者对小麦色肌肤的审美偏好与东方市场对科技美学的执着追求形成有趣对照。这种差异要求我们建立双重审美认知：既要深入理解本土文化基因，又要保持全球视野的开放性。

四、用户的价值分层

从彰显身份的限量手袋设计到强调功能的通勤背包，不同消费群体对"价值"的定义呈现显著差异。正如对一匹骏马的解读——它既可是自由的象征，亦可被视为一坨马肉，同样一个设计，你对价值的理解不同，传达给消费者的感知也完全不同，设计师必须建立精准的用户价值图谱（见图 13-2）。

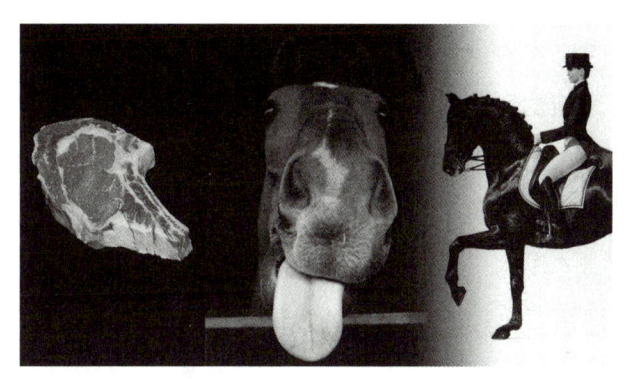

图 13-2 不同消费群体对"价值"的定义显著差异

当前中国设计生态展现出三大显著特征：首先，技术创新迭代速度快，已建立全球标杆；其次，文化自信正在转化为独特的多元设计语言；最后，市场响应机制呈现出惊人的灵活性。任职上汽期间，我深切体会到上海这座城市的独特魅力——它既保持着对传统文化的敬意，又展现出面向未来的开拓精神。

最后，请允许我用"月亮与指南针"的隐喻总结设计哲学：理想中的设计愿景应如明月指引方向，而方法论体系则需如罗盘持续校准。这个动态平衡的过程，正是设计创新的核心驱动力。

夯实电动化　推进智能化　实现高质量发展

设计作为驱动力——如何实现全球设计领先地位

北京汽车集团有限公司全球设计 VP、首席设计官
罗伟基

我探讨的话题是"设计作为驱动力——如何实现全球设计领先地位"。

目前很多同质化的设计可以从另一个角度来看待。传统的内饰设计已经发展到一个全新的阶段，之前它曾是整个汽车设计中非常重要的一环，但现在我们看到了新趋势，我个人认为它正在朝着更好的设计方向发展。

现在我们也面临着挑战，即如何打造设计的独特身份。不同的设计形式应该催生不同的作品，而不该只是模仿这种形式。但是当下的诸多项目中，因为需要加快开发速度、缩短开发周期，所以开发速度越来越快、开发周期越来更短，给设计师的设计时间十分有限，设计师没有足够的时间去设计真正稳健和可持续的作品。很多产品的开发与此类似，因为这样的做法最安全。

总体来看，大家在设计方面非常平等，都能够分享到同样的信息和资源，衡量的标准都是差不多的，比如零百加速度、充电速度、续航里程等，所以很多时候一些设计往往没有那么重要。但是我认为中国汽车市场有三个独特且显著的优势——高科技、高速度和持续性。

中国市场在汽车行业的技术上无疑是全球领先的。如果设计缺乏原创性，没有好的产品体验，那么就算开发速度快（当然作为设计师我们也希望自己创造的产品尽快上市），也还是有所欠缺的。我们应该更好地把开发速度和设计原创性结合起来，并适应这种新的工作方式。

再说到持续性。对成功的产品、品牌和故事来说，这些成功可以让我们更有动力进入下一阶段。最重要的策略应当是花时间认真制定设计方案，

以更加前瞻的设计形式来设计产品，适应某种产品类型，顺应当前的市场潮流。这需要我们有长远的眼光，考虑如何开发新概念和新造型，努力通过研究去定义未来；需要更好地呈现新的品牌特征，在新的平台上根据不同的车型，对车身外形比例进行更好的设计。我希望可以通过品牌的创新设计让这些概念真正可视化，把产品的信息准确传递给消费者。

说到开发时间，也许没有明确答案。最初的设计阶段需要完全明确，因为这是一种对未来的投资，需要在政策、策略方面打好基础，并针对可能出现的一些突发变化做好周全的准备。前瞻设计阶段很多时候并不完全嵌入开发周期当中，这也是为什么出现了很多同质化的设计。但现在前瞻设计对我们来说是重中之重，我们需要有时间创造出一个沙盒，让设计师可以讲好品牌创新的故事。

当我们开始一个设计项目时，会有一台参考车型给我们很多对标的地方。这种参考车型对于设计来说是非常危险的，因为它可能已经过时，而我们会因此落后。要想改善这种情况，需要具备更强大的开发能力，在公司内部创造自己的参考车型而不是参考其他品牌的车型。

另外，考虑到中国汽车产业现在已经成为全球汽车产业的领先者，尤其是新能源汽车开发领域的领先者，中国汽车产业在未来五年将继续领先于全球其他汽车产业，所以我们需要有自信打造自己的产品和品牌，用创新的方式（比如从中国传统文化中获得灵感）去设计新车、开发新车。这是全球现代化社会的普遍需求，只有这样才可以使我们在未来脱颖而出。

在汽车的前瞻设计阶段，不仅需要设计师参与讨论，也需要产品的研发者、高层管理人员都参与其中。因为只有共同参与，我们才能保证设计的原创性，并始终如一地交付真正理想的产品和品牌，这样也可以更好地保持自身特点，在决策时也能体现出不同的理念。我认为这可以作为我们的指导原则，帮助我们更好地打造新一代产品并执行相关策略。

非遗工艺在汽车设计中的可能性探索

中国国家画院雕塑院原执行院长、中国文化遗产研究院特聘研究员
王　艺

我重点介绍的内容是非遗工艺在汽车设计中的应用案例及思考。

作为一个美术工作者，我有机会参与了汽车设计。能用一些非遗工艺为一汽红旗这样的民族品牌做一些可以选择的可能性设计方案我很荣幸。要将非遗工艺应用于汽车设计，我认为有三个前提：

第一，甲方的支持；

第二，工艺的配合；

第三，项目的储备。

首先，甲方支持很到位。一汽红旗组织了各方面专家论证新高尚美学，探索了这一概念的具体内涵和外延。一汽红旗邀请我在长春进行了展览，通过这个展览，我向一汽红旗从事设计、制造的同行展示了美术创作在当下的发展状态。通过不断深入调研，我也对一汽红旗的历史文化和品牌有了比较深入的了解。

其次，在设计完成后，我们与非遗工艺的专业执行者进行了合作。这个过程中，专业执行者对我们提出的产品设计做了严格的流程工艺把关，使得金葵花系列车型的非遗工艺车件良品率非常高。

最后，我们始终保持对非遗工艺的热情和高度关注，用更多的时间和精力研究非遗工艺在汽车设计中的更多可能性。目前为止，我们对国家非遗名录里重要的项目做了一些深入研究，不断储备有可能用到汽车设计和生产中的非遗工艺项目。

这些可能性的方案包括刻竹、苗绣、景泰蓝、制香等。过去，我们更

注重实用功能，偏好于在研究实用功能的基础上，研究它的文化符号和乘感体验，更强调让国内外的乘客感受中国文化；现在，我们考虑更多的是将享受中国文化融入其中。比如非遗工艺中比较重要的刻竹工艺，从可能性来讲，竹子已经完全可以通过各种工艺变成车版的弧形结构。比如图案更生动、线条更生猛的苗绣，我们认为其更符合国际文化的需求。此外，我们还有其他的项目。比如制香，如汉香、藏香，它们的气味更含蓄、更优雅。在设计时，我们要解决的就是缓释工艺在汽车中的应用。还有景泰蓝、掐丝珐琅等，我们也在尝试对其工艺做现代化改造。

设计的种子在科技的土壤里发芽

小鹏汇天联合创始人、副总裁、总设计师，小鹏汽车造型中心总经理
王　谭

我认为科技和艺术在高点上应该是相互重合的。

科技或者说宏观上的技术能为设计带来很多的帮助。比如说X9，我们用了全平的玻璃，从A柱到D柱，所有的玻璃都在一个平面，然后再配合下面的隐藏式水切，可以实现纯平。专业设计师很容易理解为什么这样设计，但消费者不知道，从而让大家形成一种所谓的第六感，这个车很有科技感、很高级，这是技术不断进步能为我们设计带来的收益。内造型方面，X9有一个非常鲜明的特点，就是第三排的座椅可以一键折叠，折叠到一个纯平的状态，最大限度地实现后舱储物功能。同样是产品定义，我们把这些东西集成到一起，设计有设计想要的，产品有产品想要的，最后通过科技实现，用了一体化最大压幅的车架，完美地把设计和功能做了

最好的平衡。

设计也可以驱动科技进步。从 CMF（Color、Material、Finishing）领域，我们可以看到随着设计理念不断的迭代，很多材料、设备，包括发光、语音控制、3D 支撑设计，我们实现了非常好的效果。

在科技时代、AI 时代我们会有什么样的设计语言？首先是架构，电动化、新能源时代的到来让整车的架构发生了巨大的变化。以前长鼻子的车会使用一个长的发动机。现在进入到电气时代，架构可以被布局得更灵活，但也需要重新调整市场，这是一个比较有挑战的过程。其次是型面，我们抛弃了渐消面、渐消线的设计，采用聚变几何的语言，使整个车充满张力。下一代新 P7，我们会在前脸和细节尝试创新。

小鹏作为未来出行的探索者，全新物种——陆地航母飞行汽车已经收到了非常多的订单，所以大家还是愿意拥抱科技。这款车不是一张简单的 CG 的渲染图，已经很快就要量产。2026 年时，我们可能就可以完成一个小批的首期交付。这款车的试装车已经做完，它的分离结合功能非常有意思。作为飞行员，有几个痛点：飞机停哪儿？去哪儿飞？如何补能？航空煤油怎么办？正常学私人驾照需要 30 小时以上的时间，这款飞行器 3 分钟就可以学会。电池可以真正储存在后仓里，可以完成六次补能。另外，这个车的尺寸可以非常轻松地停在传统车位上。这款车的性能也非常好，它有六个轮，六轮驱动，飞机上还有六个桨、六把差速锁，包括虚拟和实体的差速锁，这样将科技和艺术相结合的车就产生了（见图 13-3）。

图 13-3　全新物种：FLYING CAR

中国市场的独特性推动全球汽车设计

东风汽车全球造型设计中心执行总监
尼古拉斯·岳（Nicolas Huet）

我想谈论的话题是"中国市场的独特性如何推动全球汽车设计"。纵观现在，中国市场的五大独特性为汽车设计发展、设计范式变革带来了结构性影响。

第一，中国汽车市场增长势头明显。中国汽车市场正处在高速增长期，消费需求层次多元。同时，随着数字化转型进程加快，中国汽车市场的发展也发生着剧烈地嬗变——高新技术越来越普及，社交媒体吸引着大众注意力，移动支付重塑着消费习惯。

第二，中国汽车市场拥有深厚的文化禀赋。泱泱中华，文化悠远，中华五千年的文明积淀为当代汽车设计提供了取之不尽的灵感源泉，东方美学正以全新姿态赋能未来出行设计。

第三，中国汽车市场的规模优势。中国汽车市场的规模与竞争格局塑造了独特的设计生态。作为全球最大的单一汽车市场，中国汽车市场呈现出"规模超大、层次多元、迭代超快"的鲜明特征，不同线级城市消费分层明显，进而形成了差异化明显的产品形态，催生出众多新品牌、新物种。这种多层级、多元化的市场结构，使得单一设计语言很难通吃全国。

第四，中国汽车市场的商业维度广阔。在这个全球最具活力的汽车市场中，商业模式创新与设计范式创新正在形成良性互动，催生出一系列突破性的商业实践。

第五，中国汽车市场的"传播革命"。中国汽车市场具备敏捷性的特点，在这个全球数字化程度最高的汽车市场，短视频和社交平台已成为影响消费者决策的关键力量。因此，中国汽车品牌在这场社交媒体革命中，不断探索出设计价值传播的新范式。

与此同时，东风造型设计也敏锐洞察到了更为深刻的行业现象——美学层面呈现出更加注重创新的设计新范式，以及"以消费者为中心"的造车思路正重构场景创新设计。

其中，在美学层面，中国汽车设计厚植文化资源，从绵延千年的传统文化中，找寻出汽车设计与传统文化的交汇点。东风奕派008（eπ008）的设计尽显东风哲学意境——其标志性的前大灯设计绽放出独特的文化魅力，这种设计灵感便是受到花灯文化的启发。此外，在车辆外饰设计、材料使用、色彩搭配等方面，我们充分汲取荆楚黄鹤楼文化的精髓，表达了一种独特的创新设计理念。一言以蔽之，中华文化瑰宝帮助我们设计出了更为出彩、更有辨识度的中国车。

西方汽车工业长期运用的品牌原型工具，在中国市场上展现出了更丰富的演绎可能。在美学个性化方面，通过品牌原型工具，我们不但可以看到更多的品牌贡献和不同品牌个性化策略，亦可以观察到中国消费者对个性化表达的需求程度早已远超西方市场的新现象，这也为汽车品牌差异化发展提供了独特契机。

风势所至，万物竞长。当前，中国汽车市场正在经历一场品牌价值与技术创新的深度融合，汽车也已从单纯的交通工具进化为搭载数百个传感器的"智能终端"。智能传感器和AI芯片等前沿技术的应用，为设计创新功能提供了更多可能。然而，真正的设计突破还是要回归于如何通过AI算法、新一代汽车芯片和前瞻性的人机交互设计等"技术红利"真正兑现成为绝佳的用户体验感。未来，能够精准把握中国用户场景需求的车企，有望在新一轮产业变革中占据先机。

一秒钟的距离　一毫米的时间

小米汽车工业设计总经理、小米集团设计委员会副主席
李田原

在分享前，我想先提两个关键短语："一秒钟的距离，一毫米的时间"。2024年10月28日，SU7 Ultra 以6分46秒874的成绩刷新纽北圈速纪录。这个数字背后蕴含着非凡的意义——纽博格林北环赛道堪称全球最具挑战性的赛道，其20.8公里长度内包含177个复杂弯道，海拔落差达到304米，其天气条件变幻莫测。电车挑战纽北赛道主要有四大难点：①时速特别高，需要巅峰性能。②单圈距离长，需要持续高性能输出。③弯道多落差大，需要极致下压力。④纯电车质量重，轻量化难度高。

我们必须在多个维度实现技术突破。最终，原型车通过百分之百自研的1548PS马力的V8s电机、1330kW的电池包、1900kg的整车重量、2145kg的下压力这些技术参数完成了这一壮举。

项目结束后，曾有同事问我最大的压力来源，我的回答正是"下压力"这一技术指标。在纽北赛道著名的"飞机场"斜坡弯道，车辆若缺乏足够下压力，就会像其名字所示那样"起飞"。因此，车需要紧贴在地面。工程团队最初就提出了一个极具挑战性的目标：下压力必须超过整车重量。

设计工作始于工程团队提供的CFD仿真数据，基于SU7量产车的底盘架构和三电系统。工程团队提供的初始数据是鲨鱼头前脸、大型尾翼和加长后扩散器的设计。在设计过程中，我们创新性地引入航空领域的升阻比概念，将SU7 Ultra Prototype置于机翼造型之上，形成了标志性的U型风刃设计，这也契合Ultra这一车名。经过多轮优化，团队最终确定了这个设计方案。

然而在海外支持团队介入后，设计方案遭遇重大挑战。海外专家认为U型风刃会产生反作用力，建议改为传统导流板设计。针对这一情况，我们选择在保留核心设计语言的前提下进行技术优化。

经过三个多月的反复验证，通过调整U型风刃倾角并增加导流叶片，我们不仅实现了预期下压力，更意外地降低了50N的风阻。类似的技术突破贯穿整个项目：开孔式引擎盖提供414kg下压力，开放式轮包增加153kg下压力，尾部扩散器增加245kg下压力，大型尾翼则提供735kg下压力。所有这些组件共实现了2145kg下压力。（见图13-4）

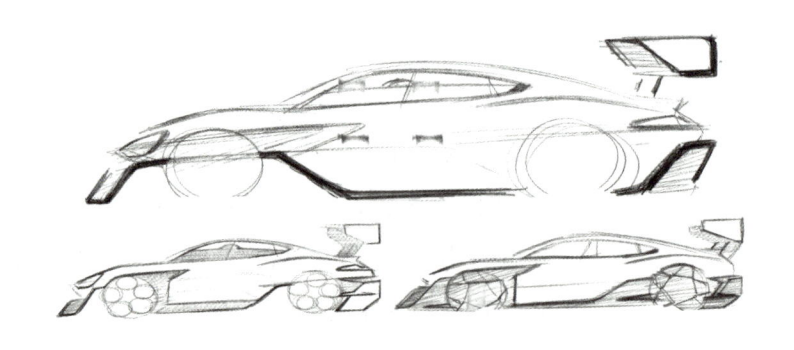

图13-4　SU7ultra设计图

这个项目彻底颠覆了我们对汽车设计的传统认知：所有设计考量都聚焦于功能性提升，而非单纯的美学追求。正如广汽研究院副院长张帆所言："Design不等于Styling。"在这个项目中，形式完全追随功能，其开放式轮包的设计完全由气流走向决定，打破了传统汽车设计对精致感的追求。

最终，原型车实现了0~100km/h加速1.97秒、0~200km/h加速5.96秒、极速350km/h的性能表现。在350km/h的极速下，一秒钟意味着行驶97米的距离。在设计过程中，1mm的调整可能需要耗费一个月时间。

2024年8月1日，在纽北赛道旁的一家餐厅，我和雷总以及工程师团队看到墙上满是来自全球车队和游客的留言。同行的工程师说："无论成功与否，这都将成为改变世界对中国汽车认知的契机。"更令我难忘的是，一位从德国归来的三电工程师在赛道上对我说："田原，汽车已经经历一百多年，说的都是德语和英语，我在想是不是有一天它能说中文。"

在当下中国新能源汽车、智能电动化和 AI 技术、软硬件蓬勃发展的时代背景下，我坚信中国汽车终将在全球赛道上书写属于中文的篇章。

14

第十四篇
PART 14

新材料、新工艺、新技术促进新能源汽车变革

新能源汽车制造的破局与升维

岚图汽车科技有限公司首席运营官
蒋 焘

我演讲的题目是"新能源汽车制造的破局与升维"。

一、背景和破局的方向

现在整个汽车行业竞争非常激烈,其他行业也有类似的情况,对于岚图来讲,最重要的任务是在此期间存活下来。中国的社会环境非常接受创新,而其他国家,像日本、德国,它们不太会轻易接受新技术,这是中国消费者与国外消费者很不同的方面。市场需求裂变加倍,过去消费者选车看颜值、看配置,而现在消费者看得更多的是智能化,需要车辆具有交互的功能。未来,消费者还希望车辆的硬件可以进行更换、软件可以升级,这些都是行业对车企提出的新要求。

制造、供应链方面的人员也面临着很大的压力,压力来自成本、质量、交期。汽车制造行业,在前面几十年的发展中一直领先于其他行业,汽车行业的制造、汽车管理,包括质量的理念都非常先进。但是近几年汽车制造行业慢慢开始落伍,而生产电池的新能源行业、生产手机的 ICT 行业却在快速发展。汽车行业要想不落后,必须要有破局的方向,以新一代信息技术和先进制造深度融合作为主线,推动制造系统各个要素进行解耦、整合和重构。这样做的最主要的目的是把传统制造确定性控制转变成智能制造适应性演变。

二、路径的探索与实践

我主要围绕质量、效率和周期三个关键词进行阐述。

（一）质量

关于质量，我们的追求还是要做到极致的品质，追求客户的口碑。不过我们面临着很多的问题：一是品质育成周期越来越短，过去是 31 个月的开发周期，但现在 18 个月必须完成，这并不是加班就能解决的问题；二是客户投诉越来越多，因为功能越来越多，过去解决故障的固有模式无法适应现状，虽然如今有各种各样的工具，但是我们面临着更多的课题；三是软件的故障越来越多。

为了解决这些问题，我们需要做出一些转变。

（1）从过去的问题管理向口碑式体验管理转变；

（2）因为开发周期变短，要从问题管理向问题预防转变；

（3）从经验驱动向数字智能驱动转变，通过数字智能来提升开发的速度。

但是提升质量毕竟是非常系统的工作，从提升质量工作方面来讲，质量策划越来越重要，所以需要我们强化质量策划。过去我们说质量是靠检查出来的，但实际上不是检查出来的，不是制造出来的，也不是研发出来的，而是策划出来的。如果策划阶段选了非常差的工艺、差的材料，之后很难更改。包括严密的质量控制，高效的质量改进，质量数据的挖掘、标准化和体系化，这都是提升质量方面必须要开展的工作。这里面有一些支撑，这几年我们做了一些调整，以适应短周期的新车成熟度全维度评价体系，包括全面、高效、敏捷的客户调研体系。现在客户调研非常重要，基本上一款车的销售生命周期不到一年，有时能够卖八个月就很不错了。这种情况下，如果把握客户需求不够及时，客户就流失了。另外，要有对典型问题点的复盘，建立起高价值的经验库，包括数据拉通、矩阵化管理、体系化建设。

（二）效率

汽车产业经历过从车企主导向用户指导的范式革命，现在要实现"千人千面"，像手机一样，做到软硬的解耦，这对配置的要求越来越多。而且现在变化越来越快，过去一款车要三五年才会更新一次，现在基本上每年都要更新一次。

（三）周期

现在有个让制造业从业者非常痛苦的点，即开发周期变快。手机芯片迭代太快，过去在一个平台的基础上可以做很多款车机，手机迭代带动平台迭代，平台迭代就要带动汽车迭代。如果汽车开发周期比手机迭代周期慢，那等到该车上市时，该车所有的芯片就都落伍了。

交期。现在我们遇到很多困难，如车型的式样特别多、变化很快，国内的车和国外的车迭代不同步。国内的车已经是第二代、第三代了，国外的车还是第一代，会出现"三世同堂"的现象，"老中青三代"要同时生产。国外的汽车生产法规认证需要一到两年的时间，但是同时国内的汽车生产已经向前迈了一大步，式样、功能越来越多。在式样非常多的情况下，没办法把所有的式样都生产一遍，那样的话，库存就会特别多。因此生产方式要发生一些变化，过去的精益生产方式——丰田生产方式（TPS），这种在计划之下的生产方式需要进行调整。我们有中央智能的系统，这种系统在客户通过手机下订单时就能同时产生四个计划——交付计划、生产计划、物料计划、物流计划，车辆还没生产的时候，运输车辆的火车就已到位，车一下线立马被运走。过去，车入了库再去找配板，然后再拉走，中间会有几天等待的时间，现在从客户下订单到正式生产要在几天内完成。

开发周期。过去开发一款车最少需要 72 个月，现在差不多 18 个月就要完成。这里运用了很多技术，开发初期同步工程效率的提升，供应商也参与了进来。过去，我们构想好了产品，供应商才参与进来；现在我们与供应商的关系也发生了变化，供应商要给我们提供创意。

虚拟调试。设备进入工厂的时候，过去调试一个车型需要经历从"五一劳动节"到"十一国庆节"两个长假期间，现在一个长假就能搞定。现在我们也没法预留两个长假的时间，如果"五一劳动节"调一次，"十一国庆节"调一次，中间间隔时间太长，所以必须通过虚拟的孪生技术，在计算机系统上调试成功。

风险的控制。这是同步工程，过去靠人检测尺寸合不合适，现在把专家的经验集合成小的系统，让系统自己做校验，时间大大缩短。

三、前瞻和未来

以上我们已经基本实现，只是其中某一点做得不那么全面、到位，最底层是 IoT，再往上一层是整车流、设备流、零件流、环境流。整车流，要实现从客户下订单，车辆交到客户手里的过程管理，要有一个时间目标。我们的目标是 7 天，这可以大大减少库存时间，也要求内部部门能做得到 7 天内完成相关流程。有些汽车行业做不到的原因，是生产的体制、机制跟不上，而非能力跟不上。很多企业能力很强，反而变成其发展的障碍。我们必须要拉通这四个流方面，在这个基础上构建大的数据中心，在数据中心的基础上，开展自动化探索。

三新聚变，智造跃迁，新能源汽车产业底层创新与价值协同

北汽福田轻量化副总工程师
任 鹏

我汇报的主题是"三新聚变，智造跃迁，新能源商用车产业底层创新

和价值协同"。

首先看产业背景和发展趋势。近年来，整个全球商用车产业正在经历前所未有的变革，低碳、环保已经成为该行业必须面对的课题和热点。在整个交通领域，汽车的碳排放量占整个交通领域的 80%。虽然商用车的保有量只占了 10%，但是它的碳排放量却占到了 56%。

商用车如何减碳呢？我认为最佳答案就是新能源化。商用车是节能降耗的关键领域，新材料、新结构和新工艺协同创新，对实现整车减重和成本优化具有决定性作用。在低碳环保方面，商用车是节材减碳的重要部分，低碳材料的开发和应用对实现双碳战略也至关重要。通过分析不同燃料类型轻型货车单位周转量的碳排放数据，可以看到纯电动的和可再生能源电解水制氢的能源类型比其他所有的能源类型的碳排放量要低很多。

从产业数据上来看，商用车的新能源市场渗透率也在逐年提升，特别是从 2020 年以后，每年都在大跨步式的提升。

通过以上对产业的分析，以及对国内外相关"三新"技术趋势的调研和分析，结合目前激烈的市场竞争环境，我认为新材料、新结构和新工艺的变革，可能会聚焦在以下三个方面：第一是更轻量化，第二是更环保，第三是性价比更高。

下面我主要围绕这三个方面，结合北汽福田的一些实际案例给大家做一个介绍。

第一，更轻量化。 轻量化是北汽福田四大核心战略技术之一，新材料作为实现轻量化的主要技术手段，北汽福田在新材料方面始终坚持以福田＋科研单位＋供应商的开发模式，以企业需求为牵引，依托科研院所的理论深耕，构建产学研用一体化的生态，为汽车的结构减重和性能跃升提供支撑。这几年我们也在这方面做了探索，先后打造了行业首款已经量产应用的铝合金车架、复合材料板簧，以及 2GPa 的板簧钢。我们与设备厂家、原材料厂家、零部件供应商、科研院所合作制作行业首款低成本超轻热成型的货箱，完成材料的设计、设备、工艺，突破了大尺度加工、热成型和焊接的三大难题。新工艺方面，这两年集成化应用设计已经凸显出来了，2018 年随着特斯拉 Model Y 一体化压铸的实施，行业集成设计之风比之前更胜。相对传统工艺，集成设计更能有效降低成本，如装配成本。新结构方面，人工智能的兴起极大促进了创新结构设计，汽车厂商可以采用仿真式结构设计新的工具。传统的仿真计算资源消耗比较大，多物理场合比较复杂，计算迭代周期长，这些都限制了效率的提升。传统的仿真主要是依靠经验去调试和试错，而人工智能和基于机器学习的推动数据驱动建模和自动化决策，为仿真提供了新思路。这方面，我们联合北京理工大学创建了创成式的方法，基于设计目标和约束条件，自动生成多个优化方案，创成式结合算法和大数据功能，快速生成多个创新方案，具备人机协同作业、高效优化、多方案快速生成等核心特点。对比传统的拓扑的优化方法，该方法节省了有限建模的设计、30%~50% 左右变更边界的设计，并且带来 10% 减重的效果。

第二，更环保，即低碳。低碳材料推动绿色制造，针对降碳，北汽福田立足于运营降碳和产品降碳，我们提出了 2028 年碳达峰，2050 年全价值链碳中和的目标，也提出了"EPMES 双碳工程"，包含能效、产品、制造、生态、体系五个方面。北汽福田也是行业首家获得碳足迹标识的商用车生产企业，重卡、轻卡做了碳核算，此举为整车的算碳减碳提供了依据。低碳材料是从产品源头减碳的主要途径，我们围绕三大类低碳材料做了一些技术开发，包括低碳铝合金轮毂的验证和应用、绿钢的应用、低碳非金属的研发，探索构建绿色低碳的产品用材体系。

第三，性价比更高，也就是低成本。我这里所说的低成本可能不单指的是单一零部件的成本，更多的是要去关注全生命周期成本的降低。此外，就是减少用户进站换款频率，因为用户进站的话，大概都会耽误半天的时间，要保障车辆的低故障、高出勤，提高出勤率。北汽福田努力打造主机厂、供应商和用户三赢的局面。

做新材料开发的企业都知道，主机厂都面临一个难题，即前期小批量试制过程中高昂的成本投入。产品在未体现规模效应以前，由于前期模具工装设备的投入，使得试制产品的成本比较高，因此开发应用多品种、小批量、个性化、柔性定制的技术迫在眉睫。柔性工装，不同产品供应度对零部件产品影响巨大。这方面我们创新性地采用了无模辊压技术，结合机器人高柔性、激光高效加热的技术辊压成型工艺，可以加工超高强度钢、铝合金等多种材料；另外也可以是多种界面，对比传统的辊压占地面积小，无须开成型模具，生产方面也更加灵活。这大幅降低了新产品开发的模具工装投入，同时也适用于多种产品的试制。

最后是对未来的展望——共创新能源产业共同体。以上技术的变革离不开协同和合作，汽车产业目前不再是单一企业单打独斗，而是一场全产业链协同主体、系统合作的过程，这个过程中构建开放的研发生态显得尤为重要。北汽福田持续秉持产业化新技术、新能源跃升、产品国际化、成本优先四大原则，通过合纵联合建立计算创新平台、技术联盟、国家课题承担的多种方式，推动技术成果的共享和应用。对于高附加值的技术也可以通过投资联合筹资、产业孵化的形式促进技术、产业、资本的融合，共同推动关键技术的升级和迭代，提升产品性能和市场竞争力。

新能源产业的成功，不仅仅依靠单点技术的突破，更在于全行业的协同。政府、车企、供应商要形成共创共赢的产业共同体，共同推进政策引领、技术协同、供应链整合、品牌差异化以及产业链价值协同，带动整体的跃升。

电动车车身轻量化全生命周期碳足迹评估

诺贝丽斯中国区董事总经理、亚洲副总裁
刘 清

我跟大家分享的是电动车车身轻量化全生命周期碳足迹评估项目，这个项目是我们公司和中汽研（天津）汽车工程研究院一起完成的。在中国，这是第一个该领域的全生命周期评估项目，也是我首次在中国行业交流里报告相应内容。

我们所基于的方法学是全生命周期评估（Life Cycle Assessment，LCA），我们选择全钢车身纯电 SUV 为目标车型，进行不同车身轻量化方案减碳效益的对比研究。因为目标车型是电动车，其电池本身已经用了铝，所以研究对象主要集中在车身。用白车身，车身骨架和覆盖件作为对象，我们选择了三个全生命周期核算方案。

（1）基准方案，按照现有的材料策略和路径来完成，用低碳钢、超高强钢和高强钢来做白车身和覆盖件；

（2）轻量化方案①，用普通的诺贝丽斯先进的铝合金来做；

（3）轻量化方案②，更进一步用先进的高回收诺贝丽斯铝合金来做。

从车身减重来看，可以得出一辆车通过铝代钢和适当的设计可以有效减重。通过一次减重会带来二次减重的效益，包括支撑件、悬架及电池的减重。系统边界的设定，从头到尾实际上是从铝材的采矿开始，然后冶炼成金属，到铝加工企业把它变成铝卷材、铝板材，再进入车企，把它变成零部件，最后到使用阶段、报废拆解阶段，即整个全生命周期的分析。

从量化来看，采用先进、高性能、高回收比的低碳铝合金带来的减重，再加上电池减重，是电动车全生命周期减碳效益的最主要来源。轻量化方案①，我们用诺贝丽斯铝材的解决方案，但不是高回收比的方案可以达到略低于 5 吨的全生命周期的碳排放量。如果用轻量化方案②，按照高回收比循环铝的比例去生产，这款车整个生命周期的碳排放量可以达到接近 4 吨。对于基准方案，使用阶段减碳量达到了一半以上，使用阶段没有特殊轻量化解决方案，这是很容易理解的。一次减重、二次减重、电池减重加在一起，通过不同的方案进行比较，在使用阶段本身的碳排放量明显降低，总的碳排放全生命周期也明显降低。

通过以上分析，我们得到以下几个结论。

（1）从电动车全生命周期碳排结论来看，首先，轻量化材料生产阶段是减碳的关键，常规的车在材料获取环节使用铝合金，其生产阶段的碳排放量要高于钢铁材料，因为电解铝，如果不用绿铝、低碳铝，其碳排放量是高的。其次，在进行轻量化设计时，在保证车辆必要性能的前提下，应该尽量选择循环材料以及绿色能源，使用含铝量比较高的轻量化材料，具体来讲就是用绿铝、低碳铝来完成这件事，跟循环铝掺在一起做原料端的输入，不这样做的话，确实比较难实现减污降碳的技术开发目的。

（2）电池这个领域的减重值得关注，过去这往往是我们容易忽略的地方。由于动力电池生命周期的碳排放量比较高，电动汽车经轻量化设计后，在续航里程保持不变的条件下，电池减重是减碳效益的另一个主要的来源。在轻量化技术开发和碳排放模拟核算的相关工作中，这方面值得更加深入的研究。抛砖引玉，我们是第一个用铝代钢进行全生命周期研究的企业，希望以后能看到主机厂方面可以完成更多的相关工作，共同促进新能源材料、新材料和轻量化材料的推广和应用。

（3）更贴近现实的工况和生命周期的行驶里程。目前我们国家的生命周期行驶里程相较于欧美国家普遍偏低。在轻量化、电动化、智能化的行业趋势下，汽车产品碳排放减排的重点将越来越多地集中于上游的生产制造阶段。提高汽车生命周期行驶里程，对于整个行业的降碳、脱碳有很大的帮助。同时，大家知道整个中国行驶在不同城市的汽车频繁启停的工况，因此通过减重带来的能耗和碳排放量的减少显得更为重要。

如果我们站在另一个角度，从整车的角度意味着什么呢？我们认为更轻、更低碳的车身可以助力整车企业提供给消费者更低的购买成本、智能化和更优异的安全驾驶体验。为什么这么讲呢？

第一，直接制造成本的减少。常规车辆采用高回收比先进铝合金情况下，可以最大程度减少铝合金所带来的成本增加，同时配合二次减重，尤其减小电池包所带来的成本减少，可以带来整车制造维度上的成本降低。这方面大家在市场上讲得比较少，更多讲的是怎样有更远的行驶里程，而不是同样的行驶里程下，把电池和整车做得更轻、电池做得更小。

第二，跟间接成本及其他收益有关。由于轻量化带来的百公里能耗减少，可以让用户在使用过程中降低汽车生命周期内的使用成本。如果所买车对电池电量的需求有高低之分，那么在相同的行驶里程下，无论使用年限的长短，所使用的能源成本都是不一样的。这一点在开油车时很容易理解，车轻用的油少，开了两万公里，就把成本赚回来了；开电车也是一样的，用户一定要关注使用成本，用电要成本，到快充、加油站去充电，也要成本。同等级的车里更少的能耗可以作为激烈竞争中的卖点。整车更低的碳排放量，在出口时可以规避特定地区的碳边界税，这是个很大的成本。如果我们能把电池做得更小、更有效率，在竞争中是有优势的，同时也能获得潜在的碳积分收益。

第三，助力智能化。现在我们都讲进入车企可持续发展的下半场，要智能化，但是除了智能化以外，可持续发展不管是讲可持续能源还是其他，可持续一直是我们汽车行业无法绕开的必经之路。从这一点来讲，没有免费的午餐，一个技术应用在车里，所有智能化技术的应用都以直接或者间接的车身重量的增加为前提。如果我们把轻量化的问题能做得更好，会减少汽车整车的重量以及成本带来的更大的压力。轻量化和潜在成本的节约可以释放更多的空间，让整车企业在车企可持续发展的上半场电动化结束以后的下半场智能化博弈中获得更大的优势，有更多的空间来完成这个事情。

第四，从消费者方面来讲，更好的驾乘体验是必须的。使用更多低碳的铝合金在车身方面，可以提高车身的耐久度。铝本身抗腐蚀性能强，能达到很好的车身刚度，同时整个车的重心降低，也提升了安全性。从行人安全碰撞保护来讲，如果一辆SUV最初就减速几百公里，刹车距离减少，行人也会更安全。这些都是很好的驾乘体验，是为消费者保驾护航。

最后，我用我们公司的宗旨来结束我今天的讲演：诺贝丽斯希望跟大家，跟同行一起共同打造可持续发展的世界。要达到这个目标，光靠材料供应商的努力是远远不够的，大家一定要携起手来，真正履行我们的社会责任，把车做得更轻，让车跑得更远，让其碳排放量更少。

从赋能至产能，T 零量产的实践——汽车轻量化与高分子材料的影响浅析

上海特格高材技术服务有限公司董事长
陈震聪

我要讨论的是高分子复合材料的新技术、新工艺在轻量化与智能化方面的发展。

整车轻量化的过程已经进行了多年。在二三十年前，生产燃油车已经开始了这项工作。对于电动车来说，通过减轻车身重量可以测算出车重对续航里程的影响。在这个过程中，高分子材料发挥了重要作用。2025 年，高性能钢的应用比例会减少，逐渐被铝合金、高强度钢、碳纤维和复合材料代替。这一趋势在飞机制造和实验室研究中得到了验证。

复合材料的发展离不开先进装备的支撑。若要达成铝合金一体化，先进装备与工艺起着决定性作用，同时材料研发也需紧密配合。以高分子材料为例，借助超临界流体技术，能够使塑胶具备类似人体骨骼的特性，这一创新手段成功实现了高分子材料的减重。普通塑料强度欠佳，而长玻纤和长碳纤在汽车领域的应用，则能在以往冲压、焊接、铆接等复合工艺基础上，实现一体化生产过程，为汽车制造带来新的变革。

高端材料正逐步展现出对传统玻璃的替代潜力。以车灯和车头部件为例，目前已广泛采用塑料透明材质进行制作。随着生产工艺的显著进步，针对此前塑料材质易出现的龟裂和变色问题，已实现了有效的技术攻克，这使得塑料透明材料在实际应用中表现卓越，取得了巨大成功。

如今，汽车的开发周期显著缩短，已从过去的两三年锐减至一两年。在汽车设计阶段，采用联合仿真技术切实可行。借助高分子材料，能够对碰撞及其他力学过程展开模拟。这一举措对关键零部件的研发意义重大，

进而有力推动整车性能的优化。

汽车的轻量化架构，不再仅仅依靠钢材和铝材。随着毫米波雷达等技术的广泛应用，塑料材料的重要性日益凸显。通过加热载体的方式，可有效防止冰雪遮挡雷达；在复合材料中添加抗静电成分，则能对电子设备起到良好的保护作用，大幅降低损失风险。与此同时，在电池包等组件的制作中，选用长玻纤、长碳纤和聚丙烯（PP）等轻量化材料，进一步提升了汽车的整体性能。

此外，在电池壳体方面，当下的电池在燃烧状况下，能够承受1000摄氏度的高温长达30分钟，这一性能完全契合我国相关法律法规的规定。在制造启停电池或者辅助电池的过程中，我们可将其与抗低温钠离子电池等相互搭配，进而构建成电池包体。不过，在此流程中，我们会遇到一个难题，那便是消费者与设计者之间存在沟通上的隔阂。从轻量化、安全性、质感、强固性到精密性，这一连串的要求共同组成了一个繁杂且庞大的系统工程。而且，针对每一款车型，都必须在这些方面实现进一步的优化提升，这对于车企的设计者以及分工协作的组织体系而言，无疑是巨大的挑战。

我们参考"三新"行业的成熟体系，采用T零量产模式。如此一来，当产品零部件设计完成后，在首次试模阶段便能直接达到T零标准。

在产品制造的全流程中，从设计起步，历经量产阶段直至实现高质量生产，模具设计仅仅是开篇之笔。一套模具往往要投入使用多年，在此期间，维持模具冷却水的洁净以及落实常态化保养工作，是确保模具性能稳定的关键所在。当下，智能制造与物联网技术蓬勃发展，为我们高效解决模具维护难题、提升整体生产效能，提供了强有力的支持。

T零量产这一系统工程高度依赖高质量数据，其中涵盖机台、模具以及材料等方面的数据。当前，模塑企业普遍配备了模流设计软件（CAE/CAD）以及过程管理软件（ERP/MES）。经实践探索，我们发现借助AI技术能够对这些现存数据进行深度挖掘与再利用，从而得出极具价值的分析结果。

具体而言，通过对注塑机的温度、压力、速度、位置，以及机器人和其他智能工业设备运行数据的实时监测，我们成功搭建起 T 零数据的实时监控体系。不仅如此，我们还将材料数据进行整合与共享，并将其服务化。我们通过投入材料检测实验室进行深度分析，创建了行业内独有的材料基因图谱数据库（见图 14-1），为 T 零量产提供了更为坚实的数据支撑。

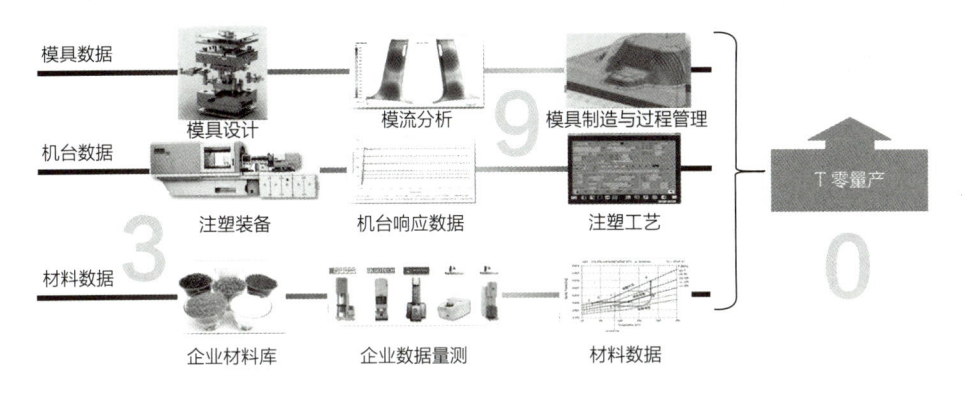

图 14-1 材料基因图谱数据库

高精度过滤技术护航动力电池的安全与效能

曼胡默尔乘用车业务全球总裁兼中国区总裁
徐 捷

我分享的内容是"高精度过滤技术护航动力电池的安全与效能"，主要涵盖两大方面：动力电池的发展及对安全的新要求，以及曼胡默尔针对动力电池安全新需求的创新解决方案。

一、动力电池的发展及对安全的新要求

对于动力电池安全的重要性，业界已有共识。动力电池作为新能源汽车转型及未来出行变革的核心支柱，其技术发展体现在材料能量密度的持续提升、快充技术的进步以及更广泛的应用场景拓展。在这一发展进程中，安全性必须得到同步提升，而过滤技术、新材料与新技术的应用正为此提供关键保障。相关行业已积极响应这一需求，国家标准对动力电池安全性提出了严格要求，未来我们将进一步从量变到质变，推动电池安全性能的全面跃升，这亦是高质量发展的体现。新规明确要求热扩散分析与验证过程中需确保不起火、不爆炸、不冒烟，无论车辆处于室内或室外环境，均需避免烟雾阻碍人员疏散及应急救援，同时要求更早触发热事件报警信号。

二、曼胡默尔针对动力电池安全新需求的创新解决方案

在创新解决方案方面，曼胡默尔通过过滤技术为动力电池安全运行提供支持。动力电池的呼吸作用至关重要，防爆透气阀在此过程中发挥着多重功能。其一，维持电池使用过程中的压力平衡并减少湿气侵入，例如在高压洗车等场景下防止水分渗入电池包；其二，在热失效情况下实现化学气体的紧急排放，同时阻隔固态颗粒扩散。自 2014 年起，防爆透气技术已在动力电池领域广泛应用，曼胡默尔于 2015 年在欧洲率先推出的防爆透气阀技术至今已量产超 1000 万套，成为全球新能源动力电池的主流生产方案。其核心在于高性能膜片，也是我们过滤分离技术的核心技术之一，该技术兼具透气性与防湿特性，能有效阻挡液态水及灰尘侵入，并配备双层金属护网以防护高温喷发物，确保针刺工况下膜片结构的稳定泄压。这一技术不仅能满足现有防爆需求，也能持续推动材料科学与应用技术的创新突破。

除膜片方案外，弹簧阀等的多样化设计亦为动力电池安全运行提供了保障。

这次我们还特别带来了针对动力电池新需求进行优化升级，并且融合

了全球工业领域在极端温度及复杂场景下的过滤技术经验的新产品——动力电池无烟防爆阀。在成熟膜片技术基础上，进一步开发了高温烟气处理方案，通过高效覆合过滤材料在 200 摄氏度以上环境中实现固液气混合态分离，确保仅排出洁净空气，为紧急逃生与救援创造有利条件。未来我们的研发方向将聚焦于有毒有害气体的完全过滤分离，以及从被动安全向主动安全的转型，例如单电芯失效后的气体主动排放技术。这些探索将持续推动行业技术进步与安全标准提升。

AI 驱动下的汽车模具工业革新：从柔性生产到产业变革

深圳模德宝科技有限公司创始人兼 CEO
成亚飞

我跟大家分享的主题是"AI 驱动下的汽车模具工业革新：从柔性生产到产业变革"。

新能源汽车产业所面临的极致挑战，其激烈程度不逊色于十年前的手机行业的竞争。面对产品周期的缩短、更低的成本、交付要加快的要求、技术迭代加速等现状，产业参与者必须实现突破性技术创新并打造差异化产品优势。我们作为深耕模具行业 20 年的企业，为模具行业提供全产业链数字化解决方案。

在 AI 技术浪潮全面袭来之际，我们认为 AI 技术即将重构模具产业链。通过构建覆盖设计端至制造端的全链路智能化体系，AI 技术将成为应对创新效能提升与极致性价比诉求的战略性解决方案。基于此，我们系统性地推进了五大核心能力建设：数字化制造、数字孪生、知识管理系统、智能决策及柔性自动化产线。柔性自动化技术作为构建"新工艺、新效能、新范式"三维创新体系的基石力量，正在发挥关键性作用。具体技术演进路径呈现三大突破维度：首先，基于历史知识库构建的 AI 驱动模具设计，成功将传统 3 至 5 日的模具设计周期压缩至一天完成；其次，AI 知识库复用显著提升了技术资产的转化效率；最后，完成了从传统 IT-OT 融合向 AI-OT 深度协同的技术范式迁移。

现就柔性生产线在汽车制造领域的战略价值展开系统阐述。当前汽车产业已全面实现准时化生产（JIT）体系升级，整车制造逐步向零库存模式演进。模具研发及前期生产成本高，已成为整车厂商最大的痛点之一。如何通过柔性生产线的技术革新，实现从规模化制造向规模化定制的范式转移，已成为产业转型升级的关键课题。基于此，我们正携手主机厂开展创新实践，系统性探索非模具化制造的可行性边界，重新定义刚性生产向柔性智能制造的转型路径。在产业创新进入深水区的当下，突破传统制造模式的桎梏已成为企业的必然选择。

基于 AI 时代的产业变革趋势，我们提出了"人主机辅"概念。我们必须清醒认识到，模具制造作为涉及新材料、新工艺、新技术的复杂系统工程，很难完全依赖 AI 自动化实现。我们构建的解决方案以资深技术专家为核心知识载体，结合 AI 与大数据技术形成辅助决策体系，通过 OT、IT、AI 三元融合重构产业链价值。我们将二十年行业经验转化为工业知识图谱，赋能行业标准化——这既是主机厂与 Tier1 供应商的战略任务，更是超越单一企业能力范围的系统工程。

在生态构建层面，我们与华为在消费电子领域，包括制造基础生态中，都有着非常成功的合作。

关于未来愿景，我们将着力构建数字孪生驱动的虚拟工厂体系，通过实时的生产仿真与优化算法，我们能够实现全产业链产能动态预测与智能排程。需要特别指出的是，汽车产业链的柔性化改造不应局限于主机厂层面，更需延伸至多层级零部件供应商网络。如何构建贯通上下游的智能协同制造体系，是智能制造服务化转型的核心课题，也将成为 AI 技术深度赋能实体经济的重要实践场域。

以材料创新　领航智能电动车新征程

理想汽车材料技术总监
段吉超

　　智能化和电动化是现在整个汽车行业的发展潮流，互联网上聊这两个话题的热度明显比聊基础技术的要高。对于基础技术，尤其是像材料这样的底层学科来说，到底应该如何做才能顺应这个潮流的发展，我有一个简单的思考：智能化给材料的应用带来了很多机遇，比如对于车外的感知、车内的显示、交互，还有算力、硬件相关的芯片等材料；电动化对于车身的安全、轻质依然是有需求的，电池的开发对于耐火和阻燃材料、热管理空调系统对于导热/隔热的材料以及自研的电机涉及的导电绝缘的材料都是有非常广阔的需求的。

　　针对电动化和智能化，理想汽车有自己全栈自研的增程电动平台和高压纯电平台。我们一开始就是自建工厂，没有使用过代工，还有自己的碳化硅功率模块工厂。在智能驾驶和智能空间的研发上，理想汽车一直致力于通过大量的投入来引领整个行业的发展。

　　我们通过材料的创新来赋能汽车的电动化、智能化，比如我们研发的高强度的不锈钢材料就是增程系统重要的材料创新，电池的隔热材料也是领先行业一代的新的隔热材料。

　　围绕着座舱的精致需求，理想汽车开发了透红外的高亮黑的聚碳酸酯材料来满足光学的需求。理想汽车自研的电机转子材料也是目前行业高强度和高导电性的选择。

围绕用户,材料创新应该满足用户的价值主张,更安全、更便捷、更舒适、更精致。

我们是如何开展这种创新的呢?理想汽车非常乐意选用供应商合作伙伴提供的成熟材料。大家都知道新能源车的开发周期很快,这种选择对于质量各方面都更有利。我们在开发过程中对于"三电"系统,还有智能化系统做了大量的自研开发,这使得我们在制定更高性能目标时面临着现有的材料达到了瓶颈的困境,这意味着我们需要开发一些新的材料。

我们有两种模式:第一种模式是和合作伙伴进行联合创新,理想汽车主要负责提出一个需求的定义,和合作伙伴一起确定开发思路,然后由合作伙伴来进行深度研发,最后再进行整车的验证和工程应用;第二种模式是理想汽车自己的博士专家团队出具一些方案的定义,会有非常详细的材料配方,给到合作伙伴及合作的高校进行研究和材料的试制验证,一直到最后应用到整车上进行闭环。

下面是一些具体的成果。

在安全材料方面,可以简单地归纳为碰撞安全和防火安全。

理想汽车自研的全新一代超高强度的不锈钢,相对传统的304不锈钢,其抗拉强度提升了55%,屈服强度提升了46%,耐应力腐蚀的能力提升了25倍,最终反映到零件上,我们的穿刺能力提升了25%。这个数据不是停留在实验室,而是已经在理想汽车的产品上量产了。理想汽车研发的高强韧的抗氢脆热成形钢,比市面上大家普遍用的1500兆帕钢高出两三百兆帕的水平,其在强度上可能不如市面上能买到的2000兆帕钢的产品,但是其抗氢脆能力比现在市面上2000兆帕钢高出6倍,碰撞的吸能表现提升了30%,这是因为我们的材料在具备高强度的同时,还具备和1500兆帕钢一样的弯曲韧性。理想汽车自己拥有专利的一体化压铸铝材料不是原创,而是更多学习特斯拉、美国铝业的材料后,又进行了自己的专利开发,应该也是国内的自主品牌第一个将自己的发明专利量产的。相对于以前买的进口材料,该材料强度与之基本相同,但是延伸率、弯曲角都有明显的提升,所以给我们的产品带来了更好的变形的抗力。

在复合材料方面，我们自研了 CFRT/Letex 1000，其 1 个毫米的规格基数上穿刺力达到 1000 牛顿以上，超过了目前大家能买到的唯一进口的、垄断性的材料选择。我们通过自有的高模玻纤 + 树脂浸润技术开发的三维材料，最终在理想的增程 L 系列上实现量产，穿刺能力提升了 34%。

在更精致的用户需求方面，我们开发了两个光学材料，这是和科思创团队一起联合研发的。一个是红外黑生物基聚碳酸酯材料，以解决传统材料漏光的风险，同时还要解决红外光透过波段的高透过率，相当于不能过早透光，也不能漏光，这是比较难实现的需求。一个是我们开发了特有辨识度的光亮带，这个材料的开发也是一件很麻烦的事情，烟灰色的高透过率、高半功率角的材料，直接把车内的内灯罩取消了，比较创新地实现了结构的集成设计。

拥抱单壁碳纳米管量产时代的到来

北京智造未来创新技术有限公司 CTO
吉学文

我汇报的主题是"拥抱单壁碳纳米管量产时代的到来"。

单壁碳纳米管是我们在武汉市的孵化项目。我们公司也是目前中国唯一能量产单壁碳管的企业，且产量即将超过竞争对手俄罗斯的奥斯卡公司。

单壁碳纳米管一共有九大方面的应用：

第一个是锂电池。 现在锂电池要提高能量密度就必须使用硅碳负极，但硅碳负极的循环性能不够好。使用长径比较高的单壁碳管产品，可以起到像包绒线球一样的效果，硅碳负极的循环性能会得到很大改善。锂电池的一个重要应用是集流体，它可以将现在的铝箔集流体厚度减半。之前锂电池正极上使用的铝箔有 12μm 厚，现在已经减到 6μm，而在 4μm 的铝箔上涂上单壁碳管后可将其拉伸强度提高 3 倍，其安全性也将大大提高。如果负极上的铜箔的厚度也能做到 2μm 或者 3μm，正负极的铝箔和铜箔厚度都将减半，锂电池的能量密度会提高很多。至于固态电池方面，由于我们的碳管产品长径比较高，因此在干法电极的制备中，我们会把单壁碳管和正极材料搅在一起，然后将其挤压成型。

第二个是超级铜与超级铝。现在铜线的性能还无法满足高速电机的高要求，因为转速到了一定程度，铜线就会发热。在高速上，电动车的车速不如燃油车，就是因为高速电机温度达到一定程度之后加速性能会下降，所以我们需要提高铜线的性能。所以，我们用单壁碳纳米管这个基础材料制造超级铜，之后再制造超级铝，逐步用铝去替代铜，这也是我们 2025 年需要完成的任务。近年来，从单壁碳管的粉体化，到分散、金属化、烧结成型、挤出，我们组织了五个团队来完成这项任务。此外，我们还研发了一台大型的 SPS 等离子烧结设备，能把铜锭做长做粗，进而为后面的批量生产做好前置工作。在性能测试方面，加入单壁碳管后，铝的拉伸强度可提高 2~3 倍。我们在东风汽车集团进行产品测试的时候，锻造专家对我们的碳管产品给予了高度赞扬。在导电性能上，超级铝也可以逐步取代铜线。

第三个是高分子材料领域的防静电。我们每天都在防静电，人体静电对我们造成的影响我们没法直观地感知。我提出以下问题供大家去思考：静电既然在人体的体系内存在，那它对各种穴位的影响存不存在？为什么肌肉酸痛用针灸可以治好？这是什么原因？在汽车领域，防静电是一个很重要的事，添加了千分之二含量的单壁碳管可以有效解决静电问题。虽然过去也有加碳黑的解决办法且其价格便宜，但是这种材料的性能会下降，并且加的少的话颜色都无法改变。

第四个是树脂材料。现在大家经常提到的玻纤加碳纤是用树脂材料和碳纤维制成的，其中树脂的主要问题是韧性不好，如果我们加入单壁碳管就可以提高玻纤的强度。这就是基础材料的作用。

第五个是橡胶材料。轮胎的使用寿命短就是由于橡胶被压缩会生热所导致的问题，利用单壁碳管是解决压缩生热的好方法。我们在这方面也做了大量的实验，并且不只停留在实验室，也进行了真实的路测。

第六个是通用加热部件。所有的小家电，如电饼铛、电饭锅涂上一层单壁碳管涂料就可以实现加热功能。也许未来两三年，电动车就不需要使用热风了，只要在其窗玻璃或天棚上涂上一层单壁碳管涂料，几秒钟之内就可以实现加热。但该应用需要跟整车厂去联合研发和改造。未来，通用加热部件在电动车上的用途会很广。

第七个是电磁屏蔽与吸波。电磁屏蔽材料主要用于现在的车载信号线，尤其是无人驾驶领域使用的线束。单壁碳管膜产品可以被制成像胶带纸一样的形态，不但可以为信号线提供电磁屏蔽，还可以实现减重，类似电线中的铜网。我们也做了单壁碳管的吸波实验，效果非常好。单壁碳管最好的一个特性，就是可以自定义成型形状，海螺状、蚯蚓状都可以。电磁波进到碳管膜里面就像是迷路了一样，无法传播出来，我们可以任意地去处理它。其应用非常有意义。

第八个是高透光导电膜。我们可以把单壁碳管产品做的透亮、透光。我们目前正在研究的是什么样的电阻碳管膜会让红外光通过，什么样的电阻碳管膜会让可见光通过，研究进展很快。例如，在北京的冬天，汽车的前挡玻璃早上会出霜，需要花时间去刮掉。如果使用高透光单壁碳管材料，就可以把上霜的前挡玻璃在几秒钟内处理成透明、透光的。

第九个就是纺丝。我们做了多种工艺类的单壁碳管纺丝，比如湿法纺丝，其中性能最好的直径 $5\mu m$ 湿法纺丝。其强度已达到了 7.5Gpa，性能已超过了碳纤维。

一体化压铸技术的理性回归，免热处理压铸铝合金的流动性

立中集团首席科学家、清华大学教授
熊守美

我主要介绍"一体化压铸材料的开发及流动性，以及电动汽车压铸铝合金的发展趋势"。

关于一体化压铸免热处理压铸铝合金的开发，最早是美铝公司开发的 C611 合金，2003 年申请专利；然后是莱茵铝业开发的 Castsil37 合金（AlSi9MnMoZr），2004 年申请专利。目前这两项专利均已失效，之后很长一段时间没有新的免热处理合金的开发及专利产生。

自 2022 年开始，清华大学与立中集团合作，在 LDHM-02 合金的基础上进一步开发了一系列高性能的压铸合金。与 LDHM-02 合金相比，LZTH-01 合金能实现更高的延伸率，而 LZTH-02 合金进一步提高了自身的屈服强度。此外，清华大学与立中集团的合作也面向"三电"系列应用，开发了高导热压铸铝合金合金，清华大学与立中集团合作开发的合金跟特斯拉开发的合金相比，虽然屈服强度相同，但是前者有更高的导热系数。压铸铝合金合金应用的决定因素是其填充能力、流动能力。流动性越好，成型的零件就更大、更好，对于中小件，浇注温度也可以适当降低。

对于我们所开发的合金，立中集团不仅采用由 N-Tech 公司开发的合金健康系统测试金属型条件下的流动性，立中集团开发的合金在过热度分别为 50℃、100℃和 150℃条件下的流动长度接近或长于 AlSi10MnMg 合金，而 AlSi7MnMg 合金在相同条件下的流动长度则相对比较短。同时，为了测试压铸条件下合金的流动性，清华大学与立中集团还联合开发了一套评估模具，通过设计流动性试样的宽度 (12.5mm) 和厚度（分别为 2.5mm、

3mm 和 3.5mm），保证它是接近一维传导的模式的条件下，模拟大型一体化零件的可填充距离，并以此测试合金的流动性能。以 3mm 厚度的流动性试样的实验结果为例，首先是浇口速度对合金流动性的影响，可以看到 AlSi7MnMg 合金受浇口速度影响比较大，而且与其他合金如 AlSi10MnMg、清华——一汽合金或清华—立中合金等流动性好的合金相比相差比较大，而流动性好的合金受浇口速度影响相对较小。其次，我们看看模具温度的影响，同样，模具温度对 AlSi7MnMg 合金流动性的影响比较大，其在这方面同样与其他流动性好的合金差距很大。因此，国内开发的大型一体化应用由于合金流动性不好，市场上侧重开发更高温度的模温机和设计更可靠的温控系统来保证合金的流动性及充填能力。但是这只对流动性不好的合金有用，流动性好的合金受模温和浇口速度的影响较小。因此，随着电动汽车的发展和未来铝合金增加的趋势，围绕电驱系统壳体、电池壳体、一体化压铸件和冷却系统等零部件应用需求的发展，立中集团提出了以下几个发展方向。

（1）可再生的免热处理压铸铝合金，使用可再生免热处理合金的成本可以进一步降低；

（2）开发高导热的压铸铝合金；

（3）开发可钎焊压铸铝合金；

（4）开发高强耐热的压铸铝合金。

在合金开发过程中，立中集团特别注重合金的铸造性能，特别是流动性能。N-Tec 合金熔体健康系统是英国公司发明的，立中集团是国内唯一一个引进了这套系统，且建立了自己系统标准的公司。国外的合金专利都是用这套系统来进行流动性和热裂倾向性的评估。立中集团已经与主机厂商合作开发了两种可再生的免热处理压铸铝合金，其延伸率也维持得较好，同时，还开发了高导热、可钎焊的压铸铝合金和其他系列的高性能压铸合金。在汽车热管理系统中的流道分配器，为了加强热管理，可能有的要给流道分配器通高温，有的要通低温的。其中，流道板需要密封焊接，采用高温钎焊，就产生了可钎焊压铸铝合金的需求，立中集团在这方面已经做了大量的前期开发工作和各种测试。

最后是我的结论,从一体化压铸技术的演变,我们可以看到一体化压铸技术的发展受压铸合金流动性的限制,而一体化压铸件的结构优化设计可以提高或改善压铸合金的工艺性能。立中集团具有全面的压铸铝合金熔体健康评估系统和压铸条件下合金流动长度测试评估技术,开发了一系列具有高流动性的免热处理压铸铝合金、高导热合金以及可再生低碳的压铸铝合金,还有可钎焊高强的压铸铝合金,可以满足电动汽车应用的发展需求。

创新材料方案助力汽车智能化发展

科思创亚太区应用开发副总裁
何照元

汽车智能化对汽车的设计提出了新的挑战,同时也对材料和工艺提出了新的挑战,我会通过实际的案例来展示一下科思创开发的一些创新解决方案。

内饰方面的发展趋势有以下三方面。首先,自动驾驶对内饰要求有更多触控的控制,更多的传感器。其次,个性化是指内饰方面需要更多材料的颜色、触感、纹理的搭配。最后,电气化需要更多的显示屏或者氛围灯光的设置,这些都是聚碳酸酯(Polycarbonate,PC)材料的强项。

功能内饰方面,可以应用一些新工艺,例如直接涂层工艺。普通产品的涂层是通过注塑之后在喷漆车间进行油漆的喷涂,而直接涂层工艺通过反应注塑机把涂料的两组份注射到模具的型腔里面,形成产品表面的涂层。这种工艺的优势是可以实现非常高光水晶的表面,同时这种工艺对环境没有污染,可以减少生产工序,降低碳足迹。我们把膜内涂层的工艺,薄膜嵌件注塑工艺结合在一起，做成最终的智能产品。

聚碳酸酯还可以做显示屏的盖板，现在很多显示屏盖板是用玻璃做的。如果用聚碳酸酯做会有很多优势。首先聚碳酸酯有很高的造型自由度，我们跟大陆汽车电子一起开发了一款双屏的显示器模型，造型非常夸张。聚碳酸酯盖板还有很好的集成功能，例如在仪表板区域，可以把显示区域、空调控制区域、氛围灯区域结合在一个无缝的面板上。聚碳酸酯有很好的耐冲击性，头碰安全方面明显优于玻璃。

外饰的发展趋势也是类似的。首先设计上有很多三维的、无缝的造型；其次还要集成很多功能，包括除霜、除雾、激光雷达、毫米波雷达等；最后智能汽车的外饰有很多灯光的集成，这些其实都可以用聚碳酸酯材料进行赋能。

传统的燃油汽车需要进气格栅，发展为电动车之后，不需要这种孔洞透气的结构了。这种情况下可以用聚碳酸酯做成无缝的面板，一般车灯的面罩也基本上是聚碳酸酯材料做的，如果前面板用的是聚碳酸酯材料，其实它和车灯之间可以做很好的结合，汽车前脸可以做出很多丰富的造型。

我们开发出的智能前脸方案，集成了发光车标、日间行车灯、金属质感的三维结构，显示和雷达加热系统等，同时跟车灯、前保险杠有很好的灯光的呼应。

这个产品方案的工艺非常复杂，需要用双面的贴膜注塑以及双色注塑来制成这个部件。这里面有两个膜非常重要，前面的膜集成了周围一圈蓝色的造型，还有雷达加热丝。后面这张膜集成了LED灯珠，包括三维造型金属质感的特征，以及日间行车灯印刷的图案，这对工艺和模具都有很大的挑战，我们也是和产业链合作伙伴一起开发了这个概念，能够保证最终在实际当中能够顺利量产。

车灯也是聚碳酸酯的传统应用领域，最典型的应用就是大灯面罩，现在市场上基本上都是用聚碳酸酯材料做的。另外像光导、贯穿式车灯，还有以前内部的日间行车灯、高反件等，这些都可以用聚碳酸酯或者是聚碳酸酯的合金进行制作。

这里介绍的厚壁光导和贯穿式车灯，应用了一款马科龙 LED 材料。这款材料有很高的透明性，因为厚壁光导零件非常厚，如果透明度不够，会影响光强的分布。同时我们还有边缘发光的解决方案，在侧面布置比较有限的灯珠，就可以实现表面的均匀发光。我们在车的尾灯匀光片部件上用聚碳酸酯替代了传统的有机玻璃材料，因为聚碳酸酯的耐温性更高。以前的方案会发现烧焦或者是熔融的现象，用了聚碳酸酯之后这种情况得到了明显改善。

同时我们还开发了导热材料，该材料的主要应用场景就是替代铝做散热器，因为聚碳酸酯的密度比铝低很多，通过导热材料替代传统的铝，实现减重的同时能够达到类似的导热效果。通过导热材料的方案我们开发了一体化车灯的概念，大大减少了车灯原有零部件的数量。

飞行汽车现在也是经济的热点。飞行汽车对减重有很高的要求，因为它的重量直接和续航有很强的相关性，我们用聚碳酸酯来做车窗，能够实现大幅减重。飞行汽车的造型一般都是大曲率的造型，用玻璃来做有很大的局限性，而用聚碳酸酯来制作，就有很高的自由度。同时，聚碳酸酯还可以进行配色，通过一些特殊的助剂，可以吸收红外光，减少车内的温度。科思创在汽车车窗领域有很多年的开发历史，包括成型的经验、表面涂层的经验，现在我们可以把这些经验转移到制造飞行汽车的应用上面。

结合 AI 技术解析高分子材料数据库打造智能注塑成型应用平台

> 科盛科技公司共同创始人、电脑辅助成型技术交流协会（ACMT）理事长
> **蔡铭宏**

我汇报的主题是"结合 AI 技术解析高分子材料数据库打造智能注塑成

型应用平台"。

我的报告包括三个部分：高分子材料数据库构建与解析、AI 模型开发与训练、智能注塑成型应用平台。

在过去，我们的模具设计、产品设计、模具制造、试模、量产全过程都是独自进行的。在数据很难整合应用的情况下，我们通过计算机辅助功能（CAE）模软件进行实际分析，做好设计品管。但如果它不是一个好的设计，后面就会是个灾难。因此过去计算机辅助功能扮演了一个很好的设计品管（品质管理）的角色，设计品管做得好，模具 TO 就可能量产。现在的问题是在计算机辅助功能软件很准的情况下，如何从设计品管转移到制造品管，达到模具的准确性、机台的稳定性、材料的稳定性、生产过程的稳定性都很好。我们将数据虚拟解析后，透过计算机辅助功能的方式串起整个过程，去检验产品设计、模具设计、工艺条件和材料，从而累积了三十几年塑料产品开发的知识库。以前我们只做纯粹的计算机辅助功能数据分析与研究，这几年物联网快速发展起来之后，如何将虚拟数据与真实数据结合好成为新课题。

我们要做的事情就是，在电动汽车走向智能驾驶的同时，让注塑机实现自动驾驶功能。我们在虚拟的资料、高分子的参数库、模具的情况基础上，再用物联网方式去取得注塑机的压力、温度，就可以进行微调。通过智能设计数据管理平台地图，大量虚拟数据、物联网带来真实数据的虚实整合威力是很强大的。我们通过智能设计数据管理平台将所有过程数据化，将 AI 功能加进来之后，整合速度明显提高，且有更大能量供智能成型过程应用（见图 14-2）。

在整合过程中，首先要有数据支撑 AI 训练。虽然计算机辅助功能的数据非常多，但在物联网注塑行业应用的情况不是很好，90% 以上注塑机的速度曲线、压力曲线没有人关注。比如我们要将料管的温度从 210℃ 调整到 220℃，过去大部分可能只是单纯调整料温，响应需要 5~10 分钟，稳定但速度慢。但实际上料温可以通过调注塑螺杆转速，同时转速又与螺杆的直径有关系，情况比较复杂，所以需要大数据加上计算机辅助功能的算力来

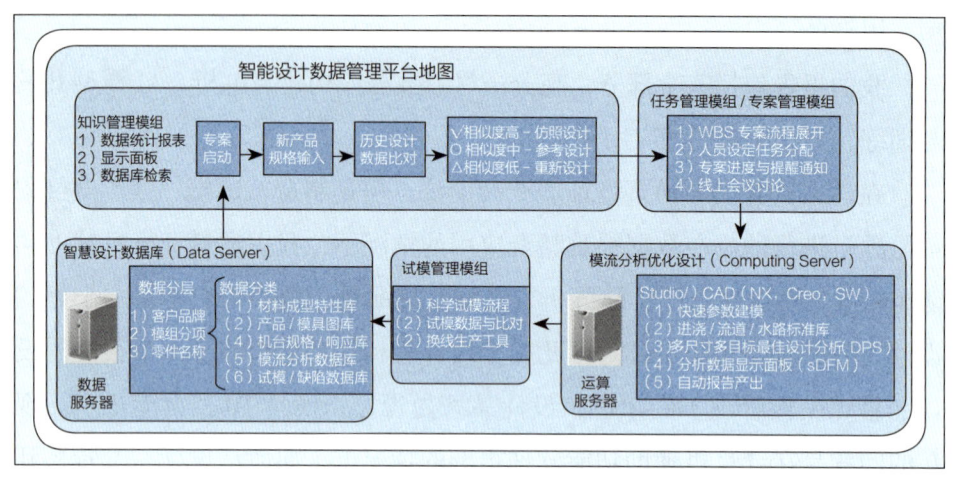

图 14-2 智能设计数据管理平台地图

提供帮助，提供一个智能的解决方案。注塑机性能在生产过程中会逐渐变差，之前确定的生产工艺三个月之后可能就不适用了，所以必须基于现在机台的性能来进行调整。现在只要给 Moldex3D 软件不同的设计、不同的条件、不同的浇口位置输入，就可以做出 AI 模型，再调整、拉动一些参数，虚拟计算机辅助功能计算分析就能完成，不用再像以前那样每一个分析都要跑 1~2 个小时。当然前提还需要一些训练，同一个模具可以给 10 组不同的设计数据输入，形成一个小模型，在此之下就可以比较快速地得到计算结果。

目前虚拟的计算机辅助功能软件已经完成了上述功能，接下来要做的是如何将这样的能力、经验延伸到制造领域，因此我们提出用 AI 驱动模具 T0 量产与成型的高质量生产。计算机辅助功能做到了设计品管，但设计品管只是表示设计是很好的设计，之后要做到制造品管，在模具做得准、机台做得稳、材料稳定的情况下，实现高质量的生产。

过去我们有一些经验，比如计算机辅助功能分析出来 99.2mm，但现场数是 99.6mm，本以为是有千分之四的误差，但其实可能是同一个模具早上的参数和晚上的参数就不一样。问题就是计算机辅助功能帮我们一杆上了果岭，但无法一杆进洞。过去一直在纠结为什么计算机辅助功能只能一杆上了果岭，不能一杆进洞，其实不需要纠结，只要换推杆进洞就行。推杆的工作就是 AI 来做，而且只需做线性的微调。在虚加实情况之下，就可以打造一个注塑机的自动驾驶。

在这一过程中出现了一种新情况，从模具到机台中，模具做得准不准可以测量得到，机台稳不稳可以检测得到，但是材料好不好却看不到，有没有被加入"次料"也不知道。我们的办法是针对高分子材料做"多维度矩阵式的来料检测"。以前材料检测需要做高分子材料的毛细管流变仪评测，需要耗时几周时间和几万元。我们开发的多维度矩阵式来料检测方法，采用塑料 MI 值工程测量方式，三个重量加三个温度共 9 个点测量，只要这 9 个点跟上一批来料相同，这批料就没有问题。然后用黏度、项目验证测试（PVT）、比热三个维度 27 个参数来进行来料检测，这种测量方式速度快，用半天或一天时间就可以完成。

在来料检测方法上，我们以前注重的是科学理论，现在注重的是工程实践，从科学理论到工程实践，将虚实整合起来。在材料方面，我们做到了数字孪生，具有科学的数据，如比容、比热等相关的成型参数。通过这些参数完成主要组织相容性复合体（MHC）材料云，从中可以取得需要的所有资料，甚至可以做 A 料与 B 料的线性比较，比较检测过程中的一些参数。我们也可以通过 AI 方式找出新的材料配方，或者利用经验将同样的材料换成白色或黑色的，因为不同的颜色，其黏度、着色方式是不一样的。利用这个机制，运用 AI 处理方式，我们还可以利用洁净材料、非洁净材料、白色或黑色染料等不同的特征值，在不用量测的情况下，通过数据预测加 20% 次料，或者换成白颜色、黑颜色会是什么结果。这种虚实整合的测量方式，使数据实现了可视化。将替代料的建议、成型的建议、材料云的相关服务，与材料相关数据整合完成之后，加之 AI 模型里面积累了大量的产业知识和大数据，会协助我们将材料选择参数缩到一定的范围程度，从而很适合计算机辅助功能去进行模拟计算。

接下来需要的是进行验证，利用 AI 高分子数据库提供成型的意见，而不是所有情况都通过计算机辅助功能进行计算，我们可以通过 AI 模型和材料库用现有的材料去推测未出现过的材料。为此，我们的团队建立起了完整的材料量测中心，在科学理论指导、数据准确和稳定量测下，计算机辅助功能模拟、量测、调机都可以用自动方式进行。

最后，我们虚实整合的关键，是完全做完了材料射出的数字分身，包括计算机辅助功能的资料、物联网的资料、数字孪生模型建立，再从设计到制造数据的管理平台地图，提供智能制造的云地整合方案。

总结如下，过去我们只有计算机辅助功能这样的工程分析方法，加上了物联网以及机台数据、模具数据、材料数据之后，我们可以做虚实整合。现在再加上 AI，就可以分析这些已有资料，把大量过去的经验整理出来，把技术直接运用于机台的自动调试，利用互联网、物联网技术实时监控生产过程、实时进行智能化生产。模具 T0 量产包括三部分：第一，AI+DoM（绘制精确的模具形状轮廓图，Design of Molding）。模具的设计、制造、管理、维修、保养过程实现数据化之后，AI 都可以帮我们整理完成，让我们知道目前的工作状态。第二，AI+MoM（模具材料 Material of Molding）。在对材料的物性进行分析时，以前都是等模具放到注塑机上加工完成之后才能看到结果，现在透过计算机辅助功能先期研究以及线上资料就可以提前看到结果。现在不仅可以对来料进行多维度的检测，在注塑机上也可以进行线上基材的黏度、PVT、比热等参数的快速检测，其数据可以再回归到材料选择上。我们可以通过高分子数据库优化工艺条件，优化的工艺条件又可以助力材料改进。现在我们已经初步实现了模具的 T0 量产，而且可以一次做对。第三，如果每一次都要稳定的高质量量产，就需要 AI+QoM（成型质量，Quality of Molding），做得对也要做得准。我们将通过 AI+DoM、AI+MoM、AI+QoM 共同打造注塑机上面的自动驾驶。

15

第十五篇
PART 15

增程式电动汽车展望

谈谈油电之争和对今后的预判

中国汽车专家咨询委员会主任
安庆衡

当前，油电博弈塑造了中国汽车市场独特的产业生态。在销量方面，一方面，新能源汽车市场份额逐年攀升，呈现出强劲的增长态势，这是当前发展的主流。另一方面，传统燃油车凭借深厚的技术积累、广泛的市场认知和成熟的配套设施，依然占据着相当大的市场份额，在商用车领域和部分对续航、加油便利性要求较高的地区，仍具有较大的优势。两者都要争先发展，也就是说，当前全球范围内油电之争还是存在的。

一、油电之争的现状

行业里对燃油车和新能源汽车发展的看法不同，也有些争论，这是很正常的。首先我们要关注油电之争发展的现状：

（1）2024年全年中国汽车产销量燃油车占比还是高于新能源汽车。

（2）燃油车的市场占有率在下降，并在向50%靠近，燃油车产品更新迭代速度明显放缓。

（3）新能源汽车渗透率继续提升，2025年渗透率可能超过50%，其智能水平也在快速提高。

回顾一下，中国新能源汽车的渗透率最近15年快速增长，速度惊人（见图15-1）（2010年全国只有7181辆新能源汽车）。

随着新能源汽车基数加大、部分消费者推迟购车等因素的影响，短期内新能源汽车渗透率可能会出现一些波动，但总发展趋势不会改变。

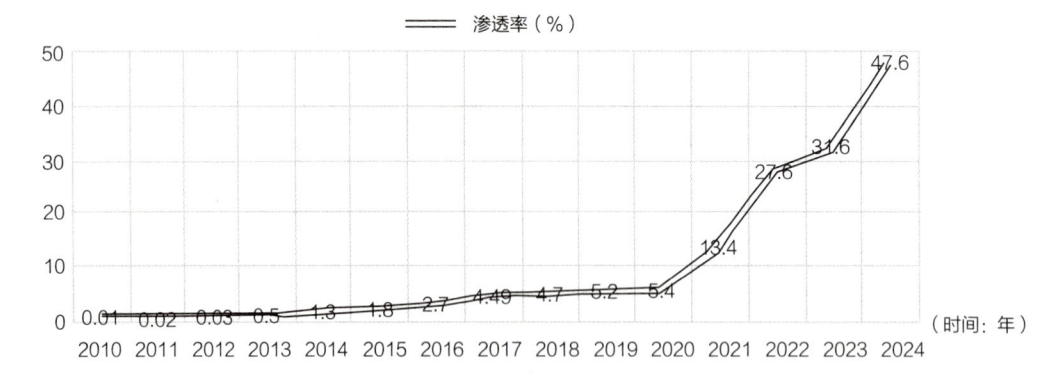

夯实电动化 推进智能化 实现高质量发展

图 15-1 中国新能源汽车的渗透率最近十五年快速增长汇总

随着电池技术水平的提高、充电技术的进步和充电设施的建设完善，人们对新能源汽车的行驶里程焦虑进一步下降。另外，固态电池技术也在迅速发展，对新能源汽车发展利好。

总体上，目前新能源汽车发展优势相对较大，发展趋势不可阻挡。

二、油电共生共荣是汽车产业高质量发展的必由之路

回顾一下，在全球油电之争的浪潮中，我国不是左右摇摆，而是展现出了非凡的两手抓的战略定力。一方面，我国深入推进新能源汽车产业发展战略，制定长期规划，从购车补贴、税收优惠到充电桩等基础设施建设补贴，全方位鼓励新能源汽车的研发、生产与消费。另一方面，我们也没有忽视传统燃油车的升级改造。通过严格的排放标准要求企业提升燃油发动机效率，发展先进的燃油技术，如缸内直喷、涡轮增压等，推动传统燃油车向绿色、高效方向发展。这种两手抓的战略，既顺应全球新能源汽车发展趋势，又立足国内汽车产业实际，为我国汽车产业在全球油电博弈中赢得了主动。一些企业的燃油车出口形势很好，国内的燃油车销售效益不错，这种态势对企业发展很有利。

三、努力推动传统燃油车行业转型和调整重组

不可否认，在新能源汽车快速发展的同时，我国的汽车市场对于节能

汽车还是有需求的。在燃油车逐渐退出的形势下，如何统筹安排燃油车发展十分重要。我们该做的工作还有很多。

但我们也应该承认，在油电竞争愈发激烈的形势下，即便推动油电同权，传统燃油车车企仅靠新政策扶持还不够，让新能源汽车放慢发展速度也不现实，持续推进传统燃油车行业转型和调整重组迫在眉睫。

燃油车市场萎缩，除政策因素外，自身产品创新也不够，经销模式等方面同样存在问题。我们应该继续努力提升传统燃油车的节能水平和智能化水平，努力提高产品竞争力，调控传统燃油车消费下降速度，避免传统燃油车行业及车企发生断崖式下滑乃至崩盘。同时，新能源车车企对燃油车车企的兼并重组也十分必要。

我们还需要提前谋划 2027 年新能源汽车购置税减免到期后的政策措施，要考虑将燃料经济性或汽车产品平均碳排放指标作为计税依据，建立统一衡量燃油车与新能源汽车的税收体系。部分地区应考虑放宽对节能汽车的限行限购政策，给予燃油车有序竞争的市场环境，提升在"价格战"压力下燃油车车企及上下游关联产业的合理生存空间。

电动化趋势不可逆，插混与增程汽车同时覆盖电动化与内燃机产业链，很符合我国国情和市场需要，其在推动传统燃油车产业链平稳转型中扮演关键角色，因此发展插混与增程汽车是务实的选择。插混技术还有上升空间，电池容量还可以加大，增程的电控系统还可以优化，十年之内插混 / 增程还不可替代。燃油车车企可以依托现有内燃机、变速箱产业优势，向插混、增程路线平稳过渡。

四、对于油电汽车今后发展的预判

虽然我们需要推动传统燃油车转型，但可以预见，经过进一步发展，我国新能源汽车，也就是广义的电动汽车所占的市场份额会越来越大，从 2025 年开始可能会超过燃油车。特别是随着智能汽车的快速发展、智能驾驶技术的广泛应用，2030 年电动汽车实现占汽车产销总量的 70% 以上、2050 年占 80% 以上应该没有问题。

夯实电动化　推进智能化　实现高质量发展

经过多年的努力，大家最担心的新能源汽车亏损问题正在逐步得到解决。最近不止一个企业（零跑汽车、吉利汽车）发布，自2024年下半年起，新能源汽车板块开始赢利。新能源汽车企业管理水平提高，取得较好的效益是必然的结果。

油电之争确实是好事，不可否认的是，油电之争推动了我国混合动力的发展，这解决了企业和国家的难题。近年中，新能源汽车中纯电和混合动力汽车也许要各占一半左右，市场对此会做出最终的选择。

展望未来，汽车产业将在油电共生共荣的道路上不断前行，但共生共荣不等于并行发展，新能源汽车将承载主导智能化、零碳化的核心使命，一定会继续发展壮大。与此同时，燃油车不会消失，但也许会被重新定义为"细分市场选项"，去满足一些消费者和市场的需求。

增程电动车增程器和电驱动总成的进展

俄罗斯工程院外籍院士、哈尔滨理工大学教授
蔡　蔚

我主要介绍高效增程电驱动平台的关键技术。

电驱动总成有安全可靠等需求，而好的电驱动总成的主要指标是产品高效高功率密度（或高比功率）。

电驱动的主要发展趋向是什么呢？早期的电机、控制器、减速器、变速器是分离的，现在开始逐步合一。其技术路线之一是集成化；从减速器、变速器方面来看，有功率分流、减速器、变速器等不同传动方式。电动车主要以简单的减速器为主，但减速器在车辆高速运行时存在问题。因此为了应对低速大转矩和高速大功率的需求，出现了两挡或多挡变速器，尤其在混动情况下，变速器或功率分流是很有必要的。绕组重构从电的角度也可解决变速需求的问题，电机切换绕组跟机械齿轮换挡是一个原理。

充电时，电压越高充电越快。现在市场上电压等级有400V、800V、1200V等，商用电池甚至有1500V以及更高的。随着电压的升高，给电机带来了挑战和机遇。挑战是原有绝缘系统耐高压存在问题，其绝缘膜很薄，现在要厚一点，因此导电面积与绝缘厚度出现矛盾，对材料的要求更高。机遇是随着电压的提升，提高电磁功率密度变得容易。从电机绕组看，在所有的展会上，基本看不到圆股线绕组的电机了，我发明的压发卡式扁线绕组现已在全世界普及。沿着扁线绕组往下走，高速高频电机出现了阶梯槽加换位绕组。在冷却方面，原来行业普遍用间接液体冷却，俗称水冷，因为水和绕组不能放不到，因而出现了直接油冷。现在我们对电机功率密度要求更高，油水复合冷却技术已经应用于产品。

在控制器方面，我们之前一直采用硅基IGBT。沿着功率电子这条路径，可关断可控硅的问题是开关频率太低，当转速或电机极数不断提高、频率提高时，IGBT的开关频率不够。第三代宽禁带功率半导体，碳化硅（SiC）基化合物半导体出现，SiC的器件开关频率是IGBT的好多倍，导热性好。宽禁带功率半导体应用于新能源汽车产业，让汽车产业电子元器件走向第三代宽禁带功率半导体。

要想提高增程器的效率，发动机非常重要，但是仅有发动机还不够，还需要发动机和高效电机的配合。现在大部分增程器采用直联电机，高效区可调范围很小，而采取多极对数的电机只能解决部分问题。我建议适当考虑应用加速齿轮，使电机变得更小。国内常说齿轮是高新技术产业，我们的确遇到一些挑战，但是像这样的系统配合非常重要。

混合动力的可串联、可并联系统，是把离合器放在电机肚子里，离合器断开就是串联混合动力，需要做纯电运行把它断开，需要混动运行就将离合器合上，这样可以大幅减少亏电情况下的油耗。

发卡式扁线绕组带来的结果是电机效率和功率密度有所提高，但大部分产品都是在 900V、800V 高直流母线电压情况下的功率密度得到的，而长安汽车大于 13kW/L 的功率密度是在 470V 电压下得到的，这个电机很不错。

增程车纯电驾驶体验和未来插电增程的要求是这样的：增程车纯电续航要求 200~400 千米，而且用电比例在 8~9∶1；同时对于发动机，对热效率的要求也越来越高。

总结一下，我们对于发动机、发电机和控制器的生产都有要求，如差异化和极致化的技术等。另外，一定要考虑到 AI 的未来应用，关于未来的努力方向，我国汽车行业正在做节能与新能源汽车技术路线图 3.0。

新能源动力系统的技术创新与实践

重庆赛力斯凤凰智创科技有限公司副总裁
段 伟

纵观中国新能源汽车的快速发展之路，2024 年新能源汽车产销量已经突破 1200 万辆，新能源渗透率超过 40%，乘用车新能源渗透率达 47.9%，可谓发展迅猛。而增程汽车的发展也取得了长足的进步，从 2019 年产品进入市场后，过去四年里都保持了接近三位数的高位增长，使得 2024 年增程汽车销量达到 118 万辆，快速成为新能源主流技术路线之一。再看价格在 25 万元以上的中高端新能源汽车市场，增程式汽车销量超过插电式混合动力汽车，可谓一枝独秀。2024 年，25 万元以上增程式电动车销量达到 71 万台，同比增长 63%，增速超过插电式混合动力汽车和纯电动汽车。相关数据显示购买中高端新能源汽车的用户更愿意选择增程式电动汽车，增程式技术汽车已成为高端品质、科技豪华车型的首选。

透过市场销量分析底层逻辑，我们认为各类新能源技术方案中，在避免里程焦虑及补能等待方面，增程技术优势得天独厚，能够很好地满足用户对于便捷出行、高效出行的需求。基于此，2016年我们开始研究增程技术，当时的增程动力以解决纯电车型的里程焦虑为主，使用了两缸或三缸的小排量发动机+小型发电机，发电能力不足使得车辆容易亏电，高转速发电使得噪声加剧，且发电能力不足造成动力损失，体验感较差，容易让用户产生"跛行回家"的体验。我们认为让用户满意的增程需要满足以下条件：第一，全时纯电驱不是架构上的而是体验上的，要有足够的保电能力；第二，纯电车的NVH体验，在增程工况下要有优异的NVH表现；第三，良好的使用经济性，适用于全工况、全场景。基于以上思考，我们在行业内首推以1.5T四缸发动机和大功率发电机作为底层架构，研发全域适配的增程器。经历了这几年的快速发展，增程技术已经成长为新能源汽车主流技术路线之一。其接下来会有哪些进阶和发展，赛力斯正在做些什么，下面我给大家汇报一下我们的一些思考。

从技术发展来讲，我们持续秉承赛力斯全心全意为用户服务的宗旨，将用户体验放在首位。基于此，我们推出了赛翼（C2E）增程架构+智能增程控制技术，提出了New-ICE的理念，追求更加静谧无感、结构紧凑、高效节能，让用户拥有极致的体验，开创了能源动力系统直接触达用户的先河。

基于增程器的硬件维度来看，我们推出的赛翼架构打破了人们对增程器的传统认知和架构，未来的增程器不再是发动机+发电机的组合，将是一种全新的燃料化学能转化为电能的装置。这样设计有以下几个好处。

首先是达成了更好的系统动刚度，优化了NVH表现；其次是实现了更高的集成度，将整机重量减少，减小整机尺寸，带给用户更高的成本收益和使用空间。但是这对我们企业的要求也很高，我们不仅要具备发动机的开发能力，同样也要具备电控电机的开发能力，更重要的是要具备系统集成能力。

从软件维度讲，在软件定义汽车的技术浪潮下，我们提出了软件定义增程。我们研发了增程智能控制技术，直接触达用户，让增程系统由原来的基于规则的被动工作模式，转变为基于智能控制方法的主动工作方式，大幅提升用户的驾驶乐趣、改善用户体验，并降低全域的能耗。

对增程器来讲，确保声品质的一致性也是重要的研究课题。在整车下线检测方面，我们运用深度学习技术构建了以声品质为核心的智能下线检测系统，能更精准地贴近用户体验，具备秒级预测用户声品质感知的能力，自动执行标准评分流程，对下线车辆进行高效检测，确保交给用户的车辆全部达到优异的 NVH 品质。

在开发层面，我们也在积极探索如何将敏捷开发做到极致。对于产品开发，通用做法是设计、校核、优化、再校核的循环方式，但这种模式已无法适应当下极快的迭代节奏，且无法得到多维度性能最优解。基于此，我们充分发挥人工智能的优势，将数据驱动与知识驱动深度融合，实现从设计意图到工程目标的智能化方案推荐。这不是简单的宏观方案，而是融合了大量经验知识的详细设计方案。利用智能设计平台，方案设计时间由原来的几周快速缩短到几天，同时还可以灵活调整各个目标的权重，满足不同客户的需求，实现开发效率和产品性能的双提升。

无论什么样的技术路线，最大程度满足用户的需求，并被用户接受的技术路线才是最好的技术路线。我们力求紧密结合用户需求，辅以快速发展的人工智能方法，提升产品研发的质量和效率，去不断满足用户期望。目前，增程技术路线以架构简单、拓展性强、智能化潜力大等优势，正在受到行业推崇，那我们都应该思考，未来增程技术应该如何发展？

首先，我们认为应该追求油电同感和油电同价。第一，增程技术是全域纯电驱动，驾驶体验同感的同时也要做到静谧体验同感，探索和研究新型扭振抑制算法、主动减振技术、主动降噪技术，以进一步减小增程和纯电车型之间的噪声差异，追求与高端豪华电车完全一致的用户体验是我们的发展方向。第二，使用成本达成油电同价，从这条曲线预测来看，当热效率超过一个区间及燃料成本低于一个区间之后，增程燃料成本有可能低于充电成本，特别是外充成本，这将使增程技术更具生命力。同时，增程器工作工况稳定也给了内燃机更大的发展空间，充分发挥内燃机稳定工况效率高的优点，为内燃机发展开启新通道。

其次，增程技术的另一个发展方向是融合发展。随着低碳、零碳燃料的研发进程快速推进，打造多燃料兼容的增程系统，同时进一步深耕驾驶场景，升级多模态交互，开发 AI 赋能的超级智能增程系统，将是我们努力的目标。我们希望在助力双碳目标早日达成的同时，实现用户体验、动力输出、能耗优化全面升级。

最后，我们深刻地认识到增程技术的进一步突破需要行业共创，增程技术发展需要行业同仁的共同推动。赛力斯参加了内燃机行业"十五五"发展规划的编制并牵头进行增程相关内容的编制。我们倡议行业同仁共同参与进来，让我们抓住新一轮科技革命与产业变革契机，凝聚众智、汇聚众力，引领行业坚定向碳达峰和碳中和目标迈进。立于汽车产业变革的潮头，增程技术以其独特的价值优势，为汽车产业的电动化转型开辟了全新赛道。在此，我诚挚邀请各位同仁、合作伙伴携手并肩，让我们以技术突破为桨，以协同创新为帆，共同在增程蓝海中破浪前行！这不仅是市场趋势的必然，更是时代赋予我们的使命。期待与各位共绘产业发展新图景！

增程混合动力汽车是过渡还是未来？

清华大学教授、清华-壳牌清洁交通能源联合研究中心主任
帅石金

我的汇报主题是"增程混合动力汽车是过渡还是未来？"。

夯实电动化 推进智能化 实现高质量发展

一、广义插电混动汽车与油电混动汽车的区别

汽车的动力有以下几种：内燃动力、纯电动力、燃料电池动力和混合动力。目前纯电动力和混合动力乘用车在我国发展得比较好，介于内燃动力和纯电动力之间的就是混合动力。混合动力有两种形式：油电混合动力和插电混合动力。二者在关键零部件和动力系统构型方面并没有本质差别，差别主要体现在有插头还是无插头、电池容量小还是大等。油电混合动力车也有电池，只是容量小（1~2kWh），起到缓冲器的作用。在变工况条件下，电池放电驱动电机或电机制动回收能量，而内燃机一旦运行如直接驱动车轮或发电，则始终处在最高效率运行。油电混合动力车以日本丰田、本田和日产为代表，在日本、美国和欧洲发展得很好，国内也有呼声认为我国不能放弃生产油电混合动力车，因为其燃油节能效果好。广义的插电混合动力包含串联（即增程）、并联和串并联混合动力，因为要求用电网上的电（通过插头），所以对电池的容量和纯电行驶里程有要求（不少于50千米）。在我国，广义的插电混合动力汽车也被认为是新能源汽车，发展潜力大。

二、狭义插电混合动力汽车 (PHEV) 与增程混合动力汽车 (REEV) 的区别

现在大众和行业所说的插电混合动力汽车是一种狭义的插电混合动力汽车，主要是指内燃机和电机采用离合开关式串并联构型，一般有两个电机，两个电机的布置有多种方式，如 P1+P3、P2+P3、P1+P4 等。增程混合动力汽车是专指内燃机和发电机采用串联构型，形成一个辅助发电单元（APU），发电机再输出电能给另一个电机驱动车轮，动力电池容量大，一般纯电续航里程超过 100 千米。油电混合动力汽车也有采用串联构型的，如日产的 e-Power 汽车就是典型的串联构型混合动力汽车，其电池容量小，适合在工况经常变化的城市道路上行驶。还有一种采用并联构型的广义插电混合动力汽车，只有一个电机，一般以内燃机直驱为主，电机（P1 或 P2

或 P3）辅助动力，在越野乘用车和商用车中会用到。我国早期介入混合动力时采用的是并联构型，欧洲也主推并联构型。并联混合动力是基于现有发动机、离合器、变速器的传动系统，容易从传统动力系统切换到混合动力系统。

三、两种混联式动力构型各奔东西

油电混合动力实现串联、并联和混联功能的构型有两种，分别是以丰田为代表的行星齿轮功率分流构型和以本田为代表的离合开关式构型。这两种构型用于油电混合动力各有特点，功率分流构型的内燃机动力可以分别或同时转换为机械能和电能，两个电机可以较小；而离合开关式构型的内燃机动力在低速低负荷工况下通过串联转换为电能，在高速高负荷工况下通过并联或直驱转换为机械能，一般需要较大的电机。

行星齿轮功率分流构型用于插电混合动力构型的优势不如离合开关式构型，主要原因是功率分流构型由于采用行星齿轮架构，不便实现内燃机直驱模式，动力传输效率较低；而离合开关式构型的动力传输更加简洁、灵活，尤其适合用于插电混合动力汽车，更容易实现电机和内燃机分别或同时直接驱动车轮，还可以实现发动机串联高效发电，因此插电混合动力汽车更多使用离合开关式混联构型。我国引领的 PHEV 构型百花齐放，"可油可电、以电为主"的设计理念，已经超越了以日本为代表的油电混合动力技术。

四、高效零碳混合动力专用内燃机实现可持续发展

插电混合动力汽车和增程混合动力汽车都离不开专用内燃机，由于混动专用内燃机的运行工况收窄，加上对动力性的要求降低，使得混动专用内燃机可以实现更高的热效率，目前量产专用内燃机的有效热效率已经达到 45%，未来采用稀燃结合零碳或碳中和燃料如氢气、甲醇、乙醇等，可以使其有效热效率达到 50%，同时满足零碳排放要求，实现其长期、可持续发展，而不只是过渡技术。

五、增程混合动力汽车的未来发展趋势

（1）技术升级与市场细分。电池技术突破：固态电池、大容量电池（如 50 千瓦·时以上）和超充技术（4C 充电）将进一步提升增程混合动力汽车的纯电续航能力，减少燃油使用频率。AI 智能化赋能：增程混合动力汽车与智能驾驶技术（如高速 NOA 功能）深度结合，提升产品附加值。

（2）全球化布局。我国增程混合动力汽车在海外市场的潜力逐渐显现，尤其是在充电设施不完善的海外地区，增程混合动力汽车可能成为重要的市场补充。

（3）长期共存与竞争。增程混合动力汽车在长途出行、多气候适应性等领域的优势，使其可能长期与纯电动力汽车共存。增程混合动力汽车＋插电混合动力汽车与纯电动力汽车在我国短中期内将平分新能源汽车市场，满足各种细分市场需求，形成场景互补而非替代关系。

超级增程创新开发与实践

深蓝汽车动力平台中心总经理
杜长虹

我分享的主题是"超级增程创新开发与实践"。

一、深蓝超级增程创新实践

（一）当前解决方案：深蓝超级增程 2.0

深蓝超级增程有三大产品标签：原力超集电驱、原力智能增程、金钟

罩电池。

1. 深蓝超级增程——原力超集电驱

原力超级电驱最高效率为 95.7%，我们在 2017 年发布香格里拉计划时，同步策划了多合一原力超集电驱技术，在当时国内还没有多合一概念的时候，我们就开始进行策划。

2. 深蓝超级增程——原力智能增程

在 2021 年实现量产的原力智能增程，有一些比较突出的领先指标，比如 1 升油发电 3.63 度，包括怠速充电车内噪声 ≤ 35.9dB(A)，行进间启动车内增程器噪声突变 ≤ 1dB(A)，发动机启动瞬间的方向盘振动 0.04G，启动过程人体基本感受不到振动。

3. 深蓝超级增程——金钟罩电池

金钟罩电池的特点是长寿命、真安全、超高效、快补能，我们的品牌标签是"长安超快"。我们从 2024 年开始将有序升级到 3C、4C 充电，30% 到 80% 的充电时间压缩至 15 分钟。

（二）深蓝超级增程——全球首创宽温域微核高频脉冲加热技术

此外，还有全球首创的宽温域微核高频脉冲加热技术。深蓝 SL03 在 2022 年上市时发布该技术，过去几年进行了优化，温度兼容区间从 −30℃ 至 −10℃，扩大到 −30℃ 至 0℃，使大量的北方用户能用到脉冲加热功能，提升汽车在低温下的动力性以及缩短充电时间。

二、增程式技术路线发展趋势

对于企业来讲，成本是永恒的话题。动力成本主要由三部分组成——增程系统、电池系统和电驱。电驱成本是大家基本是一样的，没有什么变化，但从增程系统和电池来看，仍然存在成本演变趋势。

从增程系统来看，燃油的增程系统基本稳定为发电机、发动机这些成本。除此之外，我们还要关注新路线——氢能燃料电池增程系统。目前随着技术进步，氢能燃料电池系统成本正在大幅下降，同时氢气价格也在逐渐下降，存在商业闭环的可行路径。

对于电池系统，近年动力电池的价格有所下降，特别是碳酸锂电池的价格在大幅下降。追求低成本的用户仍然很多，现在电量保持不变，甚至进一步降低，低电量增程汽车适合诸如在北京摇到车号牌但没有充电条件的用户购买，其购置成本有望进一步降低。

未来的路径，一方面从增程的角度来讲，既可从成本角度出发维持电池包电量甚至做小，亦可采用小增程、大电池的增程 Ultra 架构，提升用户体验；另一方面从战略安全和能源转型的角度来看，需要多能源，即氢电增程。

（一）增程式技术路线发展趋势：增程 Ultra（小增程 + 大电池）

未来电池做大后，希望增程器可以做小，让电的属性更多。增程器做小，就可以把排气前置，如果实现排气前置就可以把电池做大，而长里程的增程车型和短里程的 EV 车型就有机会实现电池包共包。同平台、大单品、规模化，形成经济效益对企业来讲非常重要。

另外，现在整个 EV 高压化，碳化硅成本大幅下降，等到实现小增程、大电池时，未来增程的高压化很显然是发展趋势，实现 REEV-Ultra 与 EV 共包平台化、高压化是未来的发展趋势。

（二）增程式技术路线发展趋势：氢电增程

虽然有人说氢电不行，但我们坚持做了十五六年。2022 年，深蓝 SL03 除了发布纯电版和增程版以外，同时还发布了氢电版，当然那时价格还很贵，产量也比较少。这几年我们准备拓展氢电，希望让氢电增程和油电增程同价，响应国家能源多样化的要求和号召，做好氢燃料增程技术路线的战略备份。